21世纪高等教育新理念精品规划教材

Applied Statistics with SPSS

应用统计学

——基于 SPSS

（第2版）

申卯兴　令伟锋　何　媛　尚云艳　编　著

天津大学出版社
TIANJIN UNIVERSITY PRESS

内 容 摘 要

本书是为了适应新型应用型人才培养的需要而编著的一本适用面宽的应用统计学教材。全书内容共分 11 章，包括导论、数据的收集、数据的图表展示、数据特征的统计描述、统计量与抽样分布、参数估计、假设检验、方差分析、相关与回归分析、时间序列分析、社会经济统计概述。书中基本概念、思想观念、实用方法与实际运用紧密结合，每章都有相应内容的 SPSS 软件操作，章末有思考与练习，书末附有部分思考与练习参考解答或提示供学生参考。教师可以通过联系出版社或作者得到配套的 PPT 课件，以便于教学。

本书可作为应用型本科院校的经济类、管理类、金融类、财经类和各种工程类专业的教材，同时也可以作为应用统计学专业的入门教材，还可以作为广大经济管理人员学习统计学的参考书或在岗人员的培训教材。

图书在版编目（CIP）数据

应用统计学：基于 SPSS / 申卯兴等编著. -- 2 版
. -- 天津 ：天津大学出版社, 2020.7（2025. 2 重印）
21 世纪高等教育新理念精品规划教材
ISBN 978-7-5618-6719-8

Ⅰ. ①应… Ⅱ. ①申… Ⅲ. ①应用统计学－高等学校－教材 Ⅳ. ①C8

中国版本图书馆 CIP 数据核字(2020)第 136328 号

出版发行 天津大学出版社
地　　址 天津市卫津路 92 号天津大学内（邮编：300072）
电　　话 发行部：022-27403647
网　　址 www.tjupress.com.cn
印　　刷 北京虎彩文化传播有限公司
经　　销 全国各地新华书店
开　　本 185mm×260mm
印　　张 16.75
字　　数 418 千
版　　次 2020 年 7 月第 1 版
印　　次 2025 年 2 月第 5 次
定　　价 42.50 元

序 PREFACE

统计学是随着社会政治经济的发展，为满足国家管理的需要而产生和发展起来的一门方法论学科。统计方法已广泛应用于自然科学和社会科学的众多领域，所以我们常说统计的生命力在于应用。

如今，在我国，统计学是经教育部批准的高等学校经济类、工商管理类专业的核心课程。同时，由于其方法的实用性，众多的工程类专业也将其设置为必修课程。

应用统计学是一门研究客观现象总体数量特征的方法论课程，具有数量性、综合性、应用性和实践性等特征。对现代统计的基本概念、基本理论与基本方法的学习和掌握，将为提供统计信息、应用统计方法、进行统计决策奠定必要的专业基础。

申卯兴教授主持编著的这本应用统计学教材，面向 21 世纪应用型本科人才培养，从通识性的教学需求出发，紧密围绕应用统计学的特征、地位和作用，强调应用、注重实践，既注重应用统计学内容体系的系统性和基本素质的培养，又密切结合最流行统计学软件 SPSS 的运用进行实验教学，对应用型本科大学生的统计学基础教学具有良好的适用性和实用性。

我相信，本教材的出版必然会对应用统计学方法的通识教学产生积极的影响，帮助老师完美地达到教学目的。

是为序！

2017 年 5 月于中国人民大学统计学院

第 2 版前言 FOREWORD

转眼间，本教材的第 1 版出版至今已有 3 年，承蒙各方厚爱，不少学校采用该书作为教材，出版社已先后 3 次印刷以满足需要。对此，本人和编著团队深感荣幸，同时也感到惶恐、责任重大。虽然在使用的过程中本教材得到了各个兄弟院校老师和同行的好评，但是书中仍有不少需要改进和提高的地方。

本着对人才培养负责的精神，着眼于适宜当今教学、有利于老师教、有利于学生理解掌握，经广泛征求教材使用师生和同行专家的意见、建议，编著团队进行了多次研讨，决定在不改变原书风貌的基础上，进行进一步修订完善。本次修订主要做了如下工作：

（1）适当调整了章节内容和结构，重新编写了相关内容（如 1.5 节、例 3-2、例 5-9、例 10-13 等）；

（2）完善了有关基本概念的定义和描述；

（3）对应用中容易混淆或有疑惑的概念加强了阐释（如 p 值，CPI、PPI、WPI、RPI 之间的联系与区别等）；

（4）增强了对例题结果的叙述，以体现应用性；

（5）增强了软件应用结果的阐述；

（6）修正了有关的印刷错误。

修订工作由申卯兴教授全面、具体负责，根据教学实践中发现的问题，提出全书的修订原则并落实任务到原参编人员，申卯兴、令伟锋、何媛、尚云艳对各自编写部分进行订正和精细加工，并多次研讨，最后由申卯兴教授进行全部内容的修改、审订与定稿。在修订过程中，得到了不少师生的帮助和建议。著名统计学家何晓群教授一直关心本教材的成长并给予了指点，西北大学经济管理学院数理经济与统计学系主任茹少峰教授、西安电子科技大学数学与统计学院高淑萍教授、上海大学经济学院应益荣教授、陕西省委党校张晓旭教授、西京学院任冬玲副教授等提出了使用中发现的问题，并提供了宝贵意见和建议。在此，向他们表示衷心的感谢！

在“坚持从实际需求出发，面向应用，又不失系统性、实用性和创新性”的原则下，针对应用型本科人才培养的教材仍是一项艰巨的任务，需要大家的共同努力，在此，仍殷切期望教材使用者及相关专家赐教！

反馈意见或索取教学配套 PPT 与相关教学资料，可以联系出版社或作者（smxyz@sina.com）获取。

申卯兴

2020 年 5 月于西京园

前言 FOREWORD

随着信息化技术的迅猛发展，数据已经成为高频词；在“大数据”概念火热的当今，数据处理和运用已经成为全社会的热门话题。在这种情形下，应用统计学从统计学中脱颖而出，实用的统计概念与方法成为社会各行各业的自然需求。

统计学的研究对象是客观现象的总体数量特征和数量关系，从数据的获取到数据的运用都是统计学的研究范畴，统计学侧重揭示客观事物在数量上的客观规律。因此，从应用的角度讲，统计学不仅是教育部规定的经济类和管理类本科专业的核心课程，也是在很多院校已经普及的各个工程类专业的必修课程之一。

正是出于这样的需要，我们经过长时间的探讨和研究，组织了多年从事统计学、应用统计学教学工作的老师，面向应用，从实际需求出发，又不失系统性和创新性，编写了这本适用于应用型本科人才培养的教材，把读者对象定位为应用型本科院校所有需要统计学知识和工具的经管类和工程类专业的本科生。各院校在使用过程中可以根据需要进行适当的取舍。

在本书的编著过程中，我们结合教学实践经验，遵循以下几个原则：（1）不失一般系统性原则，合理取舍，反映统计学原理的基本内容；（2）做到基本概念准确，叙述简洁，反映思想方法和过程；（3）注重方法技术，把数学理论推导通俗化；（4）注重方法应用，紧密结合实际，把技术方法程式化；（5）注重实际运用，全程结合最基础而流行的统计学软件 SPSS 的操作，把应用统计学的运用落到实处。

本书编著的具体分工为：全书内容体系设计和编著策划由申卯兴教授完成，申卯兴编写第 1、10、11 章，令伟锋编写第 2、4 章和 3.1、3.2、3.3 节，何媛编写第 5、6 章和 3.4 节，尚云艳编写第 7、8、9 章。全书由申卯兴教授统稿、修订完成。

在本书的筹划和编写过程中，得到了西京学院校、系和教务处等业务机关及其领导的支持和协助。在西京学院校长任芳博士的倡导下，西京学院理学院院长王震教授和经管系主任秦效宏博士等一直关注和敦促，教务处肖建军处长和王登武副处长以及张静教授、杜永红教授、江西省委党校梁玉红教授、上海大学应益容教授等给予了支持和帮助。著名统计学家、中国人民大学何晓群教授为本书作序。天津大学出版社郝永丽编辑付出了辛勤的工作。同时，笔者参阅和借鉴了国内外不少专家学者和同行的著述和文献。在此，一并致以真诚谢意。

由于编著者水平所限，加之许多主客观的因素，书中难免有疏漏甚或错误之处，敬请读者不吝赐教(反馈意见或索取 PPT 请发邮件至 smxyz@sina.com)，以臻完善。

编著者　申卯兴

2017 年 5 月于西京园

目录 CONTENTS

第 1 章 Chapter 01

导论

为了使大家从整体上对统计学课程有个基本的认识，本章将结合统计学在现代社会经济和管理等领域的应用，对统计学的一些基本概念和名词给予扼要的介绍。

本章重点与目标

1. 理解统计学的定义
2. 理解统计学涉及的一些基本概念
3. 熟悉几种不同类型统计变量的含义
4. 了解几种常用的统计软件

1.1 统计学

1.1.1 统计学的一级学科地位

对中国的普通老百姓来说，“统计”一词并不陌生，GDP（国内生产总值）、CPI（居民消费价格指数）这些统计名词从各种媒体也容易知晓。《大英百科全书》认为，统计学是一门收集数据、分析数据并根据数据进行推断的艺术和科学。1988 年出版的《中国大百科全书》经济卷Ⅱ，曾经把统计学定义为一门社会科学。然而，究竟什么是统计学？统计学的学科性质是什么？我们将要学习的统计学理论和方法究竟是社会科学还是自然科学？这些都需要我们去认识和思考。

改革开放对中国的统计学科来说是挑战，更是机遇。严峻的挑战和深刻的矛盾要求统计学界必须坚持实事求是的科学态度，还统计学科的本来面目。经过一大批统计学家的艰苦努力，我国统计学科终于发生了质的变化和飞跃。1992 年 11 月，国家技术监督局正式批准统计学为一级学科，国家标准局颁布的学科分类标准已将统计学列为一级学科；1998 年教育部进行的本科专业调整也将统计学归为理学类一级学科；2012 年教育部颁布的本科专业目录，除在经济学类中新增经济统计学专业以外，仍在理学大类一级学科的统计学类中设置了统计学和应用统计学两个本科专业，这是适应社会经济和科技发展、适应信息化社会和大数据时代需求的必然选择，更加推动了统计学应用的蓬勃发展。统计学一级学科的地位表明，中国统计学科在与国际接轨的进程中迈出了重要一步。其实，根据国际惯例，根本就不存在社会经济统计学和数理统计学之分。统计学（statistics）是一门综合性很强的边缘学科，它不是数学，更不是经济学。统计学是研究客观事物数量关系和数量特征的方法论学科。既然是处理数据的方法论学科，那就决定了应用是统计学的本质所在。

统计学到底应该隶属于哪一个学科，中国统计学界至今仍有着激烈的争论，是理学？经济学？还是管理学？无论怎样，我们认为总比把无处不用的统计学单独放在经济学里作为经济学的一个二级子学科要合理得多。其实统计思想和统计方法早已渗透到社会、经济、自然、科技、生活的每一个角落。

需要注意的是，本书介绍的统计学与过去的社会经济统计学相比有着很大的差别。这些差别不仅体现在内容的深度和广度上，更体现在处理问题的思想观点和方法上。在统计学的学习和应用中将充分体现从具体事物到一般概念、再从一般概念回到具体事物的这种辩证观点和较为严格的逻辑推理。统计学给实际问题的应用带来新思维，应用给统计学增添活力。统计学的生命力就在于应用。

1.1.2 统计与统计学

1.1.2.1 统计学的概念

“统计”一词经常出现在各种社会实践活动和科学研究领域中。然而，在不同场合，不同的人对它的理解常常有差异。其实，我们常说的统计一词具有如下三种含义。

（1）统计活动：统计活动又称统计工作，是指收集、整理和分析统计数据，并探索数据的内在数量规律的活动过程。

（2）统计资料：统计资料也称统计数据，是在统计活动过程中获得的各种数字资料和其他资料的总称，表现为反映社会经济现象数量特征的原始记录、统计台账、统计表、统计图、统计分析报告、政府统计公报、统计年鉴等各种数字和文字资料。

（3）统计学：统计学是指阐述统计工作基本理论和基本方法的科学，是对统计工作实践的理论概括和经验总结。它以客观现象总体的数量为研究对象，阐明统计设计、统计调查、统计整理和统计分析的理论与方法，是一门方法论学科。

统计活动、统计资料和统计学之间相互依存、相互联系，共同构成了一个完整的整体——统计。统计工作与统计资料之间的关系是过程与成果之间的关系，统计资料是统计工作的直接成果。就统计工作和统计学的关系来说，统计工作属于实践的范畴，统计学属于理论的范畴，统计学是统计工作实践的理论概括和科学总结，它来源于统计实践，又高于统计实践，反过来又指导统计实践，统计工作的现代化与统计科学研究的支持是密不可分的。

基于上述对“统计”概念的理解，我们认为统计学是一门研究数据的方法论学科，通过搜索、收集、处理、分析等手段，从数据中得出结论，从而达到推断所考察对象的本质，甚至预测对象未来的目的。统计学的研究对象是客观现象的总体数量特征和数量关系，从数据的获取到数据的运用都是统计学的研究范畴。统计学侧重揭示客观事物数量上的客观规律，因此必然会用到大量的数学及其他学科方面的专业知识。

统计学的基本特点：总体性、数量性、客观性、随机性、广泛性。

（1）总体性：统计学的研究对象是客观现象的总体数量方面。如人口统计是要反映和研究一个国家或一个地区全部人口的综合数量特征，而不是要了解和研究某个人的特征，但是它是从调查每个人开始的。人口统计是这样，其他统计活动也是这样。

（2）数量性：统计学的研究对象是客观现象的数量方面，包括数量的多少、数量之间的关系、质量互变的数量界限。

（3）客观性：统计学研究自然或社会的客观事物在数量方面的自然表象，这是对客观事物由表及里的客观认识。

（4）随机性：统计学研究的是同类现象总体的数量特征，它的前提是总体各单位的特征表现存在差异，而且这种差异并不是由于某种固定的原因事先给定的。

（5）广泛性：统计学研究的观念、思想、方法已经广泛地被各行各业的人员所认识和接受，统计方法的使用范围几乎覆盖了社会科学和自然科学的各个领域。

在历史上，从方法的功能来看，统计学可以分为描述统计学（descriptive statistics）和推断统计学（inferential statistics）；从方法研究的角度来看，统计学可分为理论统计学（theoretical statistics）（即数理统计学，mathematical statistics）和应用统计学（applied statistics）。应用统计学探讨如何运用统计方法解决实际问题。将理论统计学的原理应用于各个学科领域，就形成了应用统计学。应用统计学着重阐明这些方法的统计思想和具体应用，而不是统计方法数学原理的推导和证明。更加具体深入些，还可以形成形形色色的应用统计学分支。例如，统计方法在生物学中的应用形成了生物统计学，在医学中的应用形成了医疗卫生统计学，在农业试验、育种等方面的应用形成了农业统计学，在经济领域的应用形成了经济统计学及其若干分支，在管理领域的应用形成了管理统计学，在社会学研究和社会管理中的应用形成了社会统计学，在人口学中的应用形成了人口统计学，等等。应用统计学除了包括各领域通用的方法，如参数估计、假设检验、方差分析等，还包括某领域特有的方法，如经济统计学中的指数法、现代管理决策法等。

1.1.2.2 统计学简史

统计学是一门古老而又现代甚或时髦的科学，一般认为其学理研究始于古希腊的亚里士多德时代，迄今已有 2 300 多年的历史。它起源于社会经济问题的研究，在 2 000 多年的发展过程中，统计学至少经历了“城邦政情”“政治算术”和“统计分析科学”三个发展阶段。不同阶段的各学派之间相互争论、相互渗透，使统计理论最后发展成为统一的现代统计学。

统计学的英文单词 statistics 最早源于现代拉丁文 statisticum collegium（国会）以及意大利文 statista（国民或政治家）。德文 statistik，最早由高特弗瑞德·阿亨瓦尔（Gottfried Achenwall）于 1749 年使用，代表对国家的资料进行分析的学问，也就是“研究国家的科学”。19 世纪，统计学在广泛的数据以及资料中探究其意义，并且由约翰·辛克莱（John Sinclair）将其引入英语世界。“城邦政情”阶段始于古希腊的亚里士多德撰写《城邦政情》（或《城邦纪要》），他撰写了一百五十余种纪要，其内容包括各城邦的历史、行政、科学、艺术、人口、资源和财富等社会和经济情况的比较、分析，具有社会科学的特点。“城邦政情”式的统计研究延续了一两千年，直至 17 世纪中叶才逐渐被“政治算术”这个名词替代，并且很快演化为“统计学”。

1. 古典统计学阶段

17 世纪中叶到 18 世纪中叶是古典统计学阶段，当时主要有政治算术学派和国势学派。政治算术学派产生于 17 世纪中叶的英国，主要代表人物是威廉·配弟。英国古典政治经济学的创始人威廉·配弟的代表作《政治算术》一书，是经济学和统计学史上的重要著作。书中用“数字、重量、尺度”等定量的分析工具，对英国和当时主要发达国家的经济实力进行了比较、分析。该书的出版标志着统计学的产生，因此威廉·配弟被推举为统计学的创始人。

国势学派产生于 18 世纪的德国，国势学派又称记述学派，创始人是 17 世纪德国的海尔曼·康令。国势学派收集大量实际资料，分门别类、系统地记述了有关国情国力的重要事项，如人口、领土、政治、军事、经济、宗教、地理、风俗、货币等。国势学派使用了“统计学”这个名称。但由于其几乎不用数字而只用文字对国情国力进行系统的描述，所以人们也把它叫作记述学派，并认为国势学派有统计学之名而无统计学之实。

2. 近代统计学阶段

近代统计学阶段是 18 世纪末到 19 世纪末。该阶段的主要贡献是建立和完善了统计学的理论体系，并逐步形成了以随机现象的推断统计为主要内容的数理统计学和以传统的政治经济现象描述为主要内容的社会统计学。

数理统计学派产生于 19 世纪中叶，创始人是比利时的阿道夫·凯特勒，他在统计学发展中的最大贡献是把概率论引入了统计学，从而使统计学产生了质的飞跃。凯特勒的研究成果在自然科学、经济学、生物学等科学中得到不断的应用，逐渐形成一门独立的学科。因此，阿道夫·凯特勒被称为数理统计学的奠基人、“近代统计学之父”。

社会统计学派产生于 19 世纪后半叶，创始人是德国的克尼斯。克尼斯在《独立科学的统计学》中，提出了把“国势论”作为“国势学”的科学命名，把“统计学”作为“政治算术”的科学命名，从而结束了国势学派与政治算术学派长达 200 年之久的争论。

3. 现代统计学阶段

从 19 世纪末开始，统计学进入现代统计学阶段。在这个阶段，数理统计学与社会统计学逐步融合成为统一的现代统计学。“数理统计”是统计学在第三个发展阶段所形成的所有收集和分析数据的新方法的一个综合性名词。概率论是数理统计方法的理论基础，它不属于统计学的范畴，而属于数学的范畴。

我国的统计学起初是从国外传入的，1949 年以前一直存在数理统计学派和社会经济统计学派。中华人民共和国成立初期，人们认为只有社会经济统计学才是唯一的统计学，从而在根本上否定了数理统计学是统计学的组成部分，这严重妨碍了整个统计学的发展。改革开放以后，人们被禁锢的思想终于获得解放，经过长期、广泛的认识和探讨，我国统计学科建设取得了重大突破和质的飞跃。1996 年 10 月，中国统计学会、中国数理统计学会、中国现场统计学会联合举办全国统计科学研讨会，这次会议形成了中国各统计学科和各统计学派之间相互借鉴、相互融合、共同发展的思想，确立了统计学科体系的基本框架，肯定了统计学是包括社会经济统计学和数理统计学在内的一般方法论性质的科学，这为今后我国统计学的发展奠定了坚实的基础。

1.1.3 应用是统计学的生命

统计学在中国被列为一级学科，这只是统计学与国际接轨的第一步。由于统计界长期受前苏联模式的影响，与中国其他人文社会科学一样，统计学面对现代市场经济也越来越不适应。

中国仍处在新旧经济体制的变革时期，面对市场经济，任何学科都需要调整自己的位置，重新审视和制定自己的发展目标。市场经济的理论和实践对统计信息的需求急剧增加，对统计学理论和方法提出了更高的要求，前苏联模式的统计学面对市场经济的需求已显得无能为力。现代市场经济理论与时代的潮流使中国人文社会科学、财经管理类学者的弱点暴露无遗。中国几千年的优秀文化赋予中国学者思辨性的思维和深厚的底蕴，但也留下了忽视形式逻辑的弊端。先秦诸子以来，我国学者的思辨性思维是较为发达的，但这些思辨性思维常常缺乏经验事实作为基础，空泛的议论较多，实质性的内容较少，逻辑推理的思维方式和定量分析淡化，更不追求严密的公理化体系，以致我国人文社会科学、财经管理类学者面对现代社会经济的发展有力不从心之感。

在 21 世纪，如何摆脱困境、走向未来，置身于古老东方文化氛围之中的中国学者需要冷静反思。时代要求我们必须抛开偏见，克服由于文化背景的差异所产生的观念屏障，正确理解并批判地吸收建立在发达商品经济基础上的外来文化，加强数学方法、统计学方法的学习，提高定性分析与定量分析相结合的能力。这样，在新世纪的实践进程中，中国人才能大步赶上世界发达国家。现在部分高校在人文社会科学、财经管理类专业开设统计方法与技术的课程，就是向前迈进的一种有力举措。

哪里有数据，哪里就有统计。统计学是总结经验的学科。统计方法可以帮助我们获得利益，统计方法可以保护我们已获得的利益。统计数据中隐含着非常丰富的宝贵信息，如果用简单的描述统计方法，就只能对统计数据进行粗加工，难以看到数据中隐含的规律性。要从杂乱无章的统计数据中发现事物质的规律性就像雾里看花，只有靠现代统计分析方法才能真切地看到其统计规律性。

人文社会科学、财经管理类学者要跟上时代的步伐，就必须在研究事物质的规律性的同时，研究其量的规律性。任何现象都是质和量的统一，质是量的基础，而一定的量是质存在的必要条件。定性分析是定量分析的基础，定量分析则使定性分析更加准确可靠，使人们对质的规律性的认识更加深入和全面。在马克思主义理论的指导下，在人文社会科学、财经管理类研究中融入量化分析，是学科本身进一步完善的表现。

当今中国不仅需要经济理论家，更需要高级经济管理人才。在世界经济贸易中，随着 ISO 9000 系列标准的形成和发展，质量体系认证在世界各国兴起，20 世纪末一股 ISO 9000 热潮席卷全球，质量体系认证日益成为国际贸易中衡量供方质量保证能力和水平的标志。对于统计技术在质量管理中的作用，最早提出全面质量管理理论的美国通用电气公司质量管理部部长费根堡姆博士曾说：“在全面质量管理活动中，无论何时、何地都会用到统计方法，但是统计方法只是全面质量管理的一个内容，它不等于全面质量管理。”“统计方法所表达的观点，对全面质量管理的整个领域都有深刻影响。”ISO 9000 系列标准的基本点是要求企业在生产过程中建立有效的质量保证体系，并对质量体系中相互关联、相互作用的若干要素进行有效的控制。在过程质量控制中，科学、有效的方法之一就是统计方法。因此，在 ISO 9000 系列标准的各个模式中以及质量管理和质量体系要素指南中，都要求在市场分析、产品设计、工序控制、性能评定、数据分析等方面广泛使用统计技术，其范围包括实验设计、方差分析、显著性检验、累计和控制图、抽样检验等技术。今天世界管理界被普遍认可的六西格玛管理更是统计学思想和方法的典型应用。

现代经济学一个很重要的标志就是模型技术的应用，而这里的模型技术更多是指统计模型技术。诺贝尔经济学奖获得者萨缪尔森曾说，第二次世界大战以后的经济学是计量经济学的时代。计量经济学的模型技术就是以统计模型为基础的。自 1969 年诺贝尔经济学奖设立以来，已有 80 多位学者获奖，其中 2/3 以上的获奖者是统计学家、计量经济学家、数学家。从大多数获奖者的经历和著作看，他们对统计方法的运用都很娴熟。瑞典皇家科学院爱立克 • 伦德伯教授在诺贝尔经济学奖的授奖仪式上精辟地指出：“你们都是把经济学发展为数学和定量科学的先行者，你们借助于发展成熟的理论和统计分析来创造经济政策和经济规划的合理基础的贡献，涉及重大科学突破。”这足以说明统计量化分析研究已成为现代经济科学研究的重要手段。

在 21 世纪的进程中，中国的人文社会科学、财经管理类学者肩负着时代的重托。社会和谐发展，社会主义新农村建设，金融、投资风险，人口与社会保障，经济持续增长，环境污染治理等问题，都迫切地等待着我们去深入研究。这些问题的研究都将借助统计方法与技术的应用而获得成功。

1.1.4　统计学名人名言

1925 年，英国著名小说家赫伯特·乔治·威尔斯（Herbert George Wells）说：“有一天，统计思想会和读写能力一样，成为一个有效公民的必需能力。”威尔斯尤以科幻小说创作闻名于世，他毕业于英国皇家理学院，任教于伦敦大学。一个现代人如果没有读写能力将是一个不合格的公民，可见统计学课程对于我们是多么重要。

Herbert George Wells

“在终极的分析中，一切知识都是历史；在抽象的意义下，一切科学都是数学；在理性的世界里，所有的判断都是统计学。”

——C. R. Rao

拉奥（C. R. Rao）是美国科学院院士、英国皇家统计学会会员、国际上最伟大的统计学家之一，他于 1920 年 9 月 10 日出生于印度的一个贵族家庭，1940 年获印度安德拉大学数学学士学位，1943 年在印度统计研究所取得统计学硕士学位，随后赴英国剑桥大学师从现代统计学的奠基人费歇尔（R. A. Fisher）教授，并于 1948 年获得剑桥大学博士学位。

C. R. Rao

拉奥认为，统计学基本上是寄生的，靠研究其他领域内的工作而生存。这不是对统计学的轻视，而是因为对很多寄主来说，如果没有寄生虫就会死。对有的动物来说，如果没有寄生虫就不能消化它们的食物。因此，人类奋斗的很多领域，如果没有统计学，虽然不会死亡，但一定会变得很弱。

L. J. Savage

萨维奇（L. J. Savage）是美国坝工专家，早年就读于威斯康星大学工程系，1903 年获博士学位，1924 年任垦务局工程和研究中心设计总工程师。他一生参与了 60 余座大坝的建设。萨维奇是长江三峡工程的倡导者之一，1944 年及 1946 年应中国政府邀请两次来华工作，编写了《扬子江三峡计划初步报告》。

萨维奇说："统计学没有任何固定的对象，是一门独特的学问！统计学研究的是来自各领域的数据，因解决其他领域内的问题而存在并兴旺发达。"

品读完几位统计学名人的名言，对于什么是统计学，统计学在人们日常生活和现代社会、经济中的地位，我们大概已心中有数了。

1.2 统计学中的几个基本概念

可以想象作为一级学科的统计学内容非常多，名词概念自然不少，这里先来介绍几个最常用的概念。

1.2.1 总体与个体

总体（population）是包含研究对象全体的集合，组成总体的每个元素称为个体（individual）。如要研究某专业高等数学的考试情况，则该专业全体学生构成总体，而每一位学生是一个个体。总体是事物在给定意义下的客观存在，有其理论上的客观规律，统计学所关注的就是刻画总体客观事实的参数。总体的特性和规律用这些参数来描述，而这些参数必然有赖于个体的表现，足够多的个体才能表现出总体的特性和规律。

总体根据其所包含的单位数目是否可数可以分为有限总体和无限总体。有限总体是指总体的范围能够明确确定，而且元素的数目是有限可数的。例如，由若干个企业构成的总体就是有限总体，一批待检验的电子元件也是有限总体。无限总体是指总体所包括的元素是无限的、不可数的。例如，在科学实验中，每个实验数据可以看作总体的一个元素，而实验可以无限地进行下去，因此由实验数据构成的总体就是一个无限总体。

实际上，在统计问题中，我们关心的总体是事物的某一个特征，并非事物本身。如上所述，对于一批待检验的锂电池，我们更关注每个锂电池的寿命，而不是锂电池本身，所以也可以把这批锂电池的寿命集合作为总体，这个总体是由一些实数构成的集合。通常情况下，统计上的总体是一组观测数据，而非一些物品的集合。

1.2.2 样本与样本量

样本（sample）是从总体中抽取的一部分元素的集合，构成样本的元素的数目称为样本量（sample size）。抽取样本的目的是根据样本提供的信息推断总体的特征。例如，从一批锂电池中随机抽取 100 块，这 100 块就构成了一个样本，然后根据这 100 块锂电池的平均使用寿命推断该批锂电池的平均使用寿命。

1.2.3　参数

参数（parameter）是用来描述总体特征的概括性数字度量，它是人们想要了解的总体的某种特征值。人们所关心的参数通常有总体平均数、总体标准差、总体比例等，总体参数通常用希腊字母表示。例如，总体平均数用 μ（mu）表示，总体标准差用 σ（sigma）表示，总体比例用 π（pi）表示，等等。

由于总体数据通常是不知道的，所以参数往往是一个未知的常数。例如，我们不知道某大公司所有员工的平均薪水，不知道一个城市老年人口的比例，不知道一批产品的合格率，等等。因此，才需要进行抽样，并根据样本去估计总体参数。

1.2.4　统计量

统计量（statistic）是用来描述样本特征的概括性度量。它是根据样本数据计算加工出来的一个量，由于抽样是随机的，因此统计量是样本的一个函数，它不依赖于任何的未知参数。人们所关心的统计量主要有样本平均数、样本标准差、样本比例等，样本统计量通常用英文字母表示。例如，样本平均数用 $\bar{x}$（读作 x-bar）表示，样本标准差用 s 表示，样本比例用 p 表示，等等。除样本均值、样本比例、样本方差这类统计量外，还有一些是为满足统计分析的需要而构造出来的统计量，比如用于统计检验的 z 统计量、t 统计量、χ^2 统计量、F 统计量等，它们的含义将在后面相关的章节中进行介绍。另外，有关总体、样本、参数、统计量的概念可以用图 1-1 来直观描述。

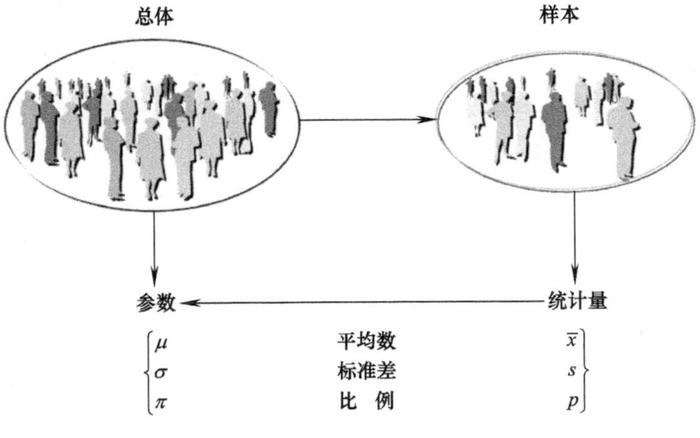

图 1-1　总体和样本、参数和统计量

1.2.5 标志与指标

统计标志（statistical characteristics）简称标志或标识，是总体单位所具有的属性或特征。标志是统计研究的起点，总体单位是标志的载体，统计研究往往从登记标志开始，进而反映总体单位的数量特征。标志有数量标志与品质标志之分，例如：既定时间既定区域的人口总体中的每个人用姓名、年龄、性别、民族、身高、体重、受教育程度等特征来区分，其中的年龄、身高、体重是数量标志，性别、民族、受教育程度是品质标志。

这里的总体单位是构成总体的每一个事物，根据研究目的的不同，总体单位可以是组织，也可以是人，还可以是事物或者事件等。如：对工业企业进行调查，全国工业企业是总体，每一个工业企业就是单位。若研究目的不同，总体和总体单位可以互换，总体有可能变成总体单位，总体单位有可能变成总体。注意：构成总体的单位必须是同质的；总体与总体单位具有相对性，随着研究任务的改变而改变。

统计指标（statistical indicator）简称指标，是总体某种特征的数量概念或具体数值标志，其基本要素有指标名称、计量单位、计算方法、指标数值、指标时空（或口径）。例如：人口数、商品销售额、劳动生产率等都是指标名称，统计指标“2020 年的中国研究生报考总人数为 341 万人”的指标名称为“研究生报考总人数”、计量单位是“万人”、时间是“2020 年”、空间是“中国”。统计指标具有数量性、综合性、具体性的特点。在做一般性统计设计时，只能设计统计指标名称、内容、口径、计量单位和方法，这是不包括数值的统计指标。然后经过搜集资料、汇总整理、加工计算可以得到统计指标的具体数值，用来说明总体现象的实际数量状况及其发展变化的情况。从不包括数值的统计指标到包括数值的统计指标，它们在一定意义上反映了统计工作的过程。在社会经济统计中，统计指标按照不同属性有不同的分类，针对既定目的的统计活动，一般用整套的统计指标形成指标体系来刻画和揭示总体。

标志和指标通常与总体参数是有一定联系的，标志和指标可以是总体的有关参数，总体参数也可以构成某些标志或指标。标志和指标是两个既有区别又有联系的概念。主要区别：①标志是说明总体单位特征的，而指标是说明总体特征的；②标志有不能用数值表示的品质标志与能用数值表示的数量标志，然而不论什么指标，都是用数值表示的。主要联系：①统计指标的数值基本都是通过总体单位的数量指标值汇总得到的，例如一个县的粮食实际入库总产量是所属各乡村粮食实际入库量的汇总数，一个工业主管局的总产量是所属各企业总产量的总和，等等；②在一定的研究范围内，指标和数量标志之间存在着变换关系。随着研究目的的改变，原来的总体变为总体单位，相应的统计指标就变为数量标志；反过来，如果原来的总体单位变成总体，则相应的数量标志也就变成了统计指标。

1.3 统计变量的类型

变量（variable）是刻画研究对象的某种特征和属性的指标，其特点是从一次观察到下一次观察，结果会呈现出差别或变化。如“商品销售额”“顾客满意程度”“产品的质量等级”等都是变量。变量的具体取值称为变量值。比如某地区农民平均收入可能是 8 万元、9 万元或 10 万元等，这些数字就是变量值。统计数据就是统计变量对应的某些取值。

变量根据其所描述事物特征的不同，可以分为分类变量、顺序变量和数值型变量几种类型。

1.3.1 分类变量

分类变量（categorical variable）是说明事物类别的一个名称，其取值是分类数据。如“性别”就是一个分类变量，其变量值为“男”或“女”；“行业”也是一个分类变量，其变量值可以为“金融业”“旅游业”“制造业”等。为便于统计处理，对于分类数据，可以用数字代码来表示各个类别，比如，用 1 表示“男性”，0 表示“女性”；用 1 表示“金融业”，2 表示“旅游业”，3 表示“制造业”等。

1.3.2 顺序变量

顺序变量（rank variable）是说明事物有序类别的一个名称，其取值是顺序数据。如“产品等级”就是一个顺序变量，其变量值可以为“一等品”“二等品”“三等品”“次品”等；“受教育程度”也是一个顺序变量，其变量值可以为“小学”“初中”“高中”“大学”等；一个人对某种事物的看法也是一个顺序变量，其变量值可以为“同意”“保持中立”“反对”等。同样，顺序数据也可以用数字代码来表示，如用 1 表示“一等品”，2 表示“二等品”，3 表示“三等品”，4 表示“次品”等。

1.3.3 数值型变量

数值型变量（metric variable）是说明事物数字特征的一个名称，其取值是数值型数据。如“产品产量”“商品销售额”“零件尺寸”“年龄”“身高”“时间”等都是数值型变量，这些变量可以取不同的数值。数值型变量根据其取值的不同，又可以分为离散型变量（discrete variable）和连续型变量（continuous variable）。离散型变量是只能取可数值的变量，而且其取值都以整位数断开，可以一一列举，如“企业数”“产品数量”等。连续型变量是可以在一个或多个区间中取任何值的变量，它的取值是连续不断的，不能一一列举，如“温度”“零件尺寸的误差”等。在对社会和经济问题的研究中，当离散型变量的取值很多时，也可以将离散型变量当作连续型变量来处理。变量数值的获取及数值的精度有赖于测量分析系统及其量具的应用。

在测量系统分析中，量具分为以下两种类型。

（1）定量型量具（图 1-2），包括伏特计、游标卡尺、量筒、涂层测厚仪、反射计、压力表、温度计等，这些量具测量产生的数据都是定量数据。如利用伏特计测量某段线路两端的电压，测量产生的这些电压值就是定量数据。

（2）定性型量具（图 1-3），包括量隙规、卡规、外观检查（合格/不合格）等，通过这些量具获得的数据是定性数据。如在汽车整车生产过程中，在汽车下流水线的时候需要有专门的一名员工负责检验相关的零配件数量是否齐全，如果规定的零配件数量全了，那么该员工记录该车生产“合格”；相反，如果有任何一个规定的零配件被遗忘，则该员工记录该车生产“不合格”，这时员工所记录的数据“合格”与“不合格”就是定性数据，需要用适用于定性数据的测量系统分析方法进行分析。

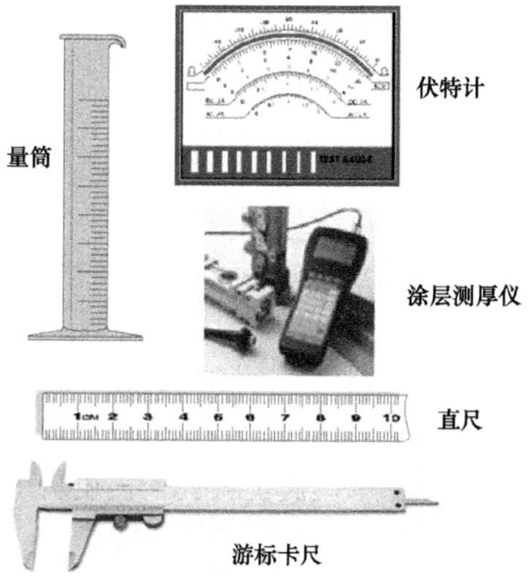

图 1-2　测量系统中一些常见的定量型量具

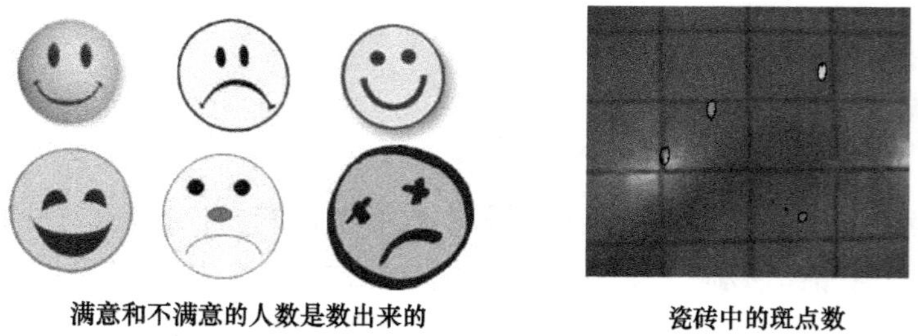

图 1-3　定性型量具获得的数据是定性数据

1.4　统计学的研究类型划分

统计学是处理数据、分析数据的方法论学科，哪里有数据，哪里就有统计。随着社会的发展，统计学的研究也在不断深入，从描述统计学发展到推断统计学，而且统计模型也逐渐被应用于各领域。因此，现代统计学的研究类型主要有描述统计、推断统计和统计建模，其中描述统计是统计分析的最基本内容，是统计学的基础和前提，推断统计是统计学的核心和关键，而统计建模是统计学应用于分析和研究实际问题的重要环节。

1.4.1　描述统计

描述统计（descriptive statistics）是对所收集的数据资料进行加工整理、综合概括，通过图、表和数据对资料进行分析和描述，其研究的是数据收集、处理、汇总、图表描述、概括与分析等统计方法。

关于数据的图表描述，常用的有频数分布表、条形图、直方图、散点图等，利用图、表展示数据能够较直观地描述数据的分布形状和特征等。对于不同类型的数据，所采取的处理方式及其所适用的图形展示方法也不尽相同。常用的定性数据的图示方法有条形图、饼图、帕累托图等；定量数据的图示方法有直方图、茎叶图、箱线图、散点图等。例如，某班级 40 名学生期末统计学考试成绩等级的分类可分别用频数分布表（表 1-1）以及条形图和饼图（图 1-4）来展示。

表 1-1　某班级 40 名学生期末统计学考试成绩等级分类的频数分布表

考试成绩（分）	等级分类	人数
90～100	优	3
80～90	良	6
70～80	中	18
60～70	及格	9
0～60	不及格	4

为了更好地把握数据分布的特征，不仅需要利用图、表描述数据，而且需要找到反映数据各种分布特征的代表值。一般情况下，我们较关注数据分布的集中趋势、分布的离散程度和分布的形状等特征。

综上所述，虽然描述统计只是对数据进行简单且浅显的整理和展示，不能揭示数据背后所隐藏的关系等，但描述统计是统计分析的基础，是统计分析不可或缺的部分。

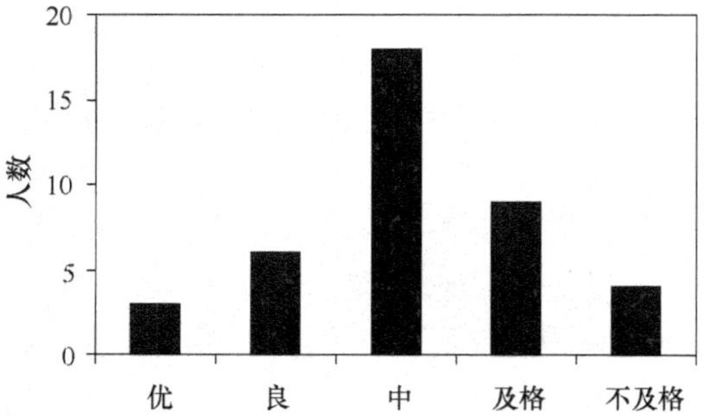

(a) 成绩等级分类的条形图

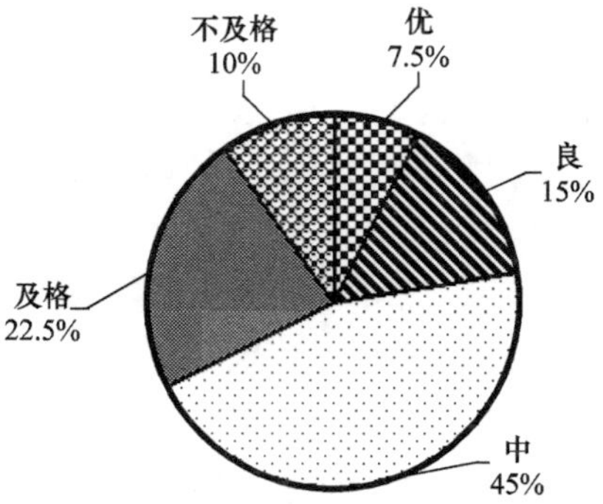

(b) 成绩等级分类的饼图

图 1-4　某班级 40 名学生期末统计学考试成绩等级分类的条形图和饼图

1.4.2　推断统计

推断统计（inferential statistics）是在收集、整理观测样本数据的基础上，对有关总体做出推断，其特点是根据随机性的观测样本数据以及问题的条件和假定，对未知事物做出以概率形式表述的推断。例如，对产品的质量进行检验往往是破坏性的，不可能对每个产品进行检验。此时需要抽取部分个体即样本进行检验，然后根据样本数据对所研究的总体特征进行推断，这就是推断统计要解决的问题。

一门学科从定性的描述进入定量的分析和计量，标志着这门学科达到比较成熟的阶段。从描述统计学发展到推断统计学是统计学发展成熟的重要标志。不难想象，统计学如果只有描述理论和方法，肯定是发育不全的统计学。也正是由于推断统计的产生，才使人类的科学技术借助统计学理论取得了一个又一个重大成就。著名的基因论之所以不同于以往对遗传现象的描述，就在于它是根据两两具有不同性状的个体杂交实验所获得的大量数据，运用数理统计方法推导出来的，从而为进一步发展遗传理论奠定了基础。

推断统计包括参数估计（parameter estimation）和假设检验（hypothesis testing）两部分，二者均利用样本对总体进行某种推断，但推断的角度不同。

1. 参数估计

参数估计就是用样本统计量去估计总体参数，其方法有点估计和区间估计两种。

点估计（point estimation）就是用样本统计量的某个取值直接作为总体参数的估计值。例如，用样本均值 $\bar{x}$ 直接作为总体均值μ的估计值，用样本方差 s^2 估计总体方差σ^2，用样本比例 p 估计总体比例π，等等。例如，若要估计中国男性的平均身高，根据抽出的随机样本计算的平均值为 1.70 m，用 1.70 m 作为中国男性平均身高的估计值，这就是点估计。

区间估计（interval estimation）是在点估计的基础上，给出总体参数估计的一个区间范围，该区间通常由样本统计量加减估计误差得到。区间估计不同于点估计，它根据样本统计量的抽样分布可以对样本统计量与总体参数的接近程度给出一个概率度量。

2. 假设检验

假设（hypothesis）就是关于总体参数的一个陈述（命题），假设检验的目的是根据来自总体的样本去判断假设（命题）是否成立。通常情况下，一个假设检验问题由两个互补的假设构成，分别称为原假设（或者零假设）和备择假设，并被记作 H_0 和 H_1。

1.4.3　统计建模

统计建模（statistical modeling）是以计算机统计分析软件为工具，利用各种统计分析方法对批量数据建立统计模型和探索处理的过程，主要用于揭示数据背后的因素、探索数据的规律、诠释社会经济现象等。统计建模将统计方法和计算机技术完美结合，带动以数据分析为导向的统计思维，发现和挖掘数据背后的规律，其在自然科学、社会科学等各个领域的研究和发展中发挥愈来愈大的作用，为经济社会的发展提供更多更有益的信息。

统计建模一般分为七个步骤：①明确问题；②设置指标变量；③收集整理数据；④构建模型；⑤模型参数估计；⑥模型检验；⑦模型应用。

1.4.3.1　回归分析建模

回归分析（regression analysis）是确定两种或两种以上变量间相互依赖的定量关系的一种统计分析方法。例如人的身高 x 与体重 y，两者间有相关关系，一般来讲，身高较高的人体重也较重，但是同样身高的人体重可以是不同的，医学上就是利用这两个变量间的相关关系，给出一些经验公式来确定一个人是否过于“肥胖”或“瘦小”。变量间的相关关系不能用完全确切的函数形式表示，但在平均意义下有一定的定量关系表达式，寻找这种定量关系表达式就是回归分析的主要任务。回归分析通过对客观事物中变量的大量观察或试验获得的数据，去寻找隐藏在数据背后的相关关系，并通过回归模型参数的估计给出它们的表达形式。

在回归分析中，被预测或被解释的变量称为因变量（dependent variable），常用 y 表示；而预测或解释因变量的一个或多个变量称为自变量（independent variable），常用 x 表示。回归分析按照涉及自变量的多少，可分为一元回归分析和多元回归分析；按照自变量和因变量之间的关系类型，可分为线性回归分析和非线性回归分析。

1.4.3.2 时间序列建模

时间序列建模是指对时间序列数据进行分析并建立恰当的模型，其主要目的是根据已有的历史数据对未来进行预测。时间序列数据是指在不同时间收集到的数据，这类数据是按时间顺序收集到的，用于描述现象随时间变化的情况。时间序列可以分为平稳序列和非平稳序列两大类，平稳序列是基本上不存在趋势的序列；非平稳序列是包含趋势、季节性或周期性的序列，如某城市连续多年的月平均气温数据就是非平稳序列，具有季节性和周期性的变化特征。

针对不同类型的时间序列，所用的预测方法一般也不同。对于平稳时间序列，常用移动平均法和简单指数平滑法进行拟合，而当观测值多于 50 个时一般都采用自回归积分滑动平均模型，简称 ARIMA 模型。对于非平稳时间序列，首先需要确定时间序列所包含的成分，然后再用适当的模型去拟合，例如含有趋势、季节和循环成分的时间序列可以采用分解预测的方法。

当统计模型通过了各种统计检验并且具有合理的实际意义时，该模型即可用于研究实际问题。在统计模型的运用中，强调定性分析与定量分析的有机结合。因为统计方法只是从事物外在的数量特征去研究问题，不涉及事物质的规律性。单纯的表面上的数量关系能否反映事物的本质，它的本质究竟如何，需依靠专门学科的研究才能下定论。

1.5 统计学软件简介

统计学软件的种类很多，常用的有 SPSS、SAS、R、Excel、MINITAB 等。MINITAB 软件是现代质量管理统计的领先者，主要处理与质量管理相关的统计问题，具有一定的专业针对性。SAS 软件功能较齐全，但价格比较贵，且其帮助系统差，查询不太容易，同时需要学习一定的编程语言，对于初学者来说有一定的难度。R 软件是免费的软件，而且资源公开，功能非常齐全，有许多使用方便的函数包，该软件越来越受到青睐。SPSS 软件操作简单，且能满足基本的统计学课程需求，因此 SPSS 软件更受初学者的欢迎，本书中统计方法的计算机实现主要运用 SPSS 软件的中文版本 23.0。

SPSS 的英文即 Statistics Package for Social Sciences，译为社会科学统计软件包。随着 SPSS 应用的不断广泛和深入，SPSS 的英文变更为 Statistical Product and Service Solutions，译为统计产品与服务解决方案。该软件是公认的世界上最早的统计分析软件，也是最优秀的统计分析软件包之一。作为统计分析工具，SPSS 不仅功能强大、界面友好、交互性强，而且理论严谨、内容丰富，数据管理、制表绘图、统计分析、趋势研究、文字处理等功能，几乎无所不包。因而，SPSS 也就成为世界上应用最广泛的专业统计软件，并不局限于社会科学。

SPSS 最早由美国斯坦福大学的三位研究生于 1968 年研究开发成功，后来他们成立了 SPSS 公司，于 1975 年在芝加哥组建了 SPSS 总部。1984 年，SPSS 总部首先推出了世界上第一个统计分析软件微机版本 SPSS/PC+，开创了 SPSS 微机系列产品的开发方向，极大地扩充了它的应用范围，并使其能很快地应用于自然科学、技术科学、社会科学的各个领域，世界上许多有影响的报刊纷纷就 SPSS 的自动统计绘图、数据深入分析、使用方便、功能齐全等给予了高度的评价与称赞。鉴于 SPSS 产品服务领域和服务深度不断扩大，SPSS 公司于 2000 年将软件更名为 SPSS（Solutions Statistical Package for the Social Sciences，社会科学统计软件包）。2009 年 4 月 9 日，美国芝加哥 SPSS 公司宣布重新包装旗下的 SPSS 产品，将其定位为预测统计分析软件 PASW（Predictive Analytics Software），称之为 SPSS PASW Statistics 或 PASW/SPSS Statistics，它包括四个部分：①统计分析 PASW Statistics（formerly SPSS Statistics）；②数据挖掘 PASW Modeler（formerly Clementine）；③数据收集 Data Collection family（formerly Dimensions）；④企业应用服务 PASW Collaboration and Deployment Services（formerly Predictive Enterprise Services），PASW Statistics 17 是 SPSS 一个里程碑式的改进。IBM（国际商业机器公司）于 2009 年 7 月 28 日宣布以 12 亿美元收购 SPSS 公司，SPSS 正式成为 IBM Information Management 产品线下品牌，不再冠名 PASW，更名为 IBM SPSS Statistics。SPSS 诞生以来，为适应各种操作系统平台的要求，经历了多次版本更新，各种版本的 SPSS for Windows 在传承的基础上得到了不断的改进，现在已发布版本 IBM SPSS Statistics 26，软件安装语言已可根据需求自主选择。

SPSS 软件已被广泛应用于通信、医疗、银行、证券、保险、制造、商业、市场研究、科研教育等多个领域和行业，是世界上应用最广泛的专业统计软件。这就是本书选择 IBM SPSS Statistics 23.0 for Windows（中文版）（简称 SPSS 23.0 中文版）作为统计分析应用工具软件的原因。

SPSS 是操作界面极为友好的统计软件，其最突出的特点是采用图形菜单驱动界面（图 1-5），除了数据录入及部分命令、程序等需要键盘键入外，大部分操作可通过鼠标拖曳，点击菜单、按钮和对话框来完成。SPSS 具有完整的数据输入、编辑、统计分析、报表制作、图形制作等功能，而且输出结果美观漂亮。它采用类似 Excel 表格的方式输入与管理数据，并且数据接口也较为通用，能方便地从其他数据库中读入数据。SPSS 包括常用的、较为成熟的统计过程，提供从简单的统计描述到复杂的多因素统计分析等多种方法，比如数据的探索性分析、列联表分析、偏相关分析、方差分析、非参数检验、回归分析、判别分析、因子分析、聚类分析、Logistic 回归分析等，完全可以满足初学者的基本需要。

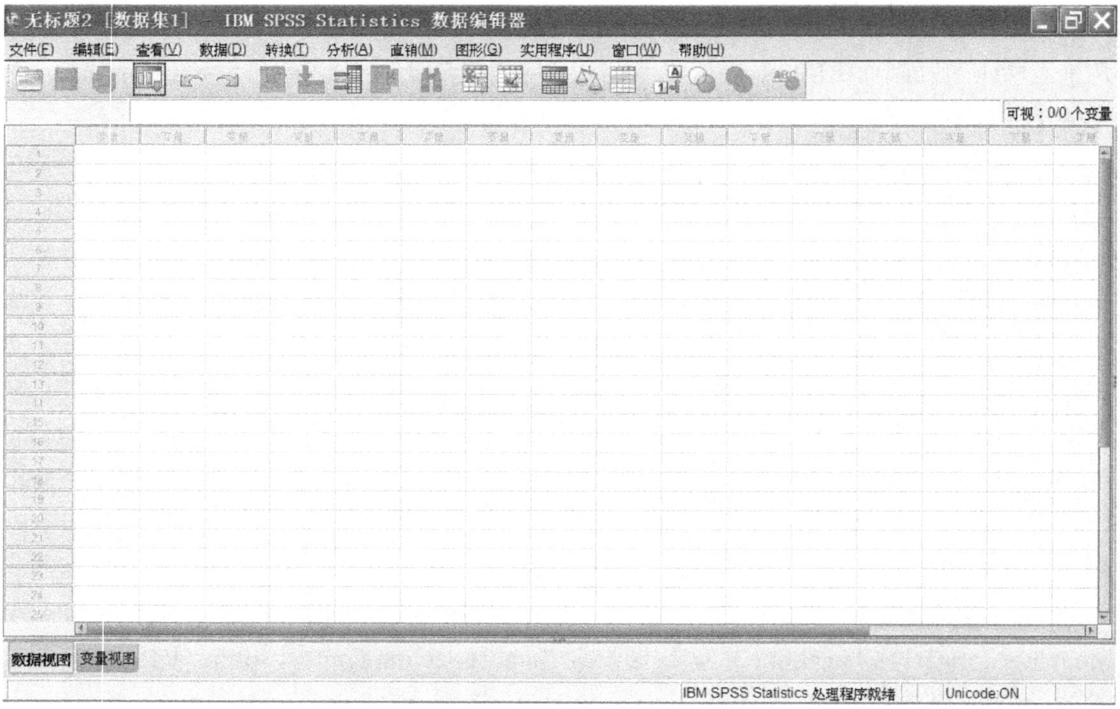

图 1-5　SPSS 23.0 中文版的操作界面

思考与练习

1. 为什么说统计学是一门收集数据、分析数据，并根据数据进行推断的艺术和科学？

2. 确立统计学为理学类一级学科的地位有何意义？

3. 为什么说统计学的生命力就在于应用？

4. 构造统计量的意义是什么？

5. 统计学为什么不仅包括描述统计还包括推断统计？

6. 请举例说明采用什么样的方法收集的数据是连续型数据，采用什么样的方法收集的数据是离散型数据。

7. 指出以下统计变量的变量类型（数值型变量、分类变量、顺序变量）:

（1）人体的身高、体重；　　（2）每月的消费支出；

（3）企业分为国有、民营、外资、合资；　　（4）考试成绩用百分制衡量；

（5）考试成绩分为优秀、良好、及格和不及格。

第 2 章 Chapter 02

数据的收集

数据收集是统计学的最基本环节。任何统计研究都是从收集被研究现象的一定资料开始的。统计数据的收集是认识事物的起点，对统计资料的整理、汇总与分析都必须在收集统计资料的基础上进行，所以收集到的数据决定了整个统计工作的质量。

本章重点与目标

1. 了解数据的几个来源
2. 理解抽样调查的概念，熟悉抽样调查的应用范围，了解抽样调查的方法
3. 掌握调查问卷的设计

2.1 数据的几个来源

从使用者的角度看，统计数据资料的来源主要有两个：一种是通过直接调查获得的原始数据，这是统计数据的直接来源，一般称为第一手或直接的统计数据；另一种是别人调查的数据，对这些数据进行加工和汇总得到的数据，通常称为次级的或二手的或间接的统计数据。一切间接的统计数据都是从直接的、第一手数据转化而来的。

2.1.1 数据的直接来源——原始数据

获取数据的最基本形式就是进行统计调查或实验活动，统计调查和实验法就是统计数据的直接来源。

1. 统计调查

统计调查是指根据统计研究预定的目的、要求和任务，运用科学的方法，有计划、有组织地收集统计资料的过程。通过统计调查得到的数据，一般称为观测数据。

统计调查中的各项统计资料必须真实可靠，符合客观实际情况，要及时地获取各种资料，并且资料必须是完整的、毫无遗漏的。

按调查对象的范围不同，统计调查一般分为全面调查和非全面调查。全面调查主要是指普查。普查是对构成调查对象的所有单位逐一进行登记或观察的调查方式。世界各国都定期（一般是 10 年）进行人口普查、农业普查等。普查虽然可以获得详细而丰富的统计数据，但它涉及千家万户，所花费的时间、人力、财力和物力都太大，不宜经常进行。非全面调查是对调查对象总体中的一部分单位进行登记或观察的调查方式。重点调查、典型调查、抽样调查都是非全面调查，但重点调查和典型调查中调查的这部分单位（重点单位或典型单位）是人为规定的，对调查总体的代表性不高，虽不能直接用来反映总体，却可以用概率统计方法对总体进行推断，实践中运用更为广泛的是抽样调查。

2. 实验法

实验法是直接获得统计数据的又一重要来源。通过实验法得到的数据就是实验数据。

实验既是一种收集数据的方式，又是一种重要的研究方式。它通过有意识地改变或控制某些输入变量，观察其输出变量的变化，从而达到对事物本质或相互联系的认识。为了观察对输入变量的控制是否导致了输出变量的改变，在实验中，往往需要将研究对象分为两个组，一个是实验组，另一个是对照组，对实验组的输入变量加以控制或改变，而对照组则不加控制，根据两组的输出结果，可以看到输入变量对输出变量的影响。

运用实验法时要注意：首先，实验组和对照组的产生应当是随机的，研究对象的不同单位应当被随机地分配到实验组或对照组，而不应经过有意识的挑选；其次，实验组和对照组还应当相匹配，也就是研究对象的背景资料应当是大体相同的，至少不要差异太大。

不论是统计调查还是实验法，所收集的数据都是原始数据，因此它们都是统计数据最基本的来源。这些数据通常是一手数据，直接的统计数据。

2.1.2 数据的间接来源——次级数据

次级数据是指由其他人收集和整理得到的统计数据，是数据的间接来源。这种在他人调查整理基础上获得的数据，称为二手数据。

虽然统计数据的收集主要是指对原始数据的收集，本书介绍的统计调查方法也是围绕收集原始资料展开的，但数据的收集实际上不仅包括对原始数据的收集，而且包括对次级数据的收集，在很多情况下，统计研究都是在掌握次级数据的基础上进行的。

数据的间接来源：①公开出版的统计数据，主要来自官方的统计部门和政府、组织、学校、科研机构；②尚未公开发表的统计数据，如各企业的经营报表数据、专业调查咨询机构未公开发布的调查结果数据。需注意的是，如果公开引用未公开发表的数据需要征得数据所有者的同意，同时要为自己发布的数据负责。

恰当地运用间接数据在实际中往往能够节约时间和费用，取得较好的成果和效益，因此间接数据成为许多统计研究人员进行实证分析的首选数据来源。但在应用时要注意：①要评估第二手数据的可用价值；②是否了解并正确理解间接数据中变量的含义、计算口径、计算方法，以防误用、错用他人的数据；③注意弥补缺失数据和进行质量检查；④引用间接数据时要注明数据来源，尊重他人的劳动成果和知识产权。

2.2　抽样调查

问题探究：

我校有 25 000 名学生，要想了解全校学生对新闻、体育、动画、娱乐、戏曲五类电视节目的喜爱情况，你打算怎样进行调查？

2.2.1　抽样调查的概念及特点

抽样调查是根据随机的原则从总体中抽取部分实际数据进行调查，并运用概率估计方法，根据样本数据推算总体相应的数量指标的一种统计分析方法。抽样调查是社会经济调查中最常用的调查方法。

抽样调查是根据部分实际调查结果来推断总体标志总量的一种统计调查方法，属于非全面调查的范畴。它是按照科学的原理和计算，从若干单位组成的事物总体中，抽取部分样本单位来进行调查、观察，用得到的调查标志的数据代表总体、推断总体。

与其他调查一样，抽样调查也会遇到调查的误差和偏误问题。通常统计调查误差可分为非抽样误差和抽样误差。非抽样误差是由调查过程中各环节的工作失误造成的，从理论上讲，这类误差是可以避免的。抽样误差是利用样本推断总体时所产生的误差，它是不可避免的，但可以控制；另外，由于调查单位少、代表性强、所需调查人员少，工作误差比全面调查要小。特别是在总体包括的调查单位较多的情况下，抽样调查结果的准确性一般高于全面调查。

抽样调查数据之所以能用来代表和推断总体，主要是因为抽样调查本身具有其他非全面调查所不具备的特点，列举如下。

（1）调查样本是按随机的原则抽取的，在总体中每一个单位被抽取的机会是均等的，因此能够保证被抽中的单位在总体中的均匀分布，不致出现倾向性误差，代表性强。

（2）以抽取的全部样本单位作为一个“代表团”，用整个“代表团”来代表总体，而不是用随意挑选的个别单位代表总体。

（3）所抽选的调查样本数量，是根据调查误差的要求，经过科学的计算确定的，在调查样本的数量上有可靠的保证。

（4）抽样调查的误差，在调查前就可以根据调查样本数量和总体中各单位之间的差异程度进行计算，并控制在允许范围以内，调查结果的准确程度较高。

基于以上特点，抽样调查被公认为是非全面调查方法中用来推断和代表总体的最完善、最有科学根据的调查方法。

2.2.2 抽样调查的应用领域

抽样调查主要应用于以下几个方面。

（1）某些总体本身的性质决定了不能对其进行全面调查而又需要对其进行全面了解的情况，例如无限总体（连续生产产品的质量等）。

（2）某些总体理论上虽然可以但实际上不可能进行也不必要进行全面调查的情况，例如调查城市居民出行情况。

（3）某些总体理论上虽然可以但实际上不可能进行全面调查的情况，例如破坏试验（灯泡寿命、炮弹的杀伤力等）。

（4）某些特殊总体，要求具有一定资格的调查员才能进行调查，为此只能采用抽样调查，例如对科学技术方面总体的调查。

（5）为了提高时效，要求在短时间内取得关于总体的情况。

（6）利用抽样调查原理对总体的假设进行检验来判断假设的真伪，以决定行动取舍。

2.2.3 抽样方法的分类

抽样方法按照抽取原则不同分为以下两类。

概率抽样方法：根据已知概率抽取样本，样本抽取是随机的，主要有简单随机抽样、分层抽样、系统抽样（机械抽样）、整群抽样和多阶段抽样等。

非概率抽样方法：人为有意识地抽取样本，样本抽取不是随机的。

1. 概率抽样方法

概率抽样方法的分类见图 2-1。

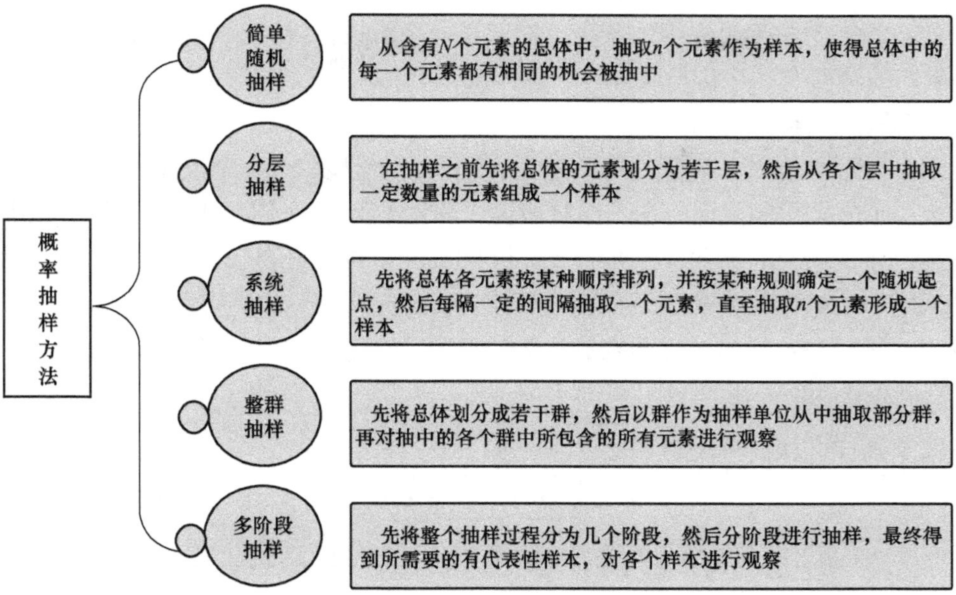

图 2-1　概率抽样方法

各种概率抽样方法的优缺点如下。

1）简单随机抽样

简单随机抽样常常用于总体个数较少的情况，主要特征是从总体中逐个抽取，包括抽签法和随机数法。

优点：操作简便、易行。

缺点：总体过大时不易实行。

2）分层抽样

分层抽样主要适用于总体中的个体有明显差异时，主要特征为分层按比例抽样。

优点：在一定程度上控制了抽样误差，尤其是最优分配法。

缺点：①层内差别大而层间差别小的情形，结果不可靠；②各层的总体含量不清楚时，或最优分配不了解标准差时，结果不可靠。

3）系统抽样（机械抽样）

当总体中的个体数较多时，用简单随机抽样比较费事，这时可以使用系统抽样。

优点：①抽样方法简便；②易得到一个按比例分配的样本，抽样误差较小。

缺点：①需对每个观察单位编号；②当观察单位按顺序有周期性趋势或单调性趋势时，产生明显偏性。

4）整群抽样

应用整群抽样时，要求各群之间不重叠，总体单位无遗漏，即总体内的任一单位只能而且必须属于某个群。

优点：实施方便、节省经费。

缺点：由于不同群之间的差异较大，由此而引起的抽样误差往往大于简单随机抽样。

例如，调查中学生患近视的情况，抽取某一个班进行统计；进行产品检验，每隔 8 h 抽 1 h 生产的全部产品进行检验等。

5）多阶段抽样

应用多阶段抽样时，划分的阶段数不宜过多，一般以 2～4 个阶段为宜。

优点：①方式比较灵活，在不同阶段可以采用前面 4 种不同的抽样方法，也可以根据各个阶段的不同特点，采用不同抽样比；②因抽样单位的分布较广而具有较强的代表性；③节约人力、物力和财力。

缺点：需要在抽样前掌握调查的具体信息，以决定分几个阶段抽样。

2. 非概率抽样方法

非概率抽样方法的分类见图 2-2。

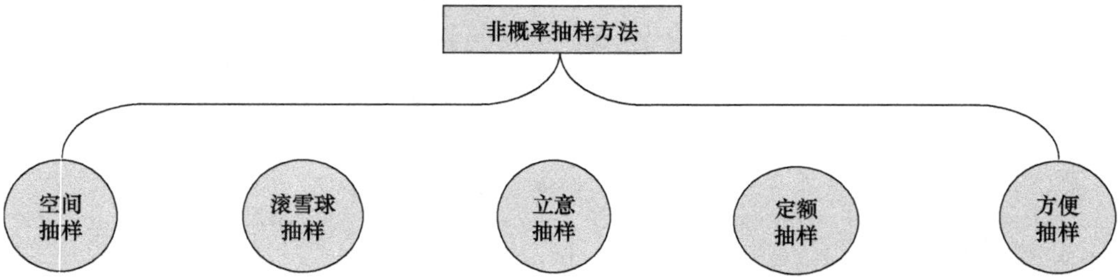

图 2-2　非概率抽样方法的分类

非概率抽样简单易行、成本低、省时间，在统计上也比概率抽样简单。但由于无法排除抽样者的主观性，无法控制和客观地测量样本的代表性，因此样本不具有推断总体的性质。非概率抽样多用于探索性研究、预备性研究以及总体边界不清难以实施概率抽样的研究。

在实际应用中，非概率抽样往往与概率抽样结合使用。

2.3　调查方案的制定与调查问卷的设计

采用问卷进行调查的形式始于 20 世纪 30 年代的美国，现已逐步成为调查研究中收集资料的一种主要方式。我国从改革开放以来广泛使用这一方法，目前它已成为统计调查的一个重要组成部分。

问卷调查法也称问卷法，它是调查者以书面提出问题的方式收集资料的一种研究方法。即调查者就调查内容提出问题或编制成表格，分发或邮寄给有关人员，请他们填写答案，然后回收整理并进行统计和研究。

2.3.1　调查方案的制定

为了使统计调查按目的顺利进行，在组织调查之前，必须首先设计一个周密的调查方案。统计调查方案一般包括以下六个方面的内容。

1. 确定调查目的

制定调查方案，首先要明确调查目的。调查目的就是为什么要进行调查，或者调查要解决什么问题。调查目的是统计调查中的一个根本性问题，目的明确，才能有的放矢，才能根据调查目的收集与之有关的资料，舍弃无关资料，才可以节省人力、物力，缩短调查时间，提高调查资料的时效性。

2. 确定调查对象和调查单位

调查对象和调查单位要根据调查目的来确定。调查对象就是要进行调查研究的总体范围，它由许多性质相同的调查单位组成。确定调查对象，要明确总体的界限，划清调查范围，以防在调查工作中产生重复或遗漏。调查单位，就是要研究的总体单位，即所要登记标志的承担者。调查单位和填报单位有时是一致的，但有时也可以不一致。

3. 确定调查项目

调查项目是要调查的具体内容，它完全取决于调查对象的性质、调查的目的和任务，包括调查单位必须登记的标志及其他有关情况。调查项目通常以调查表和调查问卷的形式反映，因此它是统计调查的主要工具，是调查方案的核心。后文将做详细说明。

4. 确定调查的时间和地点

调查时间包括调查资料的所属时间和调查期限两种含义。数据所属时间应明确规定所调查的是哪个时点或时期的数据。调查期限则是进行调查工作的时限，包括收集资料和报送资料所需的时间。为了保证资料的及时性，必须尽可能地缩短调查期限。调查的地点根据调查的对象和调查单位具体确定。

5. 选择调查方法

统计调查方法就是收集调查对象原始资料的方法，即调查者向被调查者收集答案的方法，主要有直接观察法、报告法、采访法和网上调查法。

直接观察法是指调查人员到现场对调查对象进行直接点数和计量，如对产成品库的盘点等。此法的优点在于能保证所收集资料的准确性，也有利于开展统计分析，但所花费的人力、物力较多，时间较长，而且无法用于对历史资料的收集。

报告法就是报告单位以原始记录和核算资料为基础，向有关单位提供统计资料。

采访法具体可分为询问法和通信法。询问法是按照调查项目要求向被调查者询问，将询问结果填入表内。通信法一般是由统计工作机构将调查表寄给被调查者，然后被调查者填好后将表寄回。

网上调查法是利用现代网络技术来收集统计资料的方法。该方法通过网络向被调查者发出调查信息（调查提纲、表格或调查问卷），被调查者亦通过网络向调查者反馈信息。与传统调查方式相比，网络调查有独特的优点：①需要的经费较少；②能在较大范围内进行调查；③传播快速且具有多媒体性；④调查结果客观性较高；⑤信息质量易检验和控制。这种调查方法符合市场经济追求经济效益的原则，当前使用较广。

6. 制订调查的组织实施计划

严密细致的组织工作是统计调查顺利进行的保证。调查工作的组织实施计划包括调查机构，调查步骤，调查人员的选择、组织及培训，调查表格或问卷的印刷，调查经费的来源与开支预算等问题。

2.3.2 调查问卷的设计

一份完整的调查问卷应该包括标题、卷首语、正文、结束语四个部分。

（1）标题：问卷的标题要与课题的研究目的相符合，直接点明调查的主题，使被调查者对所要回答的问题有一个大致的了解。问卷的标题要简明扼要，但又必须点明调查对象或调查主题。

（2）卷首语：给被调查者的短信，为其介绍和说明调查者的身份，调查的目的、意义、内容，篇幅宜短小，通常在 300 字以内，一般包括身份、调查目的与内容、对象选取和结果保密措施、致谢等。

（3）正文：调查问卷的主要部分，也就是问题与答案部分。

（4）结束语：一般是一小段话，内容是对被调查者的合作再次表示感谢以及不要漏填与复核的请求。结束语要简短明了，有的问卷也可以省略。

大学生喜欢的音乐的调查 （标题）

（卷首语）

尊敬的朋友：

您好！

这是一份关于大学生喜欢的音乐的调查问卷。为了研究相关课题，特设本问卷，恳请您协助填答。本次调查采用匿名制，所有数据只会用于统计分析。您只要根据实际情况选择或填写即可。祝您生活幸福！

（正文）

1. 你喜欢音乐吗？
   A. 喜欢　　B. 不喜欢
2. 你经常听音乐吗？
   A. 经常　　B. 有时　　C. 偶尔　　D. 极少
   E. 从不
3. 你喜欢听欢快的音乐还是忧伤的音乐？
   A. 欢快的　　B. 忧伤的
4. 你喜欢的音乐方面的明星是哪个地区的？
   A. 中国内地　　B. 中国港台　　C. 日韩　　D. 欧美

5. 你认为中学生听音乐的利弊关系是怎样的?

A. 利大于弊　　B. 弊大于利　　C. 没关系

6. 你认为音乐与人的情绪有什么样的关系?

A. 关系密切　　B. 有点关系　　C. 毫无关系　　D. 不清楚

7. 请你准确地说出音乐的分类。

8. 你喜欢听什么类型的音乐?

9. 你认为什么样的音乐对人的心情有影响?

10. 请你对本次问卷调查做出评价。

结束语

非常感谢您的配合！祝您学习进步、生活愉快！(*^___^*)

1. 调查问卷的卷首语

书写卷首语时应注意的问题：简要说明调查的内容和意义，突出本次调查的主要问题和现象；语言要亲切自然，能调动起被调查者的积极性，并体现被调查者完成本次调查的重要作用；最后要对被调查者表示感谢，写一些祝福的话语。

2. 问卷主体框架的设计

设计问卷主体框架时要先宏观后微观。具体来说，分为以下几步。

第一步，确定调查目标。如：“我们要调查什么？”

第二步，分解目标，确定子目标。如：“我们打算从哪几个方面来进行调查？”

第三步，为各个子目标设计问题。如：“可以设计哪些问题来对子目标进行调查？”

3. 设计调查问题

设计调查问题时必须考虑以下几点。

(1) 问题的选用。所选的题目必须是围绕调查目的最必要的题目，可要可不要的问题不要列入；充分考虑被调查者的身份背景，不要提出对方不感兴趣的问题。

(2) 问题的表述：第一，注意语言的简洁性、通俗性，不能使用专业术语；第二，问题不能带任何倾向性或暗示性；第三，语言要准确，不要使用模棱两可、含混不清或容易产生歧义的语言或概念；第四，做到一题一问，不要一题多问；第五，如果是选择题，选项的设置要合理涵盖所有可能，让所有被调查者都有选项可选；第六，不能直接询问敏感性问题。

4. 调查问卷问题的形式

封闭式问题：在每个问题后面给出选择的答案，被调查者只能在这些备选答案中选择自己的答案。

开放式问题：允许被调查者用自己的话来回答问题。

5. 问题的数目与排列

（1）问题的数目：问题不能过多，问卷不宜过长，一般控制在 20 分钟以内回答完毕。

（2）问题的排列：要有一定的逻辑次序，层次分明。①熟悉的问题在前，生疏的问题在后。②简单、易答的问题在前，复杂、难答的问题在后。③泛指问题在前，特定问题在后。④感兴趣的问题在前，紧张、有顾虑的问题在后。⑤关于行为的问题在前，关于态度、观念的问题在后。⑥封闭式问题在前，开放式问题在后。

思考与练习

1. 数据的来源渠道有哪些?
2. 简要说明抽样误差和非抽样误差。
3. 自选题目设计一份调查问卷。

第 3 章

Chapter 03

数据的图表展示

统计研究中收集到的原始资料是个体的、分散的、杂乱无章的，只能反映总体单位的具体情况和事物的表面现象，不能反映总体的综合特征，难以揭示事物的本质和规律。为了完成统计研究的任务，达到统计研究的目的，必须运用科学的方法对这些资料进行加工整理，最后以图表的方式展示出来。

本章重点与目标

1. 了解数据的预处理
2. 掌握定性数据的整理与展示
3. 掌握定量数据的整理与展示

3.1 数据的预处理

如果数据能满足其应用要求，那么它就是高质量的。数据质量涉及许多因素，包括完整性、准确性、适用性、时效性。

3.1.1 数据的审核

数据审核的内容包括以下几个方面。

（1）完整性审核。检查应调查的单位或个体是否有遗漏；所有的调查项目或指标是否填写齐全。

（2）准确性审核。检查数据是否真实反映客观实际情况，内容是否符合实际；检查数据是否有错误，计算是否正确等。审核数据准确性的方法有以下两种。①逻辑检查。从定性角度，审核数据是否符合逻辑，内容是否合理，各项目或数字之间有无相互矛盾的现象。其主要用于对定类数据和定序数据的审核。②计算检查。检查调查表中的各项数据在计算结果和计算方法上有无错误。其主要用于对定距数据和定比数据的审核。

（3）适用性审核。弄清楚数据的来源、数据的口径以及有关的背景材料；确定这些数据是否符合自己分析研究的需要。

（4）时效性审核。应尽可能使用最新的统计数据。

（5）确认是否有必要做进一步的加工整理。

3.1.2 数据的筛选

（1）对审核过程中发现的错误应尽可能予以纠正。

（2）当发现数据中的错误不能予以纠正，或者有些数据不符合调查的要求而又无法弥补时，需要对数据进行筛选。

（3）数据筛选的内容包括：将某些不符合要求的数据或有明显错误的数据剔除；将符合某种特定条件的数据筛选出来，剔除不符合特定条件的数据。

3.2 定性数据的整理与展示

统计学上的定性数据（qualitative data）包括分类数据和顺序数据，它是一组表示事物性质、规定事物类别的文字表述型数据，不能将其量化，只能对其定性。

3.2.1 分类数据的整理与展示

3.2.1.1 次数分布表（frequency table）

次数分布表就是按照一定的规则把一组数据划分为不同的范围或区间，然后计数出数据落入各区间的个数，这些个数就是次数（或频数），以表格形式表示的一个有规律的统计表。次数分布表也称为频数分布表，具有如下特点。

（1）次数（或频数）是指落在各类（组）别中的单位个数。

（2）把各个类别及相应的次数全部列出来就是次数分布或频数分布（frequency distribution），以表格形式表现就是次数分布表或频数分布表，如表 3-1 所示。

（3）百分比或频率（percentage）：各组的次数占总次数的比重称为比例（proportion），它反映总体的结构。不同的类别可进行比较。比例乘以 100 就是百分比或百分数，用%表示，表示每 100 个分母中拥有多少个分子。

表 3-1　信用卡顾客职业类型次数分布表

职业类别	顾客人数
管理人员	19 182
技术人员	15 395
服务人员	6 770
销售人员	6 163
生产工人	5 309
其他人员	553
合　计	53 372

次数分布可以反映总体中所有单位在各组中的分布状态和分布特征

3.2.1.2　分类数据的图示

1. 条形图（bar chart）

条形图是以宽度相等、相互分离的条形块的长度或高度来表示次数分布的统计图（横置称条形图，纵置称柱形图）。长度或高度表示各类数据的次数或百分比。条形图用于比较不同地区、不同种类的差异，如图 3-1 所示。

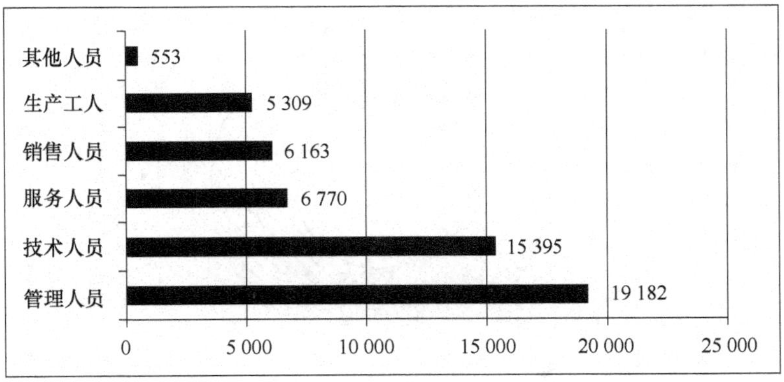

图 3-1　信用卡顾客职业类型的条形图

2. 饼形图（pie chart）

饼形图（也称饼图）就是把一个圆饼面积看作 100%，以圆心为顶点分割成若干扇形，以这些扇形面积占圆饼面积的百分比来表示一个数据系列中各项的大小与总额（各项总和）的比例，用于直观显示总额各个部分的构成比例情况，通常用不同颜色来区分各个扇形。按照需要，饼图可以以二维或三维格式显示，也可以把有关扇形分离而突出显示。如图 3-2 所示，饼图具有以下特点：

（1）以圆形及圆内扇形的面积表示数值大小；

（2）表示总体中各组成部分所占比例；

（3）适用于研究结构性问题。

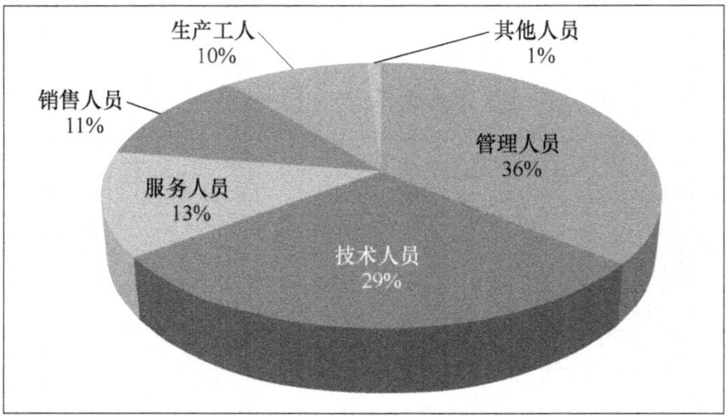

图 3-2　信用卡顾客职业类型的饼形图

3. 环形图（doughnut chart）

环形图就是由两个及两个以上大小不一的饼图叠在一起，挖去中心部分而构成的图形。如图 3-3 所示，环形图具有以下特点：

（1）同时绘制多个总体的数据系列，每一个总体数据列为一个环；

（2）显示多个总体各部分所占的相应比例，有利于进行比较。

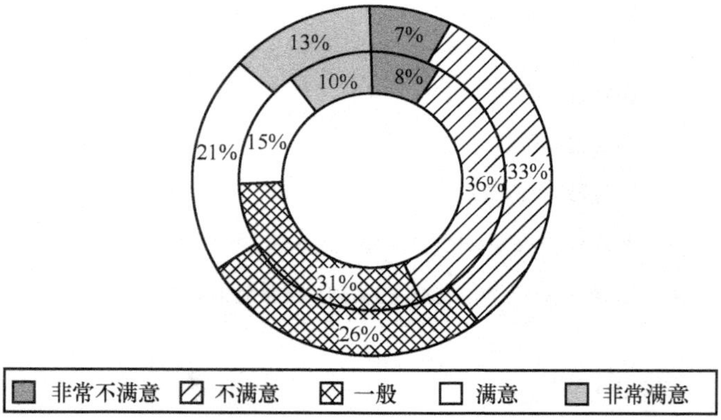

图 3-3　甲、乙班级对 A 教师满意度的评价环形图

3.2.2　顺序数据的整理与展示

3.2.2.1　累积（计）次数表

累积次数（cumulative frequencies）即将各类别的次数逐级累加起来。通常有以下两种累积方式。

（1）向上累积：从观察值小的一方向观察值大的一方累加次数，表示上限以下的次数或比重。

（2）向下累积：从观察值大的一方向观察值小的一方累加次数，表示下限以上的次数或比重。

累积次数表就是把这些累积次数以表格形式呈现出来的表格。示例如表 3-2 所示。

表 3-2　我国城市按人口分组累积次数表（2014 年年底）

按人口分组	城市数（个）	百分比（%）	向上累积		向下累积	
			城市数（个）	百分比（%）	城市数（个）	百分比（%）
10 万人以下	13	3.1	13	3.1	417	100.0
10 万～30 万人	90	21.6	103	24.7	404	96.9
30 万～50 万人	90	21.6	193	46.3	314	75.3
50 万～100 万人	115	27.6	308	73.9	224	53.7
100 万～200 万人	58	13.9	366	87.8	109	26.1
200 万人以上	51	12.2	417	100.0	51	12.2
合　计	417	100.0	—	—	—	—

3.2.2.2　顺序数据的图示

分类数据采用的图形均适用于顺序数据，也可根据累积次数或累积百分比绘制累积次数或累积百分比分布图。表 3-2 的累积次数分布图如图 3-4 所示。

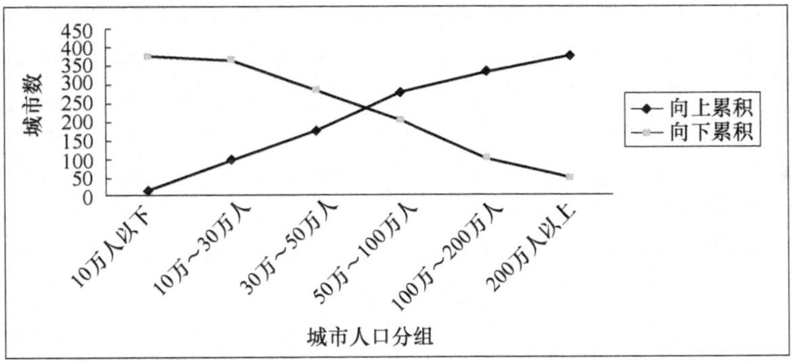

图 3-4　我国城市按人口分组累积次数图（2014 年年底）

3.3　定量数据的整理与展示

定量数据也称数量数据，它说明的是事物的数量特征，能够用一个有统一单位的数值（即使用计量器具经检测而出具的数据）表示。

3.3.1　定量数据的分组和制表

在整理定量数据时通常要进行数据分组（统计分组），分组后再计算出各组中出现的次数，形成表格。

3.3.1.1 单项式分组/单变量值分组

（1）把每一个变量值作为一组。

（2）适用于离散型变量且变量值较少的情况。

单项式分组/单变量值分组示例如表 3-3 所示。

表 3-3 工人生产产品数量的次数分布表

生产产品的数量	工人数（次数）	百分比（%）
1	6	17.65
2	9	26.47
3	10	29.41
4	7	20.59
5	2	5.88
合计	34	100.00

3.3.1.2 组距分组

连续型变量或变量值较多时，采用组距分组。组距分组即将全部变量值分为若干个区间，每一区间的变量值作为一组。每一组的最小值称为下限，最大值称为上限。例如：70～80 组，70 是本组下限，80 是本组上限。

1. 组距分组的步骤

1）计算取值范围

取值范围（全距）R 为最大数值与最小数值之差。

$$R = \max\{X\} - \min\{X\}$$

2）确定组数

根据经验或采用斯特杰斯（H. A. Sturges）提出的经验公式：

$$K \approx 1 + 3.322 \lg N$$

式中：K 表示组数；N 表示数据总个数。

例如：对学生成绩进行分组，确定组数时有以下经验和公式可遵循。

（1）经验：按及格或不及格分为 2 组。

（2）经验：按不及格、及格、中等、良好和优秀分为 5 组。

（3）斯特杰斯经验公式：N=46，$K \approx 1+3.322 \lg 46=1+3.322\times1.662\ 8$，得 $K \approx 6.52$，可参考分为 5 或 6 组。

3）确定各组的组距

同一组上限与下限间的绝对距离称为组距，组距 d=上限−下限。设 K 为组数，组距 $d=R/K$。为便于计算，组距宜取 5 或 10 的倍数。第一组的下限应低于最小变量值，最后一组的上限应高于最大变量值。

4）确定组限

一个组两端的值称为组限（class limit）。

离散型数据：相邻组的上下限必须间断，不能重叠，以防数据重复统计。

连续型数据：相邻组的上下限应该重叠，防止归类时遗漏，通常“上组限不在内”。例如：80 应该归在“80～90”，不归在“70～80”。

数据中有极值或非常分散时，为避免有空白组或个别极端值被漏掉，第一组和最后一组采用开口组，即“××以下”和“××以上”。

5）根据分组整理成次数分布表

将原始数据按照各自数值的大小分配到各组中，汇总成次数分布表，如表 3-4 所示。

表 3-4　统计学成绩次数分布表

英语成绩分组	学生人数（次数）	百分比（%）
30～40 分	8	17.39
40～50 分	6	13.04
50～60 分	10	21.74
60～70 分	10	21.74
70～80 分	12	26.09
合计	46	100.00

2. 组中值的概念

组中值是上下限之间的中点数值，反映各组数值一般水平的数值。

闭口组的组中值=（上限+下限）/2

例如：70～80 组，组中值=（80+70）/2=75。

开口组的组中值计算：

最高组上限=最高组下限+邻组的组距

最低组下限=最低组上限−邻组的组距

组中值=（上限+下限）/2

以表 3-2 中的数据为例，得到表 3-5，计算开口组的组中值：

最高组上限=200+（200−100）=300，最高组的组中值=（200+300）/2=250

最低组下限=10−（30−10）=−10（取 0），最低组的组中值=（0+10）/2=5

表 3-5　人口次数分布表

按人口分组	组　中　值	城　市　数
10 万人以下	5	13
10 万～30 万人	20	90
30 万～50 万人	40	90
50 万～100 万人	75	115
100 万～200 万人	150	58
200 万人以上	250	51

3.3.2　定量数据的图示

3.3.2.1　分组数据

1. 直方图（histogram）

直方图是运用连续排列的条形图面积而不仅仅是条形图高度来反映数据的，它是以各组组距为宽，以次数为高，表示次数分布状态的统计图。直方图是对于定量数据而言的。如图 3-5 所示，用直方图表示一个班的统计学课程考试成绩，50～60 分的 2 人，60～70 分的 4 人，……

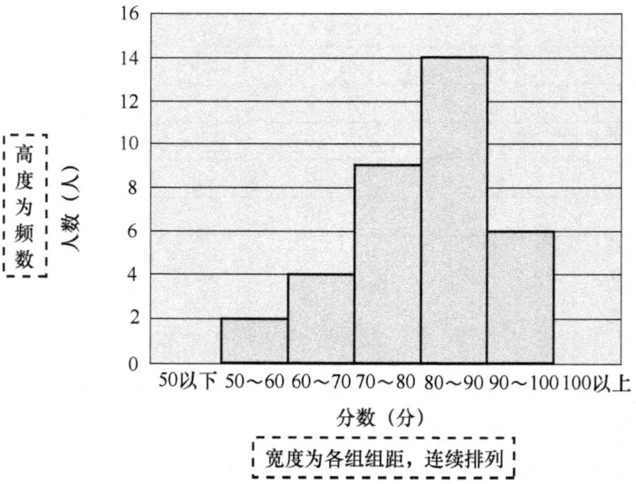

图 3-5　统计学成绩直方图

2. 次数多边形图（frequency polygon）

次数多边形图是将由各组的组中值和次数在直角坐标系中确定的点用一条折线连起来形成的图形，用于反映次数分布状态，可以在直方图的基础上绘制，见图 3-6。它是研究统计数据特征（集中趋势、偏度和分布规律）的有效方法。

当组数很多时，组距会越来越小，此时折线图会越来越光滑，形成平滑曲线，这样的曲线称为次数分布曲线，见图 3-7。

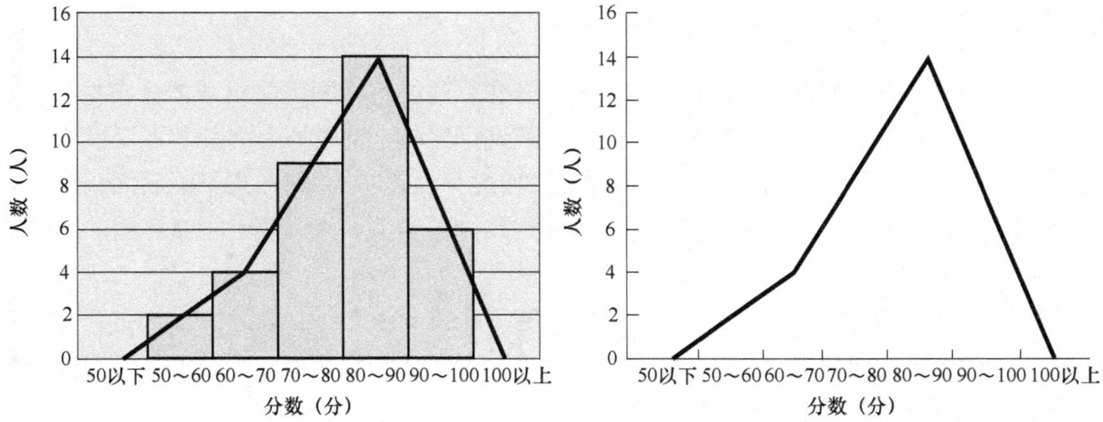

图 3-6　统计学成绩次数多边形图

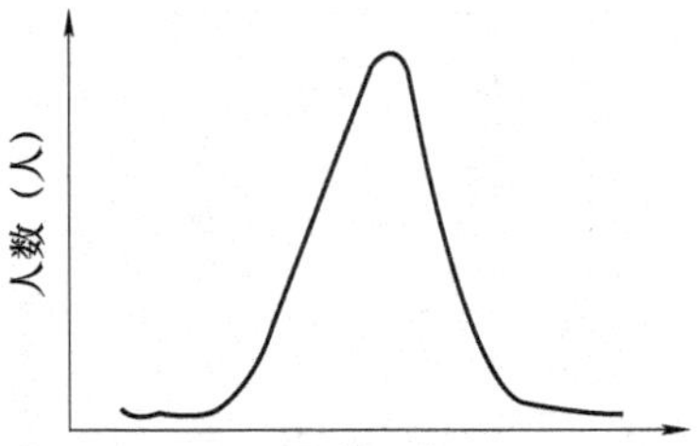

图 3-7　统计学成绩次数分布曲线示意图

3.3.2.2　折线图（line chart）

折线图是显示时间序列数据，反映事物发展变化规律和趋势的图。通常以时间为横轴，数据为纵轴作散点图并以折线相连，以折线的上升或下降来表示统计数量的增减变化的统计图，叫作折线统计图，简称折线图。与条形图相比，折线图不仅可以表示数量的多少，而且可以反映同一事物在不同时间里的发展变化情况。

从图 3-8 中的折线图可以看出，城乡居民家庭人均收入逐年提高，而且城镇居民家庭人均收入高于农村，2009 年以后两者差距有扩大趋势。

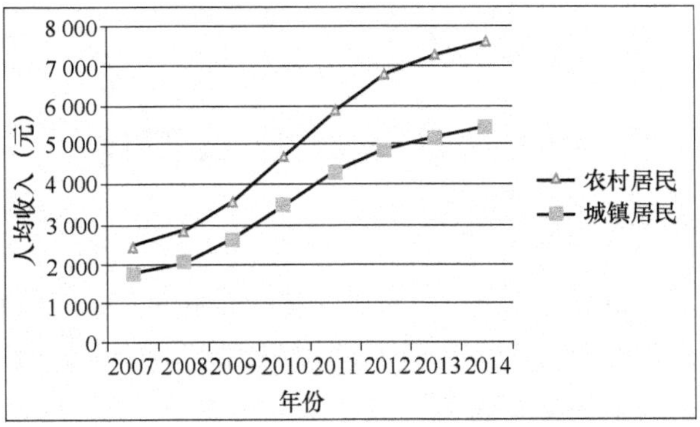

图 3-8　2007—2014 年城乡居民家庭人均收入

3.3.2.3 茎叶图（stem and leaf plot）

茎叶图主要用于显示未分组的原始数据的分布。通过茎叶图可看出数据分布特征，因此其常用于数据探索分析。将数组中的数按位数进行比较，将数的大小基本不变或变化不大的位作为一个主干（茎），将变化大的位的数作为分枝（叶），列在主干的后面，这样就可以清楚地看到每个主干后面的几个数，每个数具体是多少。每个茎上能够容纳的叶子数值的跨度就是茎宽。

茎（stem）代表第 1 个数字，图 3-9 中茎宽（stem width）为 10。

叶（leaf）表示第 2 个数字，图 3-9 中一个叶表示一个观测值，“Leaf”列的每个数字代表一个个案的该变量值的最后一个数字。

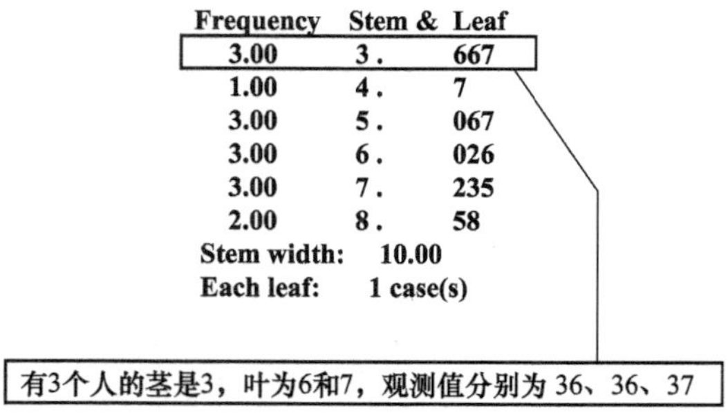

图 3-9 茎叶图

3.3.2.4 两变量数据：散点图（scatter plot）

散点图是把两个变量的数据值分别表示在直角坐标系的两个数轴上，用不同位置的点来描述数据的一种图形，表示两种变量之间的相互关系。散点图示例如图 3-10 所示。

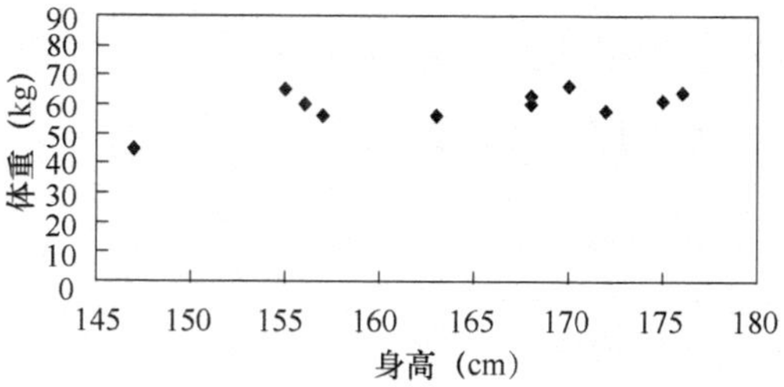

图 3-10 学生身高和体重的散点图

3.3.2.5 多变量数据：雷达图（radar chart）

雷达图也叫蛛网图（spider chart），用来比较多个变量的数据，比较多个样本的相似性。将多个变量的值分别表示在以固定点为圆心的圆周的等分射线上，然后用折线连接同组的数据构成封闭折线，所得的图即雷达图。表 3-6 中的数据可用雷达图表示为图 3-11。

表 3-6　2014 年城乡居民家庭人均生活消费支出　　　　（单位：元）

项　　目	城镇居民	农村居民
食品	1 942.59	890.28
衣着	520.91	109.41
家庭设备用品及服务	316.89	85.41
医疗保健	179.68	62.45
交通通信	232.90	53.92
娱乐、教育、文化服务	448.38	148.18
居住	358.64	233.23
杂项商品与服务	185.65	34.27

资料来源：《中国统计年鉴 1998》，326 页、348 页，北京，中国统计出版社，1998。

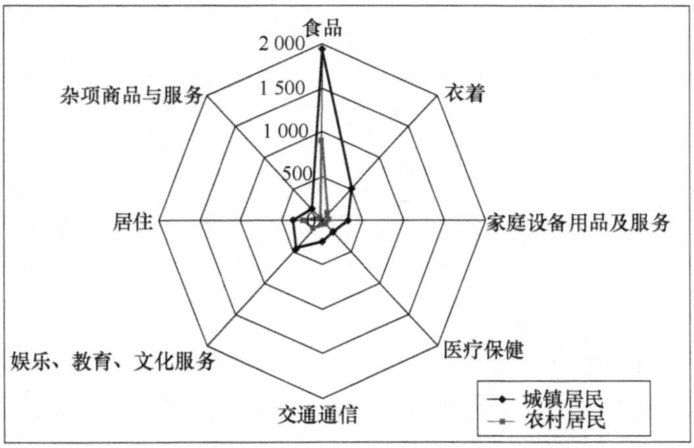

图 3-11　2014 年城乡居民家庭人均生活消费支出雷达图

3.3.2.6　列联表（cross tabs）

列联表是将数据按两个或两个以上变量交叉分组得到的次数分布表（见表 3-7），用于分析变量之间的相互影响和关系，定性变量和分组后的定量变量均适用。

表 3-7　个人收入和学历关系的交叉列联表

收入水平	最高学历			合　计
	高中及以下	本　科	研究生	
高收入	25	21	10	56
中收入	82	88	30	200
低收入	223	16	5	244
合　计	330	125	45	500

3.3.3 统计图、表的设计及其注意事项

1. 统计表的设计

统计表由表头、行标题、列标题、数字资料、单位和补充资料等构成。以表 3-6 为例进行说明。

表号　总标题

表 3-6　2014 年城乡居民家庭人均生活消费支出　（单位：元）　单位

列标题　上基线

项　目	城 镇 居 民	农 村 居 民
食品	1 942.59	890.28
衣着	520.91	109.41
家庭设备用品及服务	316.89	85.41
医疗保健	179.68	62.45
交通通信	232.90	53.92
娱乐、教育、文化服务	448.38	148.18
居住	358.64	233.23
杂项商品与服务	185.65	34.27

行标题　数字资料

资料来源：《中国统计年鉴 1998》，326 页、348 页，北京，中国统计出版社，1998。

补充资料　下基线

2. 统计表设计注意事项

（1）表头应包含表号、总标题和数据单位等。总标题要表明统计数据的时间、地点以及为何种数据。

（2）统计表的上下端应以粗线绘制，表内纵线以细线绘制，一般不画横线，但合计栏需画横线。表的左右两端不画线，采用“开口式”。

（3）表中的数据一般为右对齐，有小数点时应以小数点对齐，且小数点的位数应统一。

（4）必须注明数据的计量单位。若表中的全部数据都是同一计量单位，可在表的右上角标明；若各指标的计量单位不同，可在列标题后添加该列计量单位。

（5）统计表中缺某项数字时可用“…”表示，不应有数字时用“—”表示。

（6）在统计表下方应注明资料来源，必要时可在表的下方加注释。

3. 绘制统计图注意事项

（1）选择适当的图形类型。

（2）图形应该有清楚的标题和必要的说明，明确图形的含义、计量单位、坐标轴代表的变量、资料来源等。

（3）绘制统计图时，图标题在下。

3.4　基于 SPSS 的数据整理与展示

3.4.1　SPSS 软件及其常用菜单

SPSS 是世界上最早采用图形菜单驱动界面的统计软件，它最突出的特点就是操作界面极为友好，输出结果美观漂亮。它将几乎所有的功能都以统一、规范的界面展现出来，使用 Windows 的窗口方式展示各种管理和分析数据方法的功能，对话框展示出各种功能选择项。用户只要掌握一定的 Windows 操作技能，精通统计分析原理，就可以使用该软件为特定的科研工作服务。SPSS 采用类似 Excel 表格的方式输入与管理数据，数据接口较为通用，能方便地从其他数据库中读入数据。其统计过程包括常用的、较为成熟的统计过程，完全可以满足非统计专业人士的工作需要。输出结果十分美观，存储时则是专用的 SPO 格式，可以转存为 HTML 格式和文本格式。对于熟悉老版本编程运行方式的用户，SPSS 还特别设计了语法生成窗口，用户只需在菜单中选好各个选项，然后按“粘贴”按钮就可以自动生成标准的 SPSS 程序，极大地方便了中、高级用户使用。

SPSS for Windows 是一个组合式软件包，它集数据录入、整理、分析功能于一身。用户可以根据实际需要和计算机的功能选择模块，以降低对系统硬盘容量的要求，有利于该软件的推广应用。SPSS 的基本功能包括数据管理、统计分析、图表分析、输出管理等。SPSS 的统计分析过程包括描述性统计、均值比较、一般线性模型、相关分析、回归分析、对数线性模型、聚类分析、数据简化、生存分析、时间序列分析、多重响应等几大类，每类又分为好几个统计过程，比如回归分析又分线性回归分析、曲线估计、Logistic 回归、Probit 回归、加权估计、两阶段最小二乘法、非线性回归等多个统计过程，而且每个统计过程都允许用户选择不同的方法及参数。SPSS 也有专门的绘图系统，可以根据数据绘制各种图形。

SPSS 23.0 版在以前版本基础上还具有以下新的功能。

1. 地理空间关联规则

通过使用地理空间关联规则，可以根据空间属性和非空间属性在数据中查找模式。

2. 空间时间预测

空间时间预测使用包含位置数据、预测输入字段（预测变量）、时间字段和目标字段的数据。每个位置在数据中都有许多行，这些行表示每个预测变量在每个位置于每个时间间隔的值。此过程可以在“基本统计信息”选项中获得。

3. 时间因果模型（“预测”选项中）

时间因果模型尝试发现时间序列数据中的关键因果关系。在时间因果模型中，用户指定一组目标序列以及这些目标的候选输入集，过程将为每个目标构建一个自回归时间序列模型，并且仅包括那些与目标具有因果关系的输入。

4. 批量装入数据库

将数据导出至数据库时，批量装入会将数据成批提交到数据库，而不是一次提交一条记录。此操作可以使操作速度更快，对于大型数据文件尤其如此。

5. 可编程性增强功能

用户可以从任何外部 R 进程运行使用 R Integration Package for IBM® SPSS® Statistics 中函数的 R 程序，例如 R IDE 或 R 解释器，还可以从 R 运行 SPSS Statistics 命令语法。

SPSS 的安装简洁方便，按照提示安装成功后，在“程序—IBM SPSS Statistics”中点击“IBM SPSS Statistics 23”就会弹出工作主窗口（图 3-12）。

接下来，将重点介绍 SPSS 的几个常用菜单。

1）“文件”菜单

在“文件”菜单（图 3-13）中，用户可以读取电脑已存储的数据集（“打开”），或者新建一个数据集（“新建”），新建数据集在工作表中直接填写后保存即可。同时，SPSS 软件在安装的同时，也跟其他统计分析软件一样，自带数据集（例如“iris”鸢尾花数据），因此用户就可以通过“打开数据库”来寻找所需数据。

当用户将数据读取出来之后，有时候需要对数据进行一定的修改，例如变量的属性、数据的小数点等。用户需要在变量视图中进行操作，例如图 3-14 中小学生心理健康综合测验的数据。

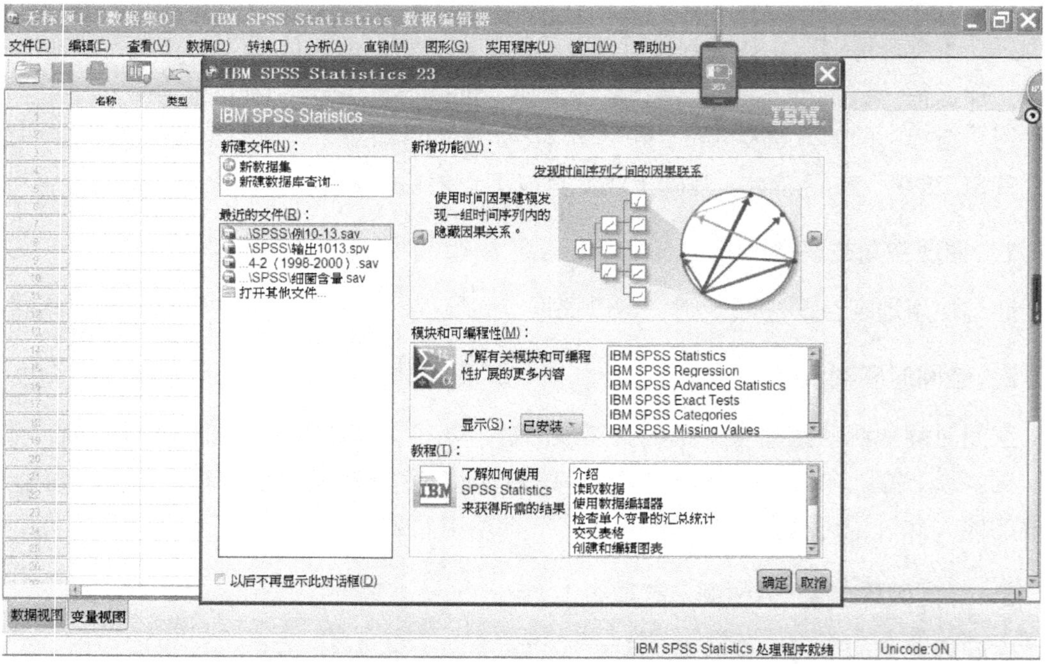

图 3-12 SPSS 主窗口

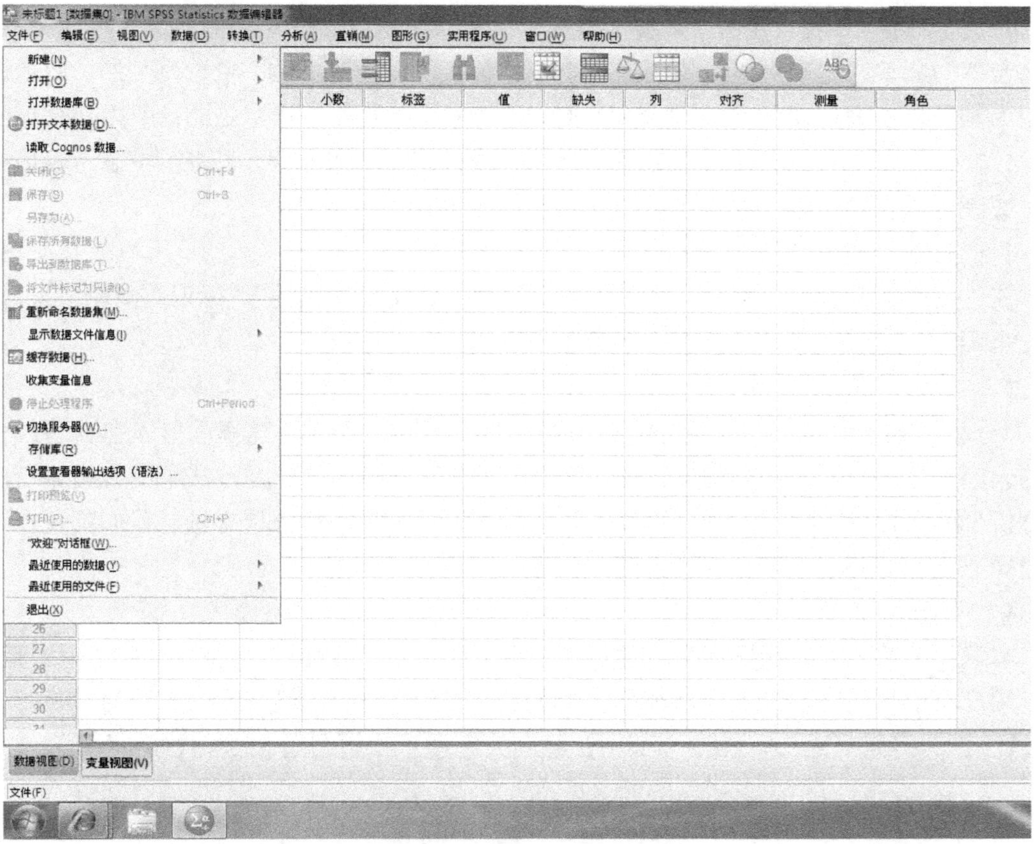

图 3-13　SPSS 的“文件”菜单

图 3-14　中小学生心理健康综合测验的数据视图

在这个数据集中，“姓名”是字符型变量，所以在变量“类型”中选择“字符串”；“心理痛苦感”和“心理幸福感”的数据有 2 位小数，所以在“小数”中选择“2”，其他的变量均为整数。需要说明的是，“心理健康情况”这个变量属于分类变量，所以在数据的处理中，在“标签”一栏应该说明数据的具体分类情况，如用 0 表示正常，1 表示轻度抑郁等。或者可以在“数据”菜单中进行变量属性的编辑。

2）“数据”菜单

在“数据”菜单（图 3-15）中，用户可以做“定义变量属性”“标识重复个案”“标识异常个案”“排序个案”“合并文件”等工作。

3）“分析”菜单

“分析”菜单（图 3-16）是进行统计分析时最常用的菜单。这里面基本包含了统计分析的大部分方法，例如描述统计、线性模型、对数线性模型、分类方法中的聚类分析和判别分析、降维方法中的主成分分析和因子分析等。对于每一种分析方法，我们都是在菜单中选择，然后在弹出的窗口中进行参数和方法的选择。

4）“图形”菜单

本章所学的大多数图形都可以通过“图形”菜单（图 3-17）来完成。在“旧对话框”中，用户可以根据变量的类型和所研究的问题，选择“条形图”“折线图”“面积图”“饼图”“箱图”等统计图形。在下一节中，将向大家展示如何利用 SPSS 作统计图形。

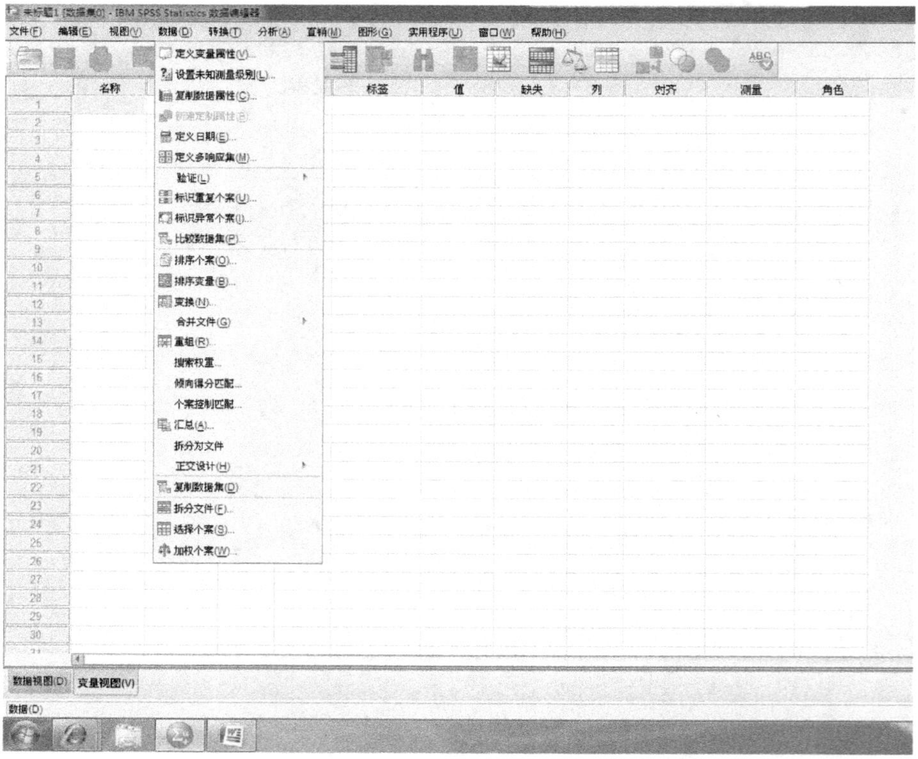

图 3-15　SPSS 的“数据”菜单

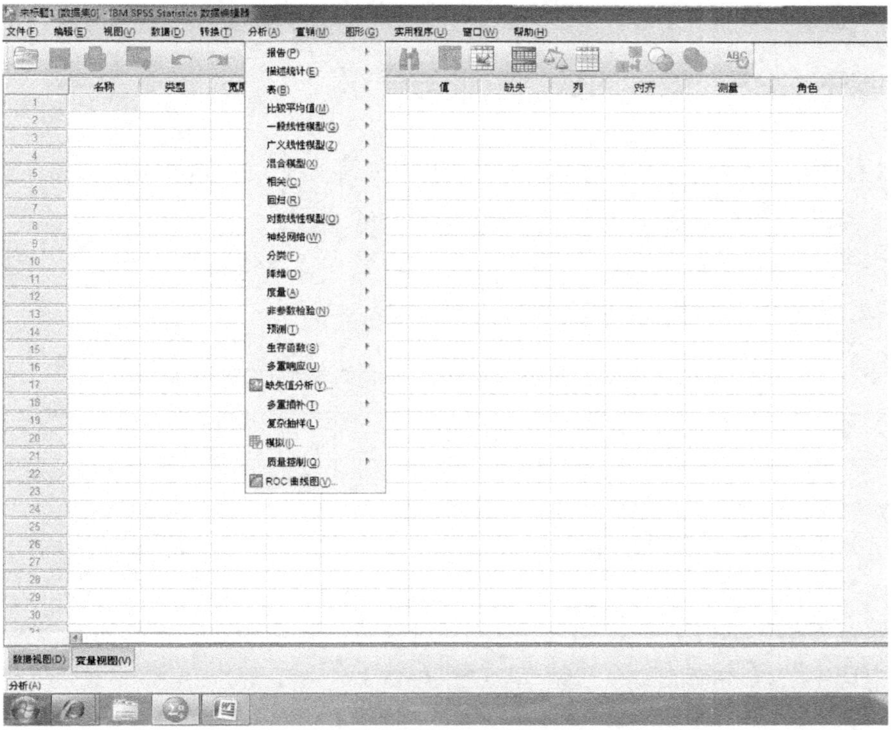

图 3-16　SPSS 的“分析”菜单

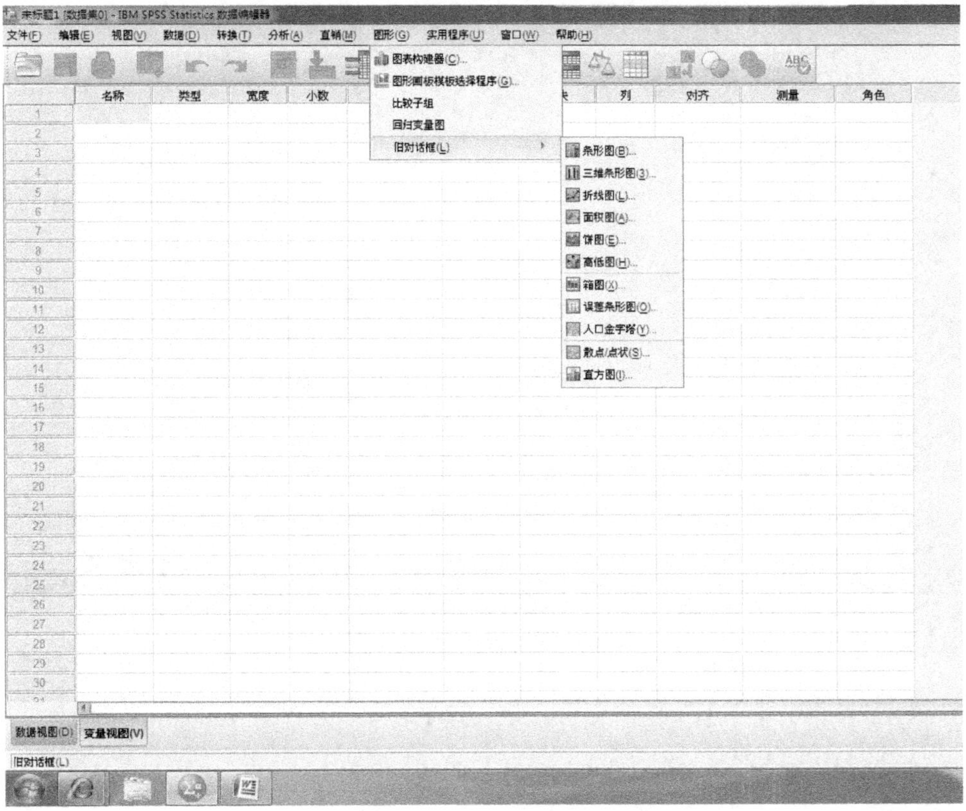

图 3-17　SPSS 的“图形”菜单

3.4.2 基于 SPSS 软件的数据整理与展示

在 3.4.1 节中，主要介绍了 SPSS 的几个主要菜单，这一节将着重介绍如何利用 SPSS 进行数据的整理及图形的展示。下面首先看这样一个例子。

➘ 例 3-1 随机抽取某高校应用统计专业 20 名大二学生的统计学成绩，现想要了解这 20 名学生的成绩分布情况。成绩如表 3-8 所示。

表 3-8 某高校应用统计专业 20 名大二学生的统计学成绩

94	93	98	68	75	82	79	89	91	92
88	89	75	78	87	92	94	89	74	95

解：根据本章的理论知识，我们可以了解学生成绩的频率分布情况，或者用直方图来直观地展示学生的成绩分布情况。下面介绍如何利用 SPSS 作频率分布图和直方图。

首先需要将学生的成绩录入 SPSS 中，并对变量的名称和数据进行修改。然后在“分析”菜单中选中“描述统计”→“频率”（图 3-18）。

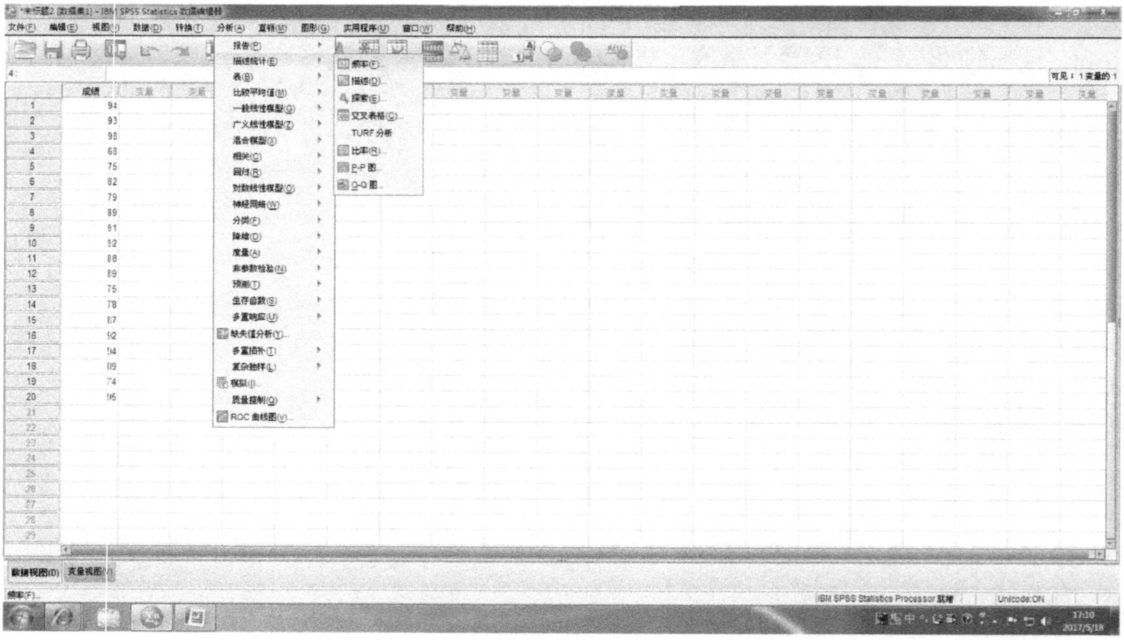

图 3-18 SPSS 操作菜单

操作界面会弹出图 3-19 所示窗口，用于选择要进行频率分析的变量，在本例中，我们选择“成绩”作为变量。

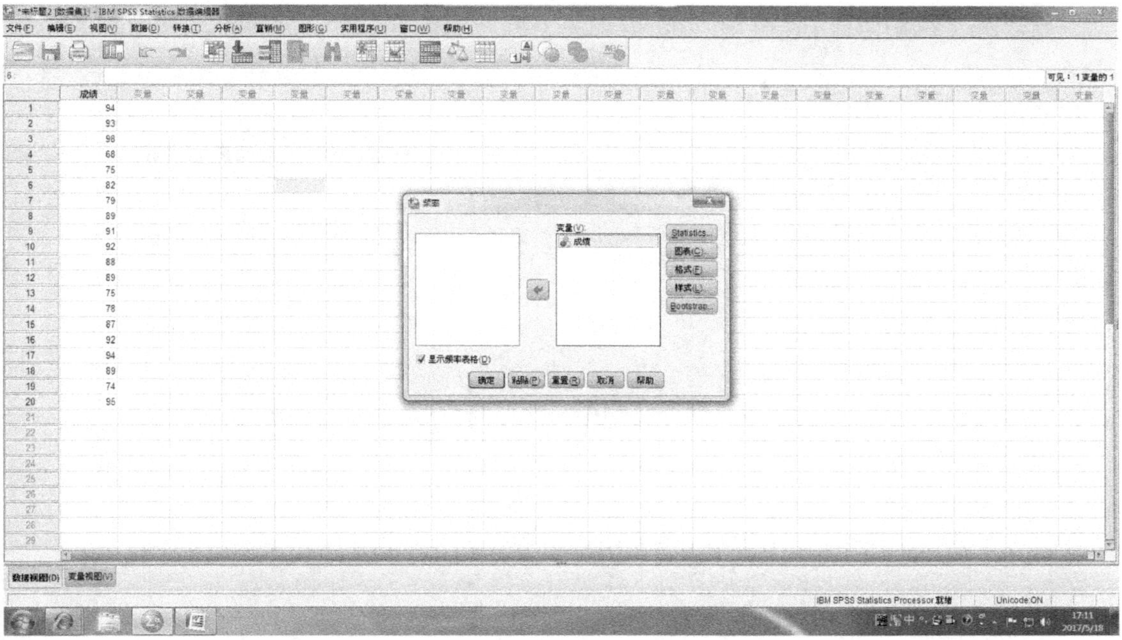

图 3-19　SPSS 的“频率”窗口

点击“确定”之后，SPSS 输出结果。如表 3-9 所示，有成绩的次数分布、所占的百分比、有效的百分比、累积百分比。因此可以得出结论：这 20 名同学中，成绩优秀（85 分以上）的占 65%，优秀以下的占 35%。

表 3-9　SPSS 的输出结果

成　绩	次　数	百分比（%）	有效的百分比（%）	累积百分比（%）
68	1	5.0	5.0	5.0
74	1	5.0	5.0	10.0
75	2	10.0	10.0	20.0
78	1	5.0	5.0	25.0
79	1	5.0	5.0	30.0
82	1	5.0	5.0	35.0
87	1	5.0	5.0	40.0
88	1	5.0	5.0	45.0
89	3	15.0	15.0	60.0
91	1	5.0	5.0	65.0
92	2	10.0	10.0	75.0
93	1	5.0	5.0	80.0
94	2	10.0	10.0	90.0
95	1	5.0	5.0	95.0
98	1	5.0	5.0	100.0
总计	20	100.0	100.0	

接下来，我们作直方图。在“频率”窗口中，选择“图表”，将会出现如图 3-20 所示界面。

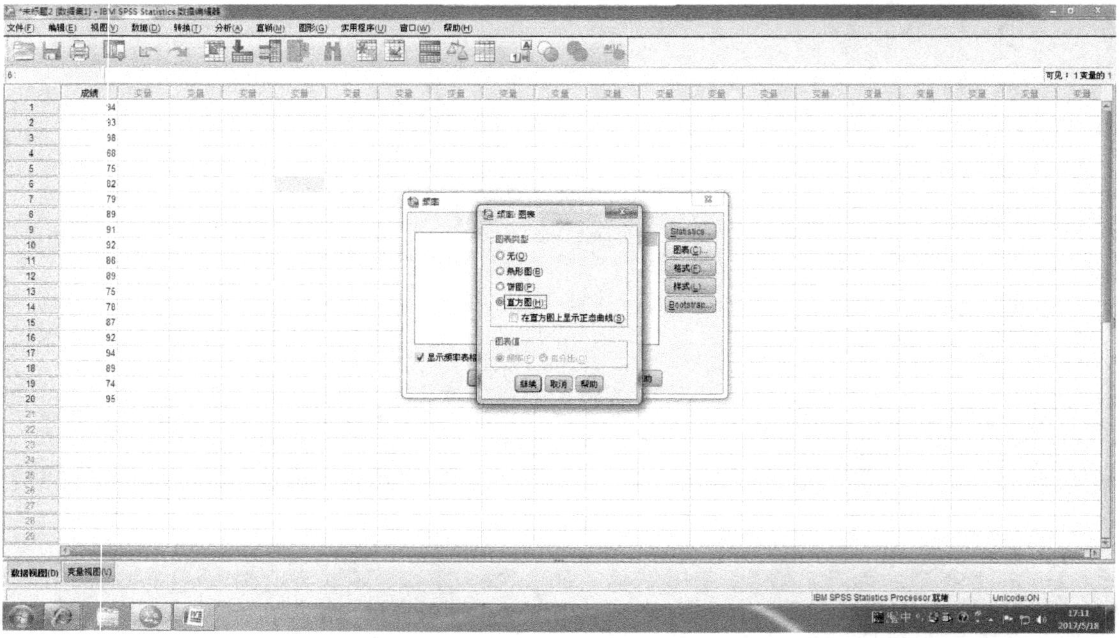

图 3-20　SPSS 的“频率：图表”界面

在图 3-20 所示界面中，选择“直方图（H）”，然后点击“继续”，回到“频率”窗口，再点击“确定”，输出结果如图 3-21 所示。

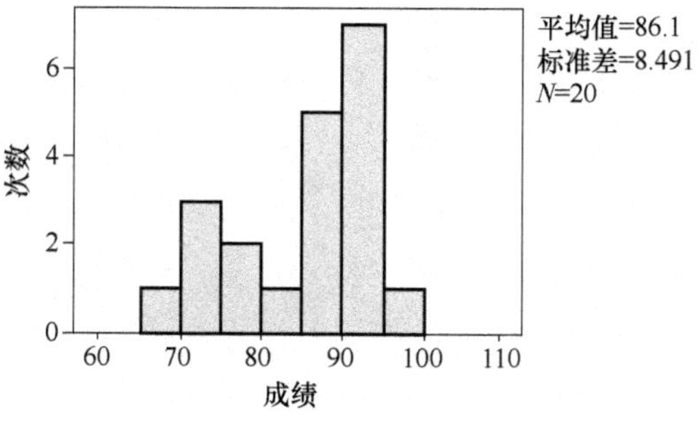

图 3-21　直方图

例 3-2　抽取 2016 年陕西省西安市全年日均最高气温和平均降水总量（数据来源：http://www.tianqi.com）如表 3-10 所示，试通过 SPSS 作出日均最高气温的折线图及日均最高气温和平均降水量的双变量折线图。

表 3-10　2016 年陕西省西安市全年日均最高气温和平均降水总量

月　份	日均最高气温（℃）	平均降水总量（mm）
1	5	7
2	8	10
3	14	26
4	21	45
5	26	58
6	32	58
7	32	101
8	31	77
9	25	95
10	19	62
11	12	26
12	6	7

解：首先作日均最高气温的单变量折线图。在 SPSS 中点击“图形”→“旧对话框”→“折线图”将会出现如图 3-22 所示界面。

图 3-22　SPSS 的折线图界面

选取“简单”，即单变量折线图，然后点击“定义”，出现如图 3-23 所示界面。在“定义简单折线图：个案组摘要”面板中，在“折线表示”里选“其他统计（例如平均值）（S）”，选择“日均最高气温”作为变量，“类别轴”中选取变量“月份”，然后点击“确定”。输出结果如图 3-24 所示。

接下来作双变量的折线图。其操作步骤与单变量折线图基本类似，首先选择“图形”→“旧对话框”→“折线图”→“多线线图”，如图 3-25 所示。需要注意的是，由于是多变量的折线图，所以在面板下部的“图表中的数据为”中，需选择“各个变量的摘要”，选择后，单击“定义”，进入“定义多线折线图：单独变量的摘要”面板。

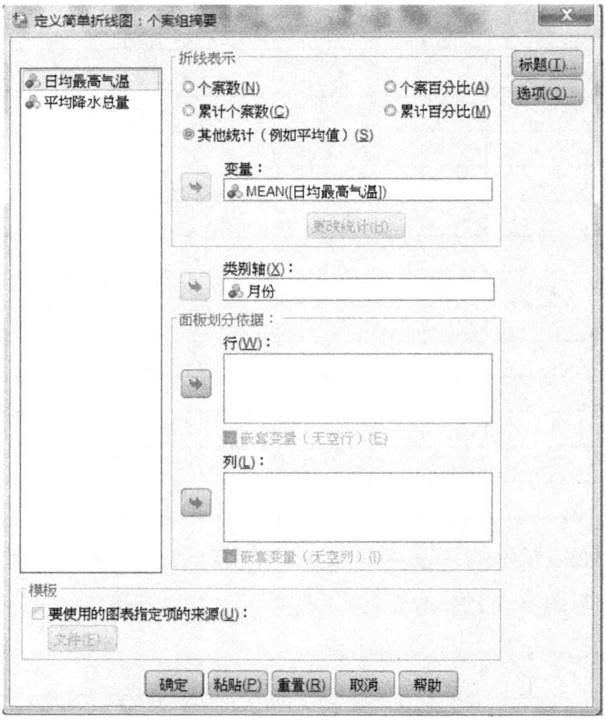

图 3-23　SPSS 的“定义简单折线图：个案组摘要”界面

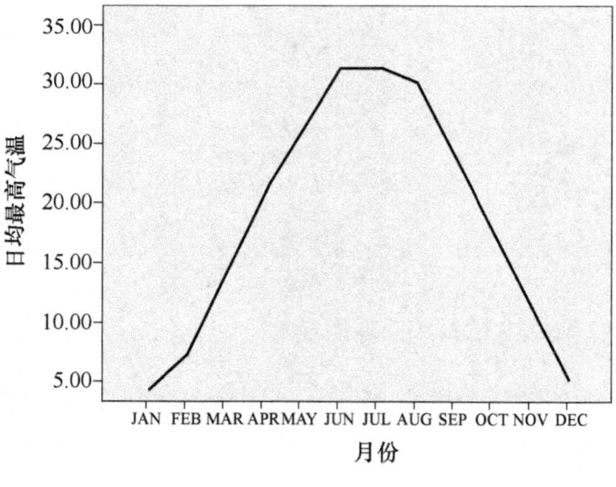

图 3-24　日均最高气温的折线图

图 3-25　SPSS 折线图操作界面

在“定义多线折线图：单独变量的摘要”面板中，选择“日均最高气温”和“平均降水总量”作折线图，“类别轴”还是“月份”，如图 3-26 所示，然后单击“确定”，输出结果如图 3-27 所示。

通过以上两个例子，向大家介绍了如何使用 SPSS 作频率分布图、直方图及折线图。当然利用 SPSS 还可以作出其他的图形，请同学们尝试使用本书中的数据，自己作出其他的图形。

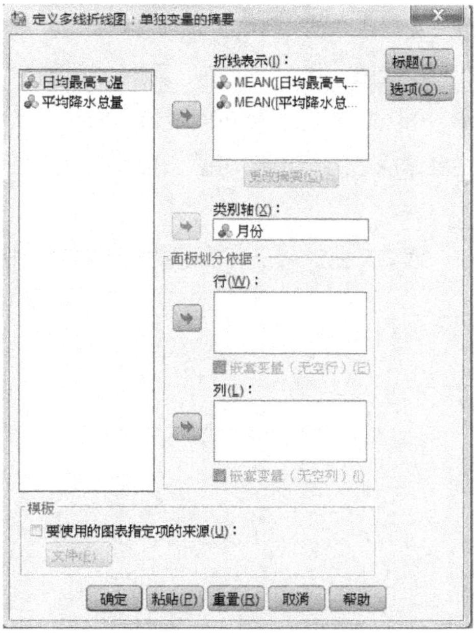

图 3-26　SPSS 的“定义多线折线图：单独变量的摘要”操作界面

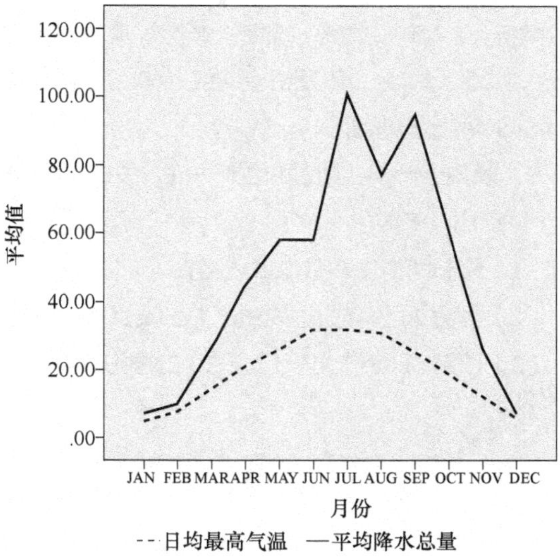

图 3-27　日均最高气温、平均降水总量的双变量折线图

思考与练习

1. 数据的预处理包括哪些？

2. 定性、定量数据的整理和图示方法分别有哪些？

3. “双十一”某电商平台为了了解买家在此期间的购物体验，随机抽取了 50 个买家构成一个样本。购物体验等级分别表示为：A．非常满意；B．比较满意；C．一般；D．比较不满意；E．非常不满意。

调查结果如下表所示，要求：

（1）指出数据属于什么类型；

（2）制作一张频数分布表；

（3）选择合适的图形，绘制一张草图，用于反映买家在此期间购物体验等级的分布；

（4）试用 SPSS 作出（3）的图形。

B	E	C	C	A	D	C	B	A	E
D	A	C	B	C	D	E	C	E	E
A	D	B	C	C	A	E	D	C	B
B	A	C	D	E	A	B	D	D	C
C	B	C	E	D	B	C	C	B	C

4. 收集近两个月的气温数据，对数据进行适当的分组并绘制直方图。

5. 收集本班最近一次某门课程的考试成绩，按性别、考试成绩（优、良、中、及格、不及格）进行分类统计。其中，优秀：成绩≥90 分；良好：80 分≤成绩＜90 分；中等：70 分≤成绩＜80 分；及格：60 分≤成绩＜70 分；不及格：成绩＜60 分。绘制男、女生考试成绩的对比条形图、环形图、雷达图。试用 SPSS 作出条形图。

6. 收集近十年我国国内生产总值（GDP）及第一产业、第二产业、第三产业数据（按当年价格计算），并完成以下要求：

（1）绘制国内生产总值折线图；

（2）根据 2015 年的国内生产总值及其构成数据绘制饼图；

（3）试用 SPSS 作出（1）、（2）的图形。

第 4 章

Chapter 04

数据特征的统计描述

通过对数据的整理和图表展示，可初步了解数据的分布形状和特征，便于人们对实际问题进行深入的分析处理。要更明确地掌握数据分布的特征，还需要分析关于数据的较全面的信息。但在很多情况下不需要对变量详尽了解，只要了解分布的主要特征就可以以某个典型的特征值来代表整体的情况。这样做也许会牺牲某些信息，但更加简便实用。数据分布特征计算过程以及第 3 章中介绍的数据处理与图表制作过程，通常被综合地称为描述性统计分析。描述性统计分析是后续进行推断统计的前提。

本章重点与目标

1. 熟悉数据分布的特征
2. 掌握数据集中趋势、波动程度的描述
3. 理解数据分布形态的描述
4. 用软件实现数据特征的计算

统计量是研究随机变量变化综合特征的重要工具，集中描述了变量变化的相关特征。统计学理论知识中有大量丰富的描述性统计量，通过它们，研究者可以更清晰地认识数据的分布特点和数据的变化特征。一般说来，数据分布可从集中趋势、离散趋势和偏斜度三个方面进行测量和评价。这三个方面反映了数据分布在向中心靠拢、远离中心值、分布偏态和峰态上的特点，可以较全面地揭示大量数据的分布特征。描述性统计量的分类如图 4-1 所示。

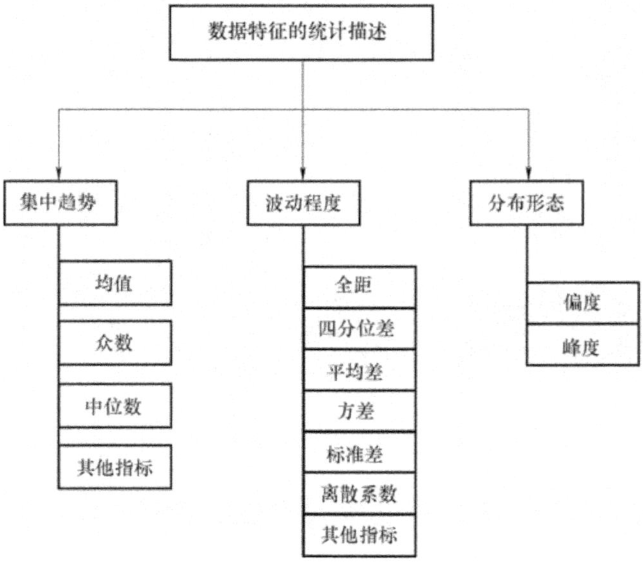

图 4-1　描述性统计量的分类

4.1　数据集中趋势的描述

集中趋势是指一组数据向某一中心值靠拢的倾向，一般要寻找能反映数据一般水平的代表值或中心值，具体如下。

4.1.1　均值

均值（mean）就是一组数据的（算术）平均值，记为 $\bar{x}$，它反映了某变量所有取值的集中趋势或平均水平。由于所掌握资料的形式不同，均值有两种计算方法。

其一，简单均值。当已知总体各单位标志值且标志值未经分组时采用该形式。其计算公式如下：

$$\bar{x}=\frac{x_1+x_2+\cdots+x_n}{n}=\frac{\sum x}{n} \tag{4-1}$$

式中：x 表示各单位标志值；n 表示总体数目。

例 4-1　五名学生的数学成绩分别为 76、82、86、93、68，则这五名学生的平均成绩为

$$\bar{x}=\frac{76+82+86+93+68}{5}=81\text{（分）}$$

其二，加权均值。当所依据的资料是在统计分组基础上所形成的变量数列资料时，宜采用该形式。其计算公式如下：

$$\bar{x}=\frac{x_1f_1+x_2f_2+\cdots+x_nf_n}{f_1+f_2+\cdots+f_n}=\frac{\sum xf}{\sum f} \tag{4-2}$$

式中：n 表示组数；x 表示各组组中值；f 表示各组次数。

例 4-2　某班 50 名学生的年龄分布如表 4-1 所示。

表 4-1　某班 50 名学生的年龄分布表及计算

年龄 x（岁）	人数 f（人）	xf
21	3	63
22	8	176
23	22	506
24	15	360
25	2	50
合计	50	1 155

则该班学生的平均年龄为

$$\bar{x}=\frac{\sum xf}{\sum f}=\frac{1\ 155}{50}=23.1\text{（岁）}$$

例 4-3　根据表 3-2 的数据计算 2014 年底我国城市人口平均数。

解：首先，根据表 3-2 的数据求出各个组的组中值（表 3-5），然后，根据式（4-2）得到 2014 年底我国城市人口平均数为

$$\bar{x}=\frac{\sum xf}{\sum f}=\frac{5\times13+20\times90+40\times90+75\times115+150\times58+250\times51}{417}$$

$$=85.227\ 8\text{（万人）}$$

虽然在表示数据中心位置或集中程度时，普遍使用均值，但是由于均值往往易受极端值影响，所以对于严重偏态的分布，均值会失去应有的代表性。因此，在某些情况下，选用下面介绍的统计量来描述数据的集中程度更为适宜。

4.1.2　众数

众数（mode）就是分布数列中最常出现（频数或频率最大）的标志值，记为 M_0。数列中最常出现的标志值最具有代表性。

单项式数列的众数就是次数最多的那一组变量值。在例 4-2 中，从表 4-1 可以直接看出，23 岁的学生人数最多，为 22 人，因此 23 岁就是众数。

组距式数列的众数用上限公式或下限公式来近似计算。

上限公式：

$$M_0 = U - \frac{\Delta_2}{\Delta_1 + \Delta_2} \times d \tag{4-3}$$

下限公式：

$$M_0 = L + \frac{\Delta_1}{\Delta_1 + \Delta_2} \times d \tag{4-4}$$

式中：M_0表示众数；U表示众数组上限；L表示众数组下限；Δ_1表示众数组次数与前一组次数之差；Δ_2表示众数组次数与后一组次数之差；d表示众数组组距。

例 4-4 某班 40 名学生的统计学成绩分布如表 4-2 所示。

表 4-2 某班 40 名学生的统计学成绩分布

成绩 x（分）	人数 f（人）	向上累积人数（人）	向下累积人数（人）
60 以下	1	1	40
60～70	7	8	39
70～80	18	26	32
80～90	12	38	14
90 以上	2	40	2
合计	40	—	—

从表 4-2 可以直接看出，70～80 组人数最多，为 18 人，因此该组是众数组。

用上限公式计算：

$$M_0 = U - \frac{\Delta_2}{\Delta_1 + \Delta_2} \times d = 80 - \frac{18-12}{(18-7)+(18-12)} \times (80-70) = 76.47(\text{分})$$

用下限公式计算：

$$M_0 = L + \frac{\Delta_1}{\Delta_1 + \Delta_2} \times d = 70 + \frac{18-7}{(18-7)+(18-12)} \times 10 = 76.47(\text{分})$$

从计算结果看，上限公式和下限公式的计算结果是一致的。可见，在实际工作中，用哪个公式都可以。

众数适用于任何层次的变量，但它仅用了资料中最大频数这个信息，对所有数据信息的使用都不完全，这样会间接地损失很多信息。所以，众数特别适用于单峰对称的情况，对于多峰分布，一般不用它来描述。

4.1.3 中位数

中位数（median）是指将分布数列中各单位的标志值依大小从小到大（或从大到小）顺序排列，位于中间位置的标志值，记为 M_e。

对于未分组资料，如果数列是奇数项，中点位置上的标志值即为中位数；如果数列是偶数项，则中点位置前后两个标志值的算术平均数即为中位数。

$$M_e = x_{\frac{n}{2}} + \frac{1}{2}(x_{\frac{n}{2}+1} - x_{\frac{n}{2}}) = \begin{cases} x_{\frac{n+1}{2}}, n\text{为奇数} \\ \frac{1}{2}(x_{\frac{n}{2}} + x_{\frac{n}{2}+1}),\ n\text{为偶数} \end{cases}$$

对于已分组资料，使用上限公式或下限公式进行近似计算。

上限公式：

$$M_e = U - \frac{\frac{\sum f}{2} - S_{m+1}}{f_m} \times d \tag{4-5}$$

下限公式：

$$M_e = L + \frac{\frac{\sum f}{2} - S_{m-1}}{f_m} \times d \tag{4-6}$$

式中：M_e 为中位数；U 为中位数组上限；L 为中位数组下限；f_m 为中位数组次数；$\sum f$ 为总次数；S_{m-1} 为中位数组以前各组次数总和（即前一组向上累积次数）；S_{m+1} 为中位数组以后各组次数总和（即后一组向下累积次数）；d 为中位数组组距。

例 4-5　确定表 4-2 中该班学生统计学成绩的中位数。

解：中点位置为

$$\frac{\sum f + 1}{2} = \frac{40+1}{2} = 20.5$$

由于中位数处于第 20.5 位上，由向上累积次数可以看出，前两组累积人数为 8 人，而前三组累积人数为 26 人，所以中位数肯定在第三组（即 70～80 组），也就是说第三组为中位数组。

用上限公式计算：

$$M_e = U - \frac{\frac{\sum f}{2} - S_{m+1}}{f_m} \times d = 80 - \frac{\frac{40}{2} - 14}{18} \times (80-70) = 76.67\text{（分）}$$

用下限公式计算：

$$M_e = L + \frac{\frac{\sum f}{2} - S_{m-1}}{f_m} \times d = 70 + \frac{\frac{40}{2} - 8}{18} \times 10 = 76.67\text{（分）}$$

中位数表明，数列中有一半单位的标志值小于中位数，一半单位的标志值大于中位数。

由于中位数只考虑居中位置，其他变量值比中位数大多少或小多少，它都是无法反映的。所以，用中位数来描述连续型变量会损失很多信息。

在实际应用中，应根据这些统计量的不同特点来加以选择。例如，生产鞋的厂商在制订各种型号的鞋的生产计划时，应该运用众数；在评价社会老龄化程度时，则可以选用中位数。

4.1.4 四分位数

四分位数（quartile），即统计学中，把所有数值由小到大排列并分成四等份，处于三个分割点位置的数值。

第一四分位数（Q_1），又称“较小四分位数”或“下四分位数”，等于该样本中所有数值由小到大排列后第 25%的数字。

第二四分位数（Q_2），又称“中位数”，等于该样本中所有数值由小到大排列后第 50%的数字。

第三四分位数（Q_3），又称“较大四分位数”或“上四分位数”，等于该样本中所有数值由小到大排列后第 75%的数字。

第三四分位数与第一四分位数的差称为四分位内距（Inter Quartile Range，IQR）或四分位差（quartile deviation）。

求四分位数时，首先确定四分位数的位置：Q_1 的位置=（n+1）/4；Q_2 的位置=（n+1）/2；Q_3 的位置=3（n+1）/4，其中 n 表示项数。然后，对应得到相应位置的数即各个四分位数。

例 4-6 数据：6，47，49，15，42，41，7，39，43，40，36，由小到大排列的结果：6，7，15，36，39，40，41，42，43，47，49。一共 11 项。求第一、第二、第三四分位数。

解：Q_1 的位置=（11+1）/4=3；Q_2 的位置=（11+1）/2=6；Q_3 的位置=3×（11+1）/4=9，即 Q_1=15，Q_2=40，Q_3=43。

例 4-7 数据：7，15，36，39，40，41，一共 6 项。求第一、第二、第三四分位数。

解：Q_1 的位置=（6+1）/4=1.75；Q_2 的位置=（6+1）/2=3.5；Q_3 的位置=3（6+1）/4=5.25。

$$Q_1=7+(15-7)\times(1.75-1)=13,\quad Q_2=36+(39-36)\times(3.5-3)=37.5,$$

$$Q_3=40+(41-40)\times(5.25-5)=40.25$$

4.2 数据波动程度的描述

数据的波动程度是指一组数据远离其中心值的程度，常用于考察数据分布的疏密程度。

4.2.1 全距

全距（range）是数据中最大值与最小值之差，又称“极差”，记为 R，其计算公式如下：

$$R=\text{最大标志值}-\text{最小标志值} \tag{4-7}$$

对于未分组数据，计算全距时，应首先将所有数据按大小排序，然后用最大值减去最小值即可；数据经过分组后，一般用变量数列表示其结果，单项式数列用最后一组变量值减去第一组变量值即可，如表 4-1 中该班学生年龄的全距 $R = 25 - 21 = 4$（岁）。

组距式数列的全距只能近似计算，而且要求所有组必须都是闭口组。计算时用最后一组上限减去第一组下限即可。

例 4-8 某企业 200 名工人按日产量分组如表 4-3 所示。求该企业工人日产量的全距

表 4-3 某企业 200 名工人日产量分布

日产量（件）	工人数（人）
10～20	10
20～30	20
30～40	50
40～50	90
50～60	30
合计	200

解：该企业工人日产量的全距

$$R=60-10=50\text{（件）}$$

全距说明了数据的整体变动范围。它计算简单，运用方便，但是它仅仅取决于两个极端值的水平，不能反映其间的变量分布情况，容易受极端值的影响，提供的信息太少，遇到开口组的组距式数列，难以准确地确定全距。

4.2.2 四分位差

四分位差（quartile deviation）主要用于测量数据的离散趋势。四分位差也称四分位内距，是第三四分位数和第一四分位数之差，记为 Q，$Q = Q_3 - Q_1$。

例 4-9 某车间有 12 个工人，其日产量由小到大依次排列为 10，20，22，24，25，26，27，28，30，32，34，35，求其四分位差。

解：$Q_1\text{的位置}=\dfrac{n+1}{4}=\dfrac{12+1}{4}=3.25$，$Q_1 = 22+(24-22)\times(3.25-3)=22.5\approx23$（件）

$Q_3\text{的位置}=\dfrac{3\times(n+1)}{4}=9.75$，$Q_3 = 30+(32-30)\times(9.75-9)=31.5\approx32$（件）

$Q=Q_3-Q_1=32-23=9$（件）

可见，四分位差反映了中间 50%数据的离散程度，其数值越小，说明中间的数据越集中；数值越大，说明中间的数据越分散。此外，由于中位数处于数据的中间位置，因此四分位差的大小在一定程度上也说明了中位数对一组数据的代表程度。四分位差不易受极端值的影响，但四分位差也不是根据全部标志值计算的，存在与全距类似的缺点。

4.2.3 平均差

平均差（average deviation）是总体各单位标志值对其算术平均数的离差绝对值的算术平均数，又称平均离差，用 AD 表示。

对于未分组数据，一般用简单平均式。其数学公式如下：

$$AD = \frac{\sum|x-\bar{x}|}{n} \tag{4-8}$$

例 4-10 甲、乙两个学习小组学生成绩的平均差计算如表 4-4 所示，其中 $\bar{x}$=70 分。

表 4-4 甲、乙两个学习小组学生成绩的平均差计算

甲学习小组			乙学习小组		
成绩（分）	离差	离差绝对值	成绩（分）	离差	离差绝对值
x	$x-\bar{x}$	$\|x-\bar{x}\|$	x	$x-\bar{x}$	$\|x-\bar{x}\|$
60	−10	10	35	−35	35
65	−5	5	45	−25	25
70	0	0	80	10	10
75	5	5	90	20	20
80	10	10	100	30	30
合计	0	30	合计	0	120

甲组平均差

$$AD_{甲} = \frac{\sum|x-\bar{x}|}{n} = \frac{30}{5} = 6(分)$$

乙组平均差

$$AD_{乙} = \frac{\sum|x-\bar{x}|}{n} = \frac{120}{5} = 24(分)$$

由于 $AD_{甲} < AD_{乙}$，故甲组学生的平均成绩代表性高。

对于在统计分组基础上所形成的变量数列资料，宜采用加权平均式。其公式为

$$AD = \frac{\sum|x-\bar{x}|f}{\sum f} \tag{4-9}$$

例 4-11 依据表 4-1 所示资料，A 班 50 名学生的年龄平均差计算如表 4-5 所示。

表 4-5 A 班 50 名学生年龄平均差计算

年龄 x（岁）	人数 f（人）	xf	$x-\bar{x}$	$\|x-\bar{x}\|$	$\|x-\bar{x}\|f$
（1）	（2）	（3）=（1）×（2）	（4）=（1）−23.1	（5）=｜（4）｜	（6）=（5）×（2）
21	3	63	−2.1	2.1	6.3
22	8	176	−1.1	1.1	8.8
23	22	506	−0.1	0.1	2.2
24	15	360	0.9	0.9	13.5
25	2	50	1.9	1.9	3.8
合计	50	1 155	—	—	34.6

$$\bar{x}_{\mathrm{A}}=\frac{\sum xf}{\sum f}=\frac{1\ 155}{50}=23.1\text{（岁）}$$

$$AD_{\mathrm{A}}=\frac{\sum\left|x-\bar{x}\right|f}{\sum f}=\frac{34.6}{50}=0.692\text{（岁）}$$

假设 B 班学生平均年龄 $\bar{x}_{\mathrm{B}}=23.1$ 岁，年龄平均差 AD_{B}=2岁。因为 $\bar{x}_{\mathrm{A}}=\bar{x}_{\mathrm{B}}$，而 $AD_{\mathrm{A}}<AD_{\mathrm{B}}$，所以 A 班的学生平均年龄代表性高。

可见，平均差能综合反映总体各单位标志值的离散程度。平均差越大，则表示波动程度越大，平均指标的代表性就越低；反之，则表示波动程度越小，平均指标的代表性就越高。

平均差要通过取绝对值来计算，但取绝对值运算不方便代数推导，所以统计研究中较少使用。

4.2.4　方差

方差（variance）是描述变量取值与均值的平均离散程度的指标，表征变量散布程度，以 s^2 表示。

未分组资料的方差计算用简单平均法，其计算公式为

$$s^2=\frac{\sum(x-\bar{x})^2}{n} \tag{4-10}$$

分组资料的方差采用加权平均法，其计算公式为

$$s^2=\frac{\sum(x-\bar{x})^2 f}{\sum f} \tag{4-11}$$

方差在使用上存在一点不足，就是量纲不一致。以质量为例，原始数据的量纲是千克，但方差的量纲就是其二次方，这样方差的实际含义不显著。所以，常采用标准差。

4.2.5　标准差

标准差（standard deviation）又称均方差，是方差的算术平方根，它是变量取值距离均值的平均离散程度的统计量，常用 s 表示。

当资料是未分组数据时，其计算公式如下：

$$s=\sqrt{\frac{\sum(x-\bar{x})^2}{n}} \tag{4-12}$$

例 4-12　例 4-9 中甲、乙两个学习小组成绩的标准差计算如表 4-6 所示，其中 $\bar{x}=70$ 分。

表 4-6　甲、乙两个学习小组学生成绩标准差计算

甲学习小组			乙学习小组		
成绩（分）	离差	离差平方	成绩（分）	离差	离差平方
x	$x-\bar{x}$	$(x-\bar{x})^2$	x	$x-\bar{x}$	$(x-\bar{x})^2$
60	−10	100	35	−35	1 225
65	−5	25	45	−25	625
70	0	0	80	10	100
75	5	25	90	20	400
80	10	100	100	30	900
合计	0	250	合计	0	3 250

甲组标准差：

$$s_{甲}=\sqrt{\frac{\sum(x-\bar{x})^2}{n}}=\sqrt{\frac{250}{5}}=7.07(分)$$

乙组标准差：

$$s_{乙}=\sqrt{\frac{\sum(x-\bar{x})^2}{n}}=\sqrt{\frac{3\,250}{5}}=25.495(分)$$

由于 $s_{甲}<s_{乙}$，故甲组学生的平均成绩代表性高。这与前述依据平均差得出的结论相同。

当资料是在统计基础上所形成的变量数列时，采用加权平均式，其公式为

$$s=\sqrt{\frac{\sum(x-\bar{x})^2 f}{\sum f}} \tag{4-13}$$

例 4-13　依据表 4-1 所示资料，A 班 50 名学生的年龄标准差计算如表 4-7 所示。其中 A 班的平均年龄 $\bar{x}_A=23.1$ 岁。

表 4-7　A 班 50 名学生年龄标准差计算

年龄 x（岁）	人数 f（人）	$x-\bar{x}$	$(x-\bar{x})^2$	$(x-\bar{x})^2 f$
（1）	（2）	（3）=（1）−23.1	（4）=（3）×（3）	（5）=（4）×（2）
21	3	−2.1	4.41	13.23
22	8	−1.1	1.21	9.68
23	22	−0.1	0.01	0.22
24	15	0.9	0.81	12.15
25	2	1.9	3.61	7.22
合计	50	—	—	42.5

$$s_A=\sqrt{\frac{\sum(x-\bar{x})^2 f}{\sum f}}=\sqrt{\frac{42.5}{50}}=0.92\ （岁）$$

假设 B 班学生的平均年龄 $\bar{x}_B = 23.1$ 岁，年龄标准差 s_B=2.2 岁。因为 $\bar{x}_A = \bar{x}_B$，而 $s_A < s_B$，所以 A 班的学生平均年龄代表性较高。

标准差和平均差一样，考虑到总体所有单位标志值之间的差异，标准差通过对标志值与算术平均数的离差先平方最后再开平方，来消除正负离差抵消问题，对离差平方求平均数并开方，就恢复了原来的计算单位，标准差和其他指标比较，有较多优点，所以得到广泛运用。

需要注意的是，式（4-10）～（4-13）分母中的 n 或 $\sum f$ 也可以是（$n-1$）或（$\sum f-1$）。一般在具体应用中都会注明或根据需求选定，我们从下章开始使用后者。

4.2.6　离散系数

上面介绍的各离散程度测度值都是反映数据分散程度的绝对数值，其数值的大小一方面取决于原变量值本身的水平高低，变量值绝对水平越高，离散程度的测度值自然也就越大；绝对水平越低，离散程度的测度值自然也就越小。另一方面，它们与原变量值的计量单位相同，采用不同计量单位计量的变量值，其离散程度的测度值也就不同。因此，对于平均水平不同或计量单位不同的不同组别的变量值，是不能用上述离散程度测度值直接进行比较的。为了消除变量值水平高低和计量单位不同对离散程度测度值的影响，需要计算离散系数（coefficient of variation）。

离散系数也叫变异系数，是将全距、平均差或者标准差与平均指标进行对比得到的相对数，表现形式为无名数，常用百分数表示。离散系数包括全距系数、平均差系数和标准差系数三种。最常用的是标准差系数，用 v_s 表示。

一组数据的标准差与其相应的平均数之比，可以同时消除变量值水平高低和计量单位不同对离散程度测度值的影响，计算出的相对指标称为标准差系数，其计算公式为

$$v_s = \frac{s}{\bar{x}} \times 100\% \qquad (4-14)$$

例 4-14　甲、乙两个农场粮食平均亩产分别为 300 千克和 400 千克，标准差分别为 7.5 千克和 9 千克，试比较两个农场粮食平均亩产的代表性高低。

解：

$$\text{甲农场标准差系数}\ v_s = \frac{s}{\bar{x}} \times 100\% = \frac{7.5}{300} \times 100\% = 2.5\%$$

$$\text{乙农场标准差系数}\ v_s = \frac{s}{\bar{x}} \times 100\% = \frac{9}{400} \times 100\% = 2.25\%$$

因为乙农场离散系数比甲农场小，所以乙农场的平均亩产更具有代表性，如果直接比较标准差，就会得到相反的结论。

离散系数主要用于对不同组别数据的离散程度进行比较，离散系数大则说明该组数据

的离散程度大，离散系数小则说明该组数据的离散程度小。

4.2.7 是非标志的平均数和标准差

是非标志也叫交替标志，是指具体表现只有两种的标志。如“性别”分为男和女，“产品质量”分为合格与不合格，“学习成绩”分为及格与不及格，均为是非标志，是非标志多属于品质标志。

要确定是非标志的离散程度，也需要计算标准差，但品质标志不能直接求平均数和标准差，因此需要将具体表现人为数量化，然后再计算。

设总体单位数为 N，具有某种属性的单位数为 N_1，其比重（也叫成数）为 $\frac{N_1}{N}=p$；不具有该种属性的单位数为 N_0，其比重为 $\frac{N_0}{N}=q$（或$1-p$）。据此总体平均数和标准差计算如表 4-8 所示。

表 4-8 总体平均数和标准差计算

标志值 x	单位数 f	比重 $\frac{f}{\sum f}$	xf	$(x-\bar{x})^2$	$(x-\bar{x})^2 f$
1	N_1	p	N_1	$(1-p)^2$	$(1-p)^2N_1$
0	N_0	q	0	p^2	p^2N_0
合计	N	1	N_1	—	$(1-p)^2N_1+p^2N_0$

$$\bar{x}=\frac{\sum xf}{\sum f}=\frac{N_1}{N}=p$$

$$s=\sqrt{\frac{\sum(x-\bar{x})^2 f}{\sum f}}=\sqrt{\frac{(1-p)^2N_1+p^2N_0}{N}}=\sqrt{(1-p)^2p+p^2(1-p)}=\sqrt{p(1-p)}=\sqrt{pq}$$

以上的计算结果表明，是非标志的平均数就是具有某种属性的单位数在总体中所占的比重，其标准差就是具有某种属性的单位数在总体中所占比重和不具有这种属性的单位数在总体中所占比重乘积的平方根。

4.3 数据分布形态的描述

分布形态主要指数据分布是否对称，偏斜度如何，分布陡缓程度如何等，分布形态主要用偏度和峰度两个指标来刻画。

4.3.1 偏度

偏度（skewness）是描述变量取值分布形态对称性的统计量，具体反映总体次数分布的偏斜方向和程度。偏态分布有右偏分布和左偏分布，当偏度值为 0 时，说明数据为对称分布，这时平均数、中位数、众数三者合而为一；当偏度值大于 0 时，表示变量取值右偏，在直方图中有一条长尾巴拖在右边，这时平均数、中位数、众数三者分开，其算术平均数在中位数右边，众数在中位数左边；当偏度值小于 0 时，表示数据取值左偏，即数据的长尾巴拖在左边，这时算术平均数在中位数左边，众数在中位数右边。三者形状如图 4-2 所示。

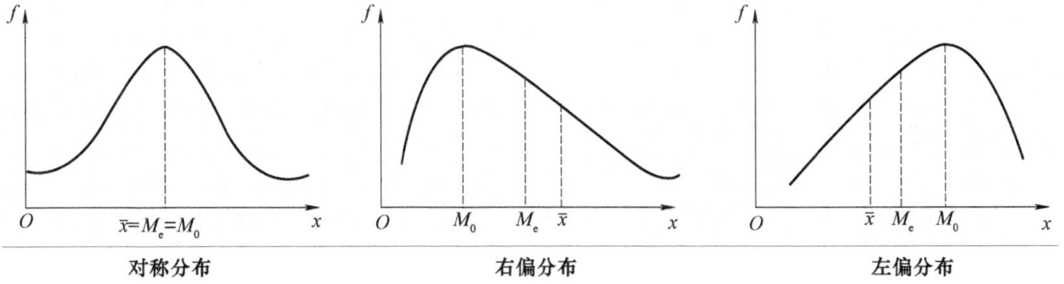

图 4-2　对称分布与偏态分布

对于偏度的测定方法很多，常用的主要有算术平均数与众数比较法和动差法。

算术平均数与众数比较法用算术平均数与众数的差来测定偏态，这是个绝对量。值若为正，为右偏分布；值若为负，为左偏分布；同时值越大，说明偏斜程度越大。但不同分布数列，偏度绝对量不便于直接对比，为了比较不同分布数列的偏斜程度，需要计算偏斜系数。偏斜系数是偏度与其标准差之比，通常用 SK_P 表示。其计算公式为

$$SK_P = \frac{\bar{x} - M_0}{s} \tag{4-15}$$

SK_P 取值：$SK_P \in [-3,3]$。$SK_P = 0$ 时为对称分布，$SK_P = 3$ 时为极右分布；$SK_P = -3$ 时为极左分布。通常 $SK_P \in [-1,1]$。

例 4-15　某中学三年级有 300 名学生，其语文成绩（总分 120 分）如表 4-9 所示。试计算其偏度并进行分析。

表 4-9　某中学三年级 300 名学生语文成绩分布计算

成绩 x（分）	人数 f（人）	组中值 x	xf	$(x-\bar{x})^2 f$	累积次数
50 以下	11	45	495	9 900	11
50～60	13	55	715	5 200	24
60～70	70	65	4 550	7 000	94
70～80	120	75	9 000	0	214
80～90	50	85	4 250	5 000	264
90～100	30	95	2 850	12 000	294
100～110	5	105	525	4 500	299
110 以上	1	115	115	1 600	300
合计	300	—	22 500	45 200	—

解：

$$\bar{x} = \frac{\sum xf}{\sum f} = \frac{22\,500}{300} = 75（分）$$

$$s=\sqrt{\frac{\sum(x-\overline{x})^2 f}{\sum f}}=\sqrt{\frac{45\ 200}{300}}=12.27(\text{分})$$

$$M_0=L+\frac{\Delta_1}{\Delta_1+\Delta_2}\times i=70+\frac{120-70}{(120-70)+(120-50)}\times 10=74.17(\text{分})$$

$$SK_{\text{P}}=\frac{\overline{x}-M_0}{s}=\frac{75-74.17}{12.27}=0.07$$

计算结果表明该校三年级学生语文成绩是右偏分布，偏斜程度为 0.07，偏斜系数值较小，说明该校三年级学生语文成绩接近平均水平。

动差法通常采用三阶中心动差作为测定偏态的依据，计算公式为

$$SK=\frac{m_3}{s^3} \tag{4-16}$$

式中：$m_3=\frac{\sum(x-\overline{x})^3 f}{\sum f}$，为三阶中心动差。

当 $SK=0$ 时，表明分布数列是对称分布。

当 $SK>0$ 时，表明分布数列是右偏分布。

当 $SK<0$ 时，表明分布数列是左偏分布。

➘ 例 4-16 以表 4-9 中资料为例，用动差法计算偏态系数。

解：计算过程见表 4-10。

表 4-10 某中学三年级 300 名学生语文成绩分布动差法计算

成绩 x（分）	人数 f（人）	组中值 x	$x-\overline{x}$	$(x-\overline{x})^3 f$	$(x-\overline{x})^4 f$
50 以下	11	45	-30	-297 000	8 910 000
50～60	13	55	-20	-104 000	2 080 000
60～70	70	65	-10	-70 000	700 000
70～80	120	75	0	0	0
80～90	50	85	10	50 000	500 000
90～100	30	95	20	240 000	4 800 000
100～110	5	105	30	135 000	4 050 000
110 以上	1	115	40	64 000	2 560 000
合计	300	—	—	18 000	23 600 000

$$\overline{x}=75(\text{分})\quad s=12.27(\text{分})$$

$$m_3=\frac{\sum(x-\overline{x})^3 f}{\sum f}=\frac{18\ 000}{300}=60$$

$$s^3=(12.27)^3=1\ 847.28$$

$$SK = \frac{m_3}{s^3} = \frac{60}{1\,847.28} = 0.032$$

计算结果表明，该分布数列的偏斜程度为 0.032，是轻微的右偏分布，与第一种方法得到的结论相同。

4.3.2　峰度

峰度（kurtosis）是用来描述变量取值分布形态陡缓程度的统计量，是指分布图形的尖峰程度。当数据分布与标准正态分布的陡缓程度相同时，峰度值为 0，如图 4-3 中 A 线；峰度值大于 0 说明数据的分布比标准正态分布更陡峭，为尖峰分布，如图 4-3 中 B 线；峰度值小于 0 说明数据的分布比标准正态分布更平缓，为平峰分布，如图 4-3 中 C 线。

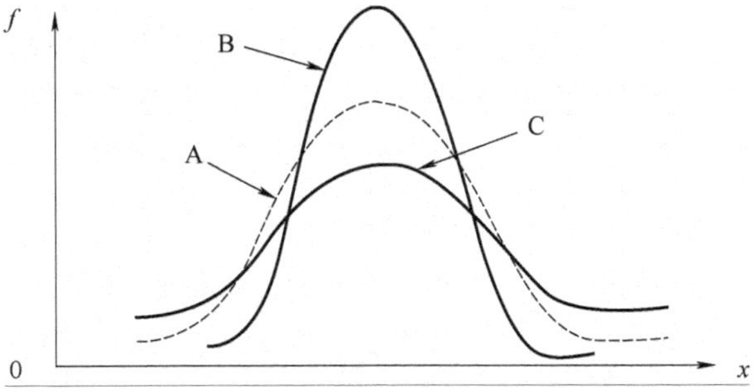

图 4-3　分布曲线峰度图

峰度测定以四阶中心动差为基础，计算相对数指标。以 KU 表示峰度系数，其计算公式为

$$KU = \frac{m_4}{s^4} \tag{4-17}$$

式中：$m_4 = \dfrac{\sum(x-\overline{x})^4 f}{\sum f}$，为四阶中心动差。

根据经验数据，KU=3 时，分布曲线为标准正态分布曲线；$KU>3$ 时，分布曲线为尖顶峰曲线，说明总体次数分布集中趋势明显，标志离散程度小；$KU<3$ 时，分布曲线为平顶峰曲线，说明总体各单位标志值集中趋势不明显，标志值离散程度大；$KU\approx1.8$ 时，分布曲线呈水平直线（矩形分布）；$KU<1.8$ 时，分布曲线趋于 U 形分布。

➘ 例 4-17　以表 4-10 中的资料为例，测定该校三年级学生语文成绩分布数列的峰度系数。

解：

$$m_4 = \frac{\sum(x-\overline{x})^4 f}{\sum f} = \frac{23\,600\,000}{300} = 78\,666.67$$

$$s^4 = (12.27)^4 = 22\,666.18$$

$$KU=\frac{m_4}{s^4}=\frac{78\,666.67}{22\,666.18}=3.47>3$$

计算结果表明，学生语文成绩的分布曲线呈现出尖顶峰的分布趋势，说明学生语文成绩间的差异程度较小，平均数 $\bar{x}=75$ 分的代表性较强。

4.4 箱线图

4.4.1 箱线图的概念

四分位数在统计学中的箱线图（box plot）绘制方面应用很广泛。所谓箱线图（又称箱丝图），就是根据一组数据的五个特征值绘制的由一个箱子和两条线段组成的图形，箱线图不仅能直观反映出一组数据的分布特征，而且还可以进行多组数据的分析比较。这五个特征值，即数据的最大值、最小值、中位数和两个四分位数。箱线图因形状如箱子而得名，在各种领域也经常被使用，常见于品质管理。

图 4-4 标示了图中每条线表示的含义，其中应用到了分位数的概念，主要包含六个数据节点，将一组数据从大到小排列，分别计算出它的上边缘、上四分位数 Q_3、中位数、下四分位数 Q_1、下边缘，还有一个奇异值。

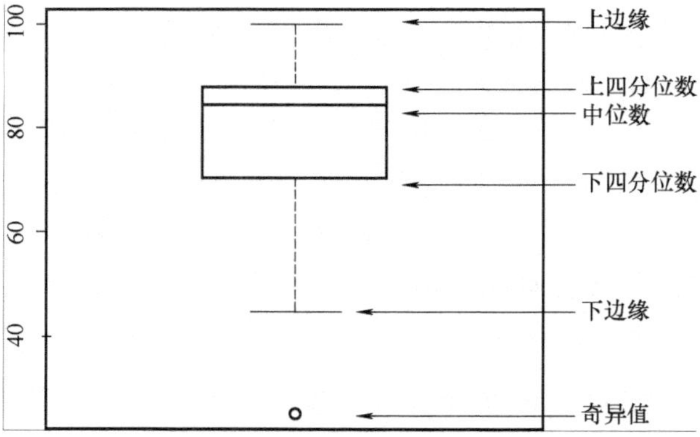

图 4-4 箱线图

4.4.2 SPSS 实践——箱线图

➘ 例 4-18 某班 30 名学生的统计学期末考试成绩如下，试用 SPSS 制作箱线图。

20，30，60，68，69，71，72，72，73，74，74，75，75，78，79，

81，83，84，84，85，86，87，87，89，90，92，95，96，99，100。

解：（1）启动 SPSS 并读入系统数据文件 exa4-17.sav。

（2）执行菜单栏中的“图形”→“旧对话框”→“箱图”命令，弹出“箱图”对话框，

如图 4-5 所示。

（3）选择“简单”和“单独变量的摘要”，然后单击“定义”按钮，弹出“定义简单箱图：单独变量的摘要”对话框，如图 4-6 所示。选择成绩变量“score”为描述变量，单击按钮，将该变量移入描述变量框“箱表示（B）”中。

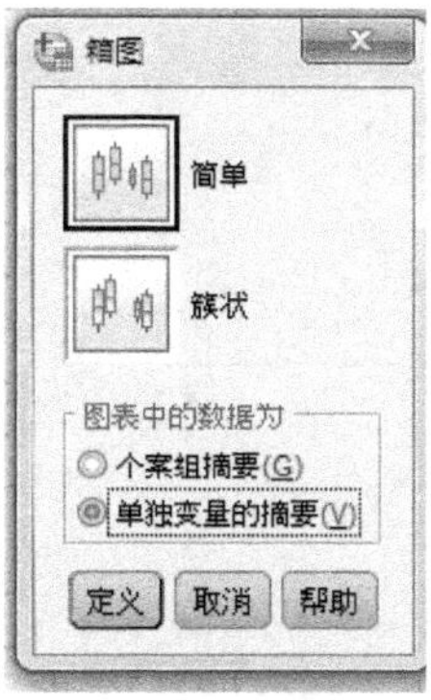

图 4-5　“箱图”对话框

图 4-6　“定义简单箱图：单独变量的摘要”对话框

（4）单击“确定”按钮，SPSS 生成本例箱线图如图 4-7 所示。

这里需要对箱线图的意义做进一步说明，每个箱形可分为四个部分：矩形框、奇异值、极值、触须线。矩形框是箱线图的主体，上、中、下三条线分别表示变量观测值的百分位数 P_{75}（即上四分位数 Q_3）、P_{50}（即中位数 Q_2）、P_{25}（即下四分位数 Q_1），变量 50%的观测值落在这一区域中。

箱线图使用“o”标记可能存在的奇异值，如果它们位于箱体上方，表示其变量值超过了 $Q_3+1.5\times(Q_3-Q_1)$，如果它们位于箱体下方，表示其变量值小于 $Q_1-1.5\times(Q_3-Q_1)$。极值则使用“*”标记，上极值点对应的变量值超过了 $Q_3+3\times(Q_3-Q_1)$，下极值点对应的变量值小于 $Q_3+3\times(Q_3-Q_1)$。触须线是中间的纵向直线，上截止横线表示变量值本体最大值，下截止线表示变量值本体最小值。所谓本体，是指除奇异值和极值以外的所有变量值。

箱线图可以用来探测数据中是否存在异常数据，有助于研究者在进行统计分析之前发现并剔除掉异常值，从而提高数据的分析质量。

箱线图的美中不足之处在于它不能提供关于数据分布偏态和重尾程度的精确度量；对于批量较大的数据集，箱线图反映的形状信息更加模糊；用中位数代表总体平均水平有一定的局限性。所以，应用箱线图最好结合其他描述统计工具，如均值、标准差、偏度、分布函数等来描述数据集的分布形状。

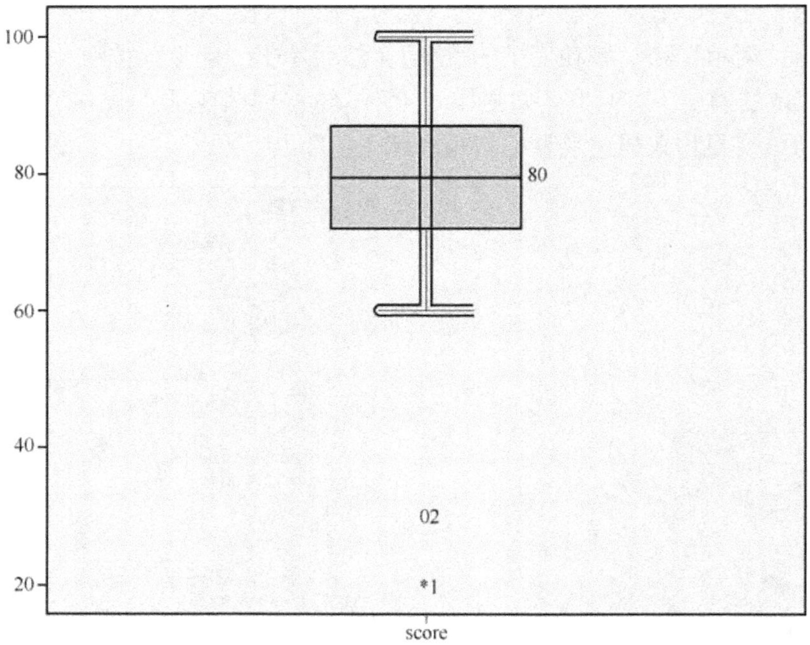

图 4-7　箱线图输出结果

4.5　用软件实现数据特征的计算

描述统计分析过程是统计描述应用最多的一个过程，它可对变量进行描述性统计分析计算，并列出一系列相应的统计指标。这和其他过程相比并无不同，但该过程还有个特殊功能，就是可将原始数据转换成标准值，并以变量的形式保存，供以后分析，其具体操作步骤如下。

（1）打开描述性统计分析对话框。执行菜单栏中的“分析”→“描述统计”→“描述”命令，弹出“描述”对话框，如图 4-8 所示。

（2）选择分析变量。在图 4-8 的左侧选变量列表框中，选取一个或多个待分析变量，将它们移入右侧的“变量”列表框中。

（3）计算基本描述性统计量。在图 4-8 中，单击“选项”按钮，弹出如图 4-9 所示的“描述：选项”对话框。该对话框用于指定输出的描述性统计量。这些统计量分别是“平均值”“总和”“标准差”“方差”“范围”“最小值”“最大值”“标准误差平均值”“偏度”和“峰度”。

同时，“显示顺序”选项组是顺序选项组，可以选择“变量列表”顺序、“字母”顺序、“按平均值的升序排序”或“按平均值的降序排序”。

注意：SPSS 可以输出各类描述性统计量。虽然用户可以选择全部统计量输出，但一定要结合实际意义来判断适合的统计量输出，因为有些统计量是缺乏实际意义的。

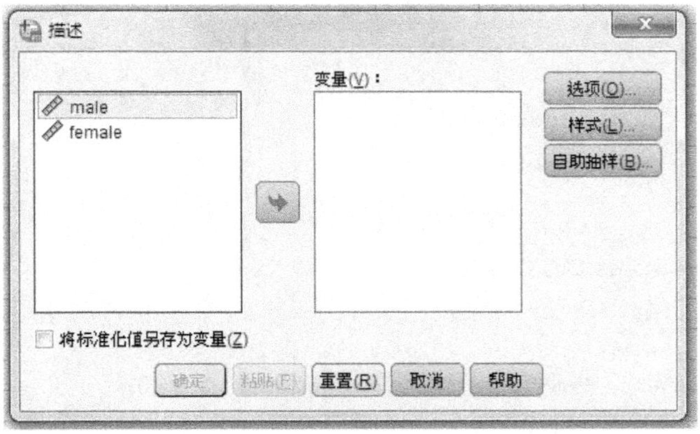

图 4-8 “描述”对话框

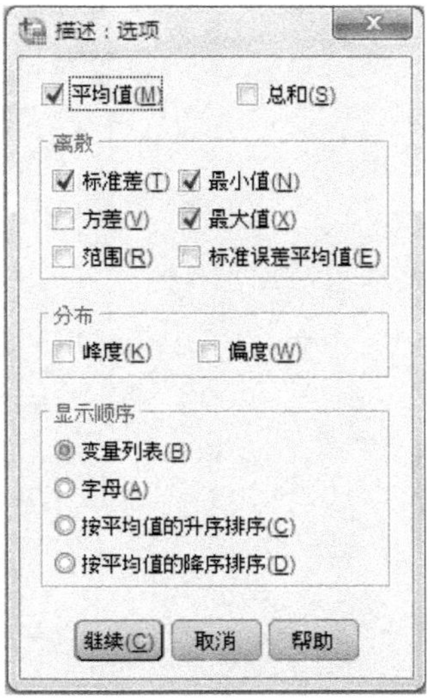

图 4-9 “描述：选项”对话框

（4）单击“确定”按钮，完成操作，SPSS 软件自动输出结果。

例 4-19（奥斯卡获奖者的年龄）在 R. Brown 和 G. Davis 的文章《荣获奥斯卡奖的最佳男主角和女主角的年龄》(《数学教师》杂志）中，作者列出了男演员和女演员在获得奥斯卡奖时的年龄。近年来的获奖者年龄按性别不同列在下面，请分析不同性别的演员获得奥斯卡奖的年龄差异性。

男演员：	32	37	36	32	51	53	33	61	35	45	55	39
	76	37	42	40	32	60	38	56	48	48	40	43
	62	43	42	44	41	56	39	46	31	47	45	60
女演员：	50	44	35	80	26	28	41	21	61	38	49	33
	74	30	33	41	31	35	41	42	37	26	34	34
	35	26	61	60	34	24	30	37	31	27	39	34

解： 此例列出了获得奥斯卡奖的男演员和女演员的年龄，现在要比较不同性别演员年龄的差异性，这就可以利用描述性统计量来分析这种差异性，其具体操作步骤如下。

（1）打开数据文件，打开描述性统计分析对话框。其中，male 和 female 列分别表示男演员和女演员。执行菜单栏中的“分析”→“描述统计”→“描述”命令，弹出“描述”对话框，如图 4-10 所示。

（2）选择分析变量。在图 4-10 的左侧选变量列表框中，选择 male 和 female 变量，将它们移入右侧的“变量”列表框中，表示它们是进行描述性统计分析的变量。

（3）计算基本描述性统计量。在图 4-10 中，单击“选项”按钮，弹出“描述：选项”对话框，利用该对话框选择需要输出的描述性统计量。这里除了选择系统默认的统计量外，还需要勾选“范围”“偏度”“峰度”复选框，再单击“继续”按钮，返回“描述”对话框。

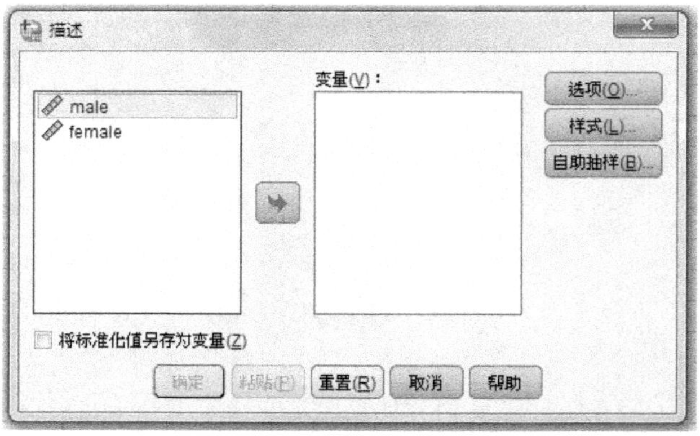

图 4-10 “描述”对话框

（4）单击“确定”按钮，完成操作，SPSS 软件自动输出结果（表 4-11）。

表 4-11 描述统计结果

	个案数	范围	最小值	最大值	平均值	标准差	偏度	峰度
male	36	45	31	76	45.14	10.406	0.898	0.704
female	36	59	21	80	38.94	13.546	1.503	2.111
有效个案数（成列）	36							

实例结果及分析：执行完上述操作后，输出的描述统计量如表 4-11 所示。首先，表格第二列表示男演员和女演员的统计人数都是 36 人，样本容量相同。接着从描述数据中心位置的统计量样本平均值看到，女演员获奖的平均年龄（38.94 岁）低于男演员获奖的平均年龄（45.14 岁）。男演员获奖年龄的全距值（即结果中的“范围”）和标准差都小于女演员，说明男演员获奖年龄波动幅度小于女演员。从偏度系数和峰度系数可以看出，两组数据都不服从正态分布。

思考与练习

1. 数据的分布特征可以从哪几方面进行描述?

2. 简述众数、中位数和平均数的特点及应用场合。

3. 简述计算离散系数的原因。

4. 假如你是定时器的购买者，在新道路爆破中用定时器来起爆炸药。你必须在两个供应者之间选择，分别用 A 和 B 表示。在各自的说明书中，你发现 A 出售的导火线引爆的平均时间为 30 秒，其标准差为 0.5 秒；而 B 出售的导火线引爆的平均时间为 30 秒，其标准差为 6 秒。请你做出选择，并说明原因。

5. 收集 100 名学生的身高和体重数据。试对该 100 名学生的身高和体重数据进行描述性统计分析，从而了解这 100 名学生身高和体重的基本特征。

第 5 章 Chapter 05

统计量与抽样分布

统计方法是指用于收集数据、分析数据和由数据得出结论的一系列方法。统计方法通常可以分为两类：描述统计和推断统计。在前面的章节中，我们主要介绍了描述统计部分的相关知识。从本章开始，我们将重点介绍推断统计部分的相关知识。也就是说，研究如何合理地、有效地收集观测数据，并采用合理有效的统计方法对数据加以整理与分析，对其进行合理的估计和推断。本章主要介绍推断统计部分的基本概念和常用抽样分布。

本章重点与目标

1. 理解样本与统计量的概念和关系
2. 了解统计量及其分布的概念
3. 理解常用的三种抽样分布（χ^2分布、t分布、F分布）及其查表使用方法
4. 在统计软件中应用相关理论

5.1 样本与统计量

5.1.1 总体与个体

在 1.2.1 节中，我们已经介绍了统计学中的总体、个体以及样本的概念。这里再复习例举之，以加深理解并顺利认识统计量。在统计学中，我们把研究对象的全体元素组成的集合称为总体，把组成总体的每个元素称为个体。

例 5-1 研究某日在上海证券交易所交易的全部股票的收盘价时，这些股票的全体就组成了一个总体，而每只股票就是一个个体。

在实际问题中，我们所关心的并不是总体中个体的一切特性，往往只关心某一项或者某几项数量指标。在例 5-1 中，我们不关心股票的均价、开盘价、总手数等，而只关心股票的收盘价这一数量指标。由于每只股票都有一个确定收盘价，因此把全部股票的收盘价视为总体，其中每只股票的收盘价就是个体。

总体依其包含的个体总数可分为有限总体和无限总体。当有限总体所包含个体的总体很大时，可以近似地将它看成无限总体。

5.1.2 样本

在许多情况下，总体所包含的个体数目非常大，不可能对所有的个体逐一研究，比如研究一批灯泡的寿命、大学生每天使用手机的时间等。只能抽取其中一部分个体进行研究，然后用所得到的数据对总体进行推断。那么，从总体中抽取的这一部分称为样本，样本中包含的个体数量称为样本量。

例 5-2 国务院 2010 年颁布的《全国人口普查条例》明确规定，人口普查每 10 年进行一次，尾数逢 0 的年份为普查年度，在两次人口普查之间进行全国 1%人口抽样调查。2015 年 11 月 1 日零时，全国数万名调查员进社区、下村镇，开始了 2015 年全国 1%人口抽样调查，其调查目的是了解 2010 年以来我国人口在数量、素质、结构、分布以及居住等方面的变化情况，为制订国民经济和社会发展规划提供科学精准的统计信息支持。此次调查抽取了约 1 400 万人，调查内容包括姓名、性别、年龄、民族、受教育程度、行业、迁移流动、社会保障、婚姻、生育、死亡、住房情况等。在此次抽样调查中，所抽取的 1%人口就是样本，样本量为 1 400 万。（来自：冯乃林，《全面建成小康社会进程中的人口抽样调查》，《中国统计》，2015 年 11 期）

抽取样本的目的是根据样本的取值情况来推断总体的情况。由于样本取值的随机性会使得推断带有一定程度的不确定性，因此我们应该尽可能地使我们在有限次观测中所抽取的样本能反映总体的状况。这就要求样本应该具有以下两个性质。

（1）代表性：样本中每个样本点都与总体有相同的分布。

（2）独立性：样本点间相互独立。

满足以上两个条件的样本称为简单随机样本，本书以后所说的样本，都是指简单随机样本。

5.1.3 统计量

样本是我们进行统计推断的依据。样本虽然含有总体的信息，但是信息大多数情况下是分散的，不能直接用于统计推断，因此要根据推断的问题对样本进行提炼和加工，才能有效地利用其中的信息，否则样本只是一堆“杂乱无章”的数据。我们看这样一个例子。

例 5-3　从某地区随机抽取 50 户农民，调查其人均月收入情况，得到数据如表 5-1 所示。

表 5-1　50 户农民的人均月收入　（单位：元）

924	800	916	704	870	824	690	1 040	574	490
972	988	1 266	684	764	408	804	940	610	852
602	754	788	962	704	854	888	712	768	848
882	1 192	820	878	614	746	828	846	792	872
696	644	926	808	1 010	742	850	728	864	738

试对该地区农民收入的水平和贫富差距悬殊程度做大致分析。

解： 在本例中，如果不对数据进行加工，面对这些参差不齐的数据，很难得出什么结论。但当我们对这些数据稍事加工后，比如记各户农民的人均月收入分别为 x_1，x_2,…，x_{50}，那么我们就可以计算

$$\bar{x}=\frac{1}{50}\sum_{i=1}^{50}x_i=809.52(\text{元})\text{ , } s=\sqrt{\frac{1}{50-1}\sum_{i=1}^{50}(x_i-\bar{x})^2}=155.85(\text{元})$$

这样，就可以了解到该地区农民的平均收入和该地区农民贫富悬殊的大致情况：农民的月平均收入为 809.52 元，标准差为 155.85 元，也就是说，贫富差距并不算太大。

由例 5-3 可以看出，在实际应用中，对样本的加工是十分重要的。但对样本加工的方法有很多，其中之一就是根据问题构造出关于样本的某种函数，比如本例中的平均数 $\bar{x}$ 和标准差 s，那么这种函数称为统计量。

统计量是处理、分析数据的主要工具。对统计量的一个最基本的要求就是可以将样本观察值代入进行计算，因此不能含有任何未知的参数。

例 5-4　若抽取的样本 x_1，x_2，…，x_n 服从正态分布 $N(\mu,\ \sigma^2)$，μ 已知，σ^2 未知，则 $\sum_{i=1}^{n}(x_i-\mu)^2$ 是统计量，但 $\sum_{i=1}^{n}\frac{x_i}{\sigma}$ 不是统计量，因为里面包含了未知参数 σ。

由于统计量的取值会随着样本的不同而发生变化，因此样本统计量是一个随机变量。如果我们现在抽取了一个具体的样本，那么样本的数据就是已知的，所以统计量的值是可以计算出来的。

接下来将为大家介绍一些基于样本 x_1，x_2，…，x_n 的常见统计量。

（1）样本均值：

$$\bar{x}=\frac{1}{n}\sum_{i=1}^{n}x_i$$

（2）样本方差（样本标准差）：

$$s^2 = \frac{1}{n-1}\sum_{i=1}^{n}(x_i - \overline{x})^2,\quad s = \sqrt{\frac{1}{n-1}\sum_{i=1}^{n}(x_i - \overline{x})^2}$$

（3）样本比例：

$$p = \frac{n_1}{n}$$

其中 n_1 是样本中的有利场合数。

既然统计量是随机变量，那么它就有确定的概率分布。统计量的概率分布也叫作抽样分布。但由于现实中不可能将所有可能的样本都抽取出来，所以统计量的概率分布其实是一种理论分布。它是我们推断总体参数的理论基础。

5.2 常用的抽样分布

当总体的分布已知时，抽样分布就是确定的，然后要求出统计量的精确分布，通常情况下是比较困难的。但如果总体是正态总体，那么问题就可以得到解决。由中心极限定理可知，在现实生活中遇到的大多数总体的分布都近似于正态分布。本节首先介绍正态分布，然后介绍由正态分布推导出来的三个常用的连续型随机变量的概率分布：χ^2（卡方）分布、t 分布以及 F 分布，它们在统计推断中占有特殊的地位。

5.2.1 正态分布

在实际生活中最常用的连续变量的分布是正态分布（normal distribution），正态分布最早是由高斯（Carl Friedrich Gauss，1777—1855）作为描述误差相对频数分布的模型而提出来的，故又称为高斯分布（Gaussian distribution）。正态分布可以描述实际生活中的很多现象，比如测量误差、工厂产品的尺寸、某年龄人群的身高和体重等。另外，许多不是正态分布的样本均值在样本量很大的情况下，也可以用正态分布来近似描述。

对于一个连续型随机变量来说，概率密度函数决定了其分布，不同的概率密度函数对应着不同的随机变量。下面的定义给出了正态分布的概率密度函数。

若 X 是一个连续型随机变量，它的概率密度函数为

$$\varphi(x) = \frac{1}{\sqrt{2\pi\sigma^2}} e^{-\frac{(x-\mu)^2}{2\sigma^2}} \quad (-\infty < x < \infty)$$

则称 X 服从均值为 μ、方差为 σ^2 的正态分布，记为 $X \sim N(\mu,\ \sigma^2)$。

卡尔·弗里德里希·高斯

高斯是德国著名数学家、物理学家、天文学家、大地测量学家，是近代数学奠基者之一。高斯被认为是历史上最重要的数学家之一，并享有“数学王子”之称。高斯和阿基米德、牛顿并列为世界三大数学家。他一生成就极为丰硕，以他名字“高斯”命名的成果达 110 个，属数学家中之最。他对数论、代数、统计、分析、微分几何、大地测量学、地球物理学、力学、静电学、天文学、矩阵理论和光学皆有贡献。高斯在研究行星和恒星的运动时应用了正态分布。他作为一个数学家的威信在他最终的一个发明中得到了印证。22 岁时，他用尺规做出了正 17 边形，这是自古希腊以来数学史上最主要的进步之一。另外，高斯发明了最初的电报机和日光反射仪。

高斯

正态分布中有两个十分重要的参数：μ，σ。不同的 μ 和 σ 对应不同的正态分布，其概率密度函数对应的曲线如图 5-1 所示。

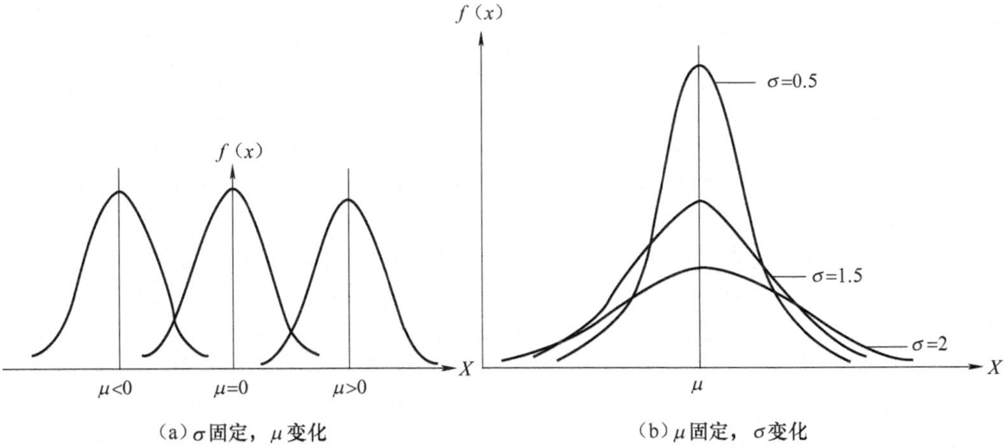

图 5-1　不同 μ 和 σ 对正态分布曲线的影响

从图 5-1 可以看出正态分布有如下一些重要的性质。

（1）正态分布曲线是关于 $x = \mu$ 对称的钟形图形，且峰值在 $x = \mu$ 处。

（2）正态分布的两个参数 μ 和 σ 一旦确定，正态分布的形态也就唯一确定。μ 是分布的中心，代表了正态分布的位置。σ^2 则决定着分布向中心集中的程度，也就是这个随机变量取值的分散程度。σ^2 越小，随机变量的取值越集中，越稳定；σ^2 越大，随机变量的取值越分散，不确定性也越大。

（3）正态分布曲线下的总面积等于 1。正态随机变量在特定区间上取值的概率由正态分布曲线下的面积给出。

（4）若 $X \sim N(\mu,\ \sigma^2)$，则

$$Z=\frac{X-\mu}{\sigma}\sim N(0,\ 1)$$

称为标准正态分布，它的概率密度函数为

$$\varphi(x)=\frac{1}{\sqrt{2\pi}}\mathrm{e}^{-\frac{1}{2}x^2}\quad(-\infty<x<\infty)$$

实际中很多和正态分布有关的计算都需要借助标准正态分布，因而大部分统计教科书都附有标准正态分布表以供查阅。

（5）在实际应用中，下面几个概率十分有用，被称为正态分布的经验准则，也被称为“3σ规则”，如图 5-2 所示。

若 $X\sim N(\mu,\ \sigma^2)$，那么有：

X 取值在均值周围 1 倍标准差的范围，即 $[\mu-\sigma,\ \mu+\sigma]$ 内的概率为 68.26%；

X 取值在均值周围 2 倍标准差的范围，即 $[\mu-2\sigma,\ \mu+2\sigma]$ 内的概率为 95.44%；

X 取值在均值周围 3 倍标准差的范围，即 $[\mu-3\sigma,\ \mu+3\sigma]$ 内的概率为 99.73%。

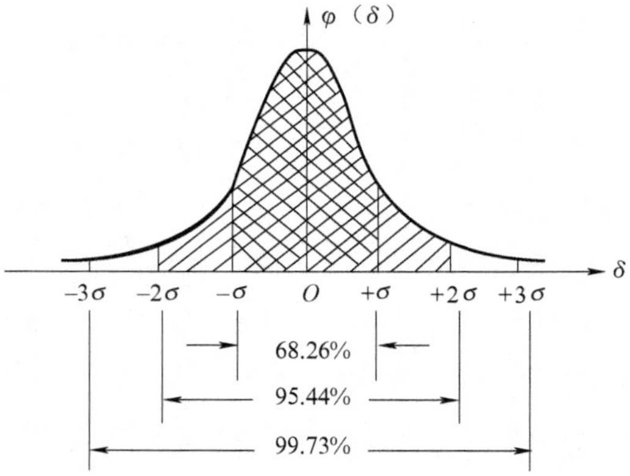

图 5-2　3σ 规则

3σ 规则在实际工作中很有用，在质量管理中，稳定生产条件下的产品质量指标被认为是正态变量，通常以这一变量的样本值是否落在 $[\mu-3\sigma,\ \mu+3\sigma]$ 之内作为判断生产是否正常的一个重要标志。工业生产中用到的控制图及一些产品的质量指数都是根据 3σ 规则制定的。

对于一般正态分布的概率计算问题，可先将其转化为标准正态分布，再通过查标准正态分布表来进行相应的计算，这时需要用到 z 值的概念。

令 x 为正态分布随机变量 $X\sim N(\mu,\ \sigma^2)$ 的任一取值，称

$$z=\frac{x-\mu}{\sigma}$$

为 x 对应的 z 值。

根据 z 值的定义，正态分布 $N(\mu,\ \sigma^2)$ 上的点 a、b 对应的 z 值分别为 $\frac{a-\mu}{\sigma}$ 和 $\frac{b-\mu}{\sigma}$，由此可得区间（a，b）在标准正态分布上的对应区间 $\left(\frac{a-\mu}{\sigma},\ \frac{b-\mu}{\sigma}\right)$。这两个区间在各自的分布中对应的概率相等，即

$$P(a<X<b)=P\left(\frac{a-\mu}{\sigma}<Z<\frac{b-\mu}{\sigma}\right)=\Phi\left(\frac{b-\mu}{\sigma}\right)-\Phi\left(\frac{a-\mu}{\sigma}\right)$$

具体的推导步骤参见一般的《概率论与数理统计》教科书。

接下来介绍上侧 α 分位数的概念。

若 $X \sim N$（0，1），对于给定的常数 $\alpha(0<\alpha<1)$，若 $P(X \geqslant u_\alpha)=\alpha$，则称 u_α 为正态分布的上侧 α 分位数。其几何意义如图 5-3 所示。

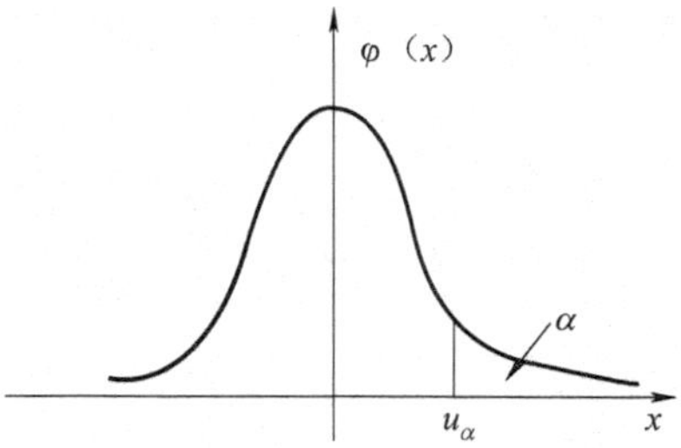

图 5-3　正态分布的上侧 α 分位数

例 5-5　假设某电脑软件记录了所有使用该软件的电脑“一键优化”的时间，发现电脑的优化时间服从均值为 50 秒、方差为 20.3 秒的正态分布。如果有一天该软件告诉你“您的优化时间击败了全国 94%以上的电脑”，请问你的优化时间应是多少？

解：我们用随机变量 X 表示任意一台电脑的优化时间，根据题意，有 $X \sim N$（50，20.3），假设你的优化时间为 x 秒，则有

$$P(X>x)=94\%$$

即

$$P(X \leqslant x)=1-0.94=0.06$$

将 x 转换为标准正态分布上对应的 z 值，有

$$P\left(Z \leqslant z=\frac{x-50}{\sqrt{20.3}}\right)=P(X \leqslant x)=0.06$$

反查标准正态分布表，最接近 0.94 的概率值为 0.939 4 和 0.940 6，对应的 z 值分别为 1.55 和 1.56，取平均可得 1.555，则有

$$1.555=\frac{x-50}{\sqrt{20.3}}$$

最终可解得 x=43 秒，即你的一键优化时间为 43 秒。

接下来我们再介绍三个常用的概率分布：χ^2 分布，t 分布，F 分布。这些分布都是由正态分布推导出来的。

5.2.2 χ^2 分布

χ^2 分布（chi-square distribution）是由阿贝（Abbe）于 1863 年首先提出的，后来由海尔墨特（Hermert）和卡尔·皮尔逊分别于 1875 年和 1900 年推导出来。

若 n 个随机变量 X_1，X_2，…，X_n 相互独立，且服从标准正态分布 N（0，1），则称随机变量 $\chi^2 = X_1^2 + X_2^2 + \cdots + X_n^2$ 服从自由度为 n 的卡方分布，记为 $\chi^2 \sim \chi^2(n)$。其中自由度 n 是指等式右边包含的随机变量的个数。

图 5-4 给出了不同自由度的 χ^2 分布的概率密度函数图。从图中可以看出，χ^2 分布有以下几个性质：

（1）χ^2 分布的变量值始终是正的；

（2）χ^2 分布的概率密度函数图是非对称的，并且随着自由度 n 的增加，图形右偏程度降低，越来越接近正态分布；

（3）χ^2 分布的数学期望和方差分别为 $E(\chi^2)=n$，$D(\chi^2)=2n$；

（4）可加性，若 $\chi_1^2 \sim \chi^2(n_1)$，$\chi_2^2 \sim \chi^2(n_2)$，且相互独立，则有 $\chi_1^2 + \chi_2^2 \sim \chi^2(n_1 + n_2)$。

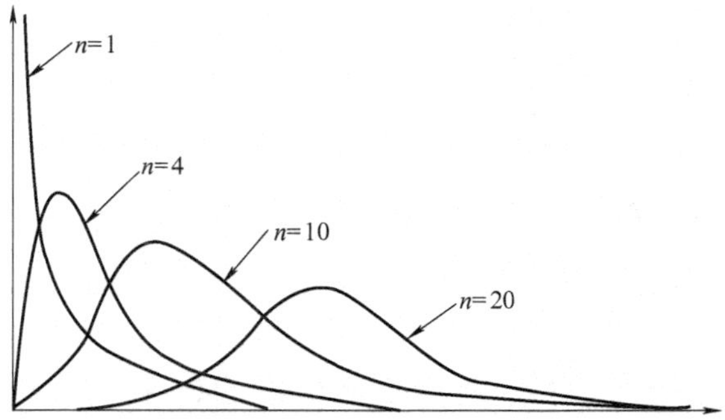

图 5-4　不同自由度的 χ^2 分布

与正态分布一样，χ^2 分布的有关计算可以通过查卡方分布表得到。

下面首先介绍 χ^2 分布的上侧 α 分位数的概念。

设随机变量 χ^2 服从自由度为 n 的 χ^2 分布，对于给定的 α（$0<\alpha<1$），若有 $\chi_\alpha^2(n)$，使

$$P\left\{\chi^2 > \chi_\alpha^2(n)\right\} = \alpha$$

则称 $\chi_\alpha^2(n)$ 为 χ^2 分布的上侧 α 分位数。其几何意义如图 5-5 所示。

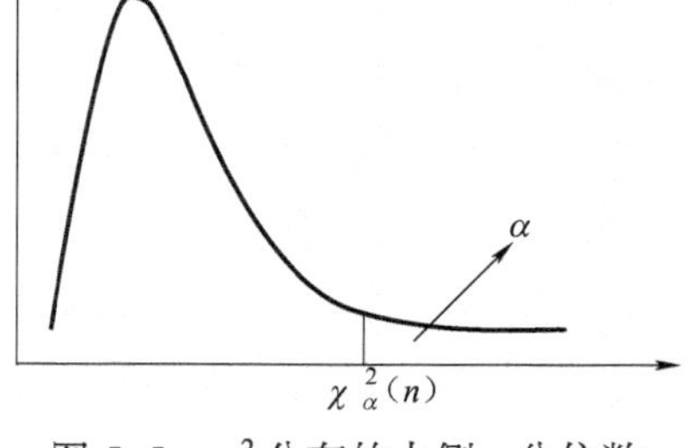

图 5-5　χ^2 分布的上侧 α 分位数

为方便查阅，按 $P\{\chi^2 > \chi^2_\alpha(n)\} = \alpha$ 制成了 χ^2 分布表，可以查出 χ^2 分布上侧 α 分位数。

例 5-6　已知 $\chi^2 \sim \chi^2$（13），分别确定 α=0.05 和 α=0.95 时 χ^2 分布的上侧 α 分位数。

解： 直接查自由度为 13 的 χ^2 分布表可得：

当 α=0.05 时，χ^2（13）=22.362；

当 α=0.95 时，χ^2（13）=5.895。

同时，我们可以利用 SPSS 函数计算给定 χ^2 值和自由度时 χ^2 分布的概率以及给定自由度和 χ^2 分布的概率。计算 χ^2 值，我们将在下一节中具体介绍。

5.2.3　*t* 分布

1900 年左右，统计学家开始觉得标准正态分布并不总是求概率的正确分布。在 1908 年，威廉 • S. 戈赛特在用笔名“student”发表的论文里提出了一个新的分布叫作 *t* 分布（t-distribution）。*t* 分布的定义和标准正态分布、卡方分布都有关系。

设随机变量 $X \sim N$（0，1），$Y \sim \chi^2$（n），且 X 和 Y 相互独立，则随机变量 $T = \dfrac{X}{\sqrt{Y/n}}$ 服从自由度是 n 的 t 分布，记作 $T \sim t$（n）。

图 5-6 给出了不同自由度的 t 分布曲线。从图中可以看出，t 分布有如下几个性质。

（1）t 分布的密度函数与标准正态分布的密度函数非常接近，都是单峰偶函数。但 t 分布相对于标准正态分布来说，图形更加平缓。t 分布的图形取决于自由度，随着自由度的增加，分布曲线也越来越趋近于标准正态分布。

（2）t 分布的数学期望 $E(t) = 0$，$n \geqslant 2$；方差 $D(t) = \dfrac{n}{n-2}$，$n \geqslant 3$。

（3）在实际应用中，一般当 $n \geqslant 30$ 时，t 分布与标准正态分布就非常接近了。

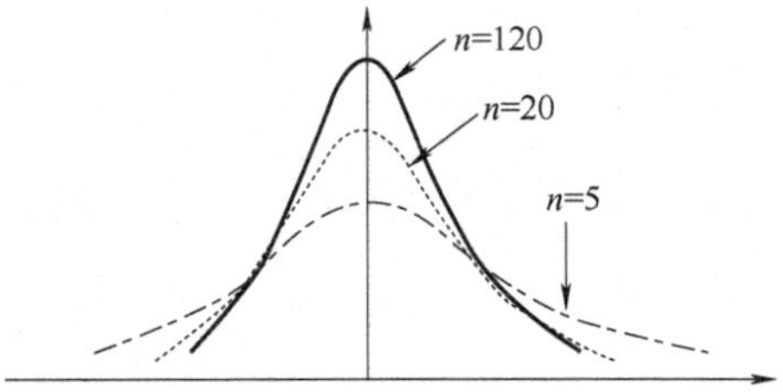

图 5-6　不同自由度的 t 分布曲线

一般情况下，t 分布多用于小样本的统计推断。例如，当总体方差 σ^2 未知时，对总体均值的估计和检验就要用到 t 分布，为方便计算，t 分布表给出了 t 分布的上侧 α 分位数。与 χ^2 分布一样，我们首先介绍 t 分布的上侧 α 分位数的概念。

设随机变量 T 服从自由度为 n 的 t 分布，对于给定的 α（0<α<1），若有 t_α（n），使 $P\{T > t_\alpha(n)\} = \alpha$，则称 t_α（n）为 t 分布的上侧 α 分位数，如图 5-7 所示。

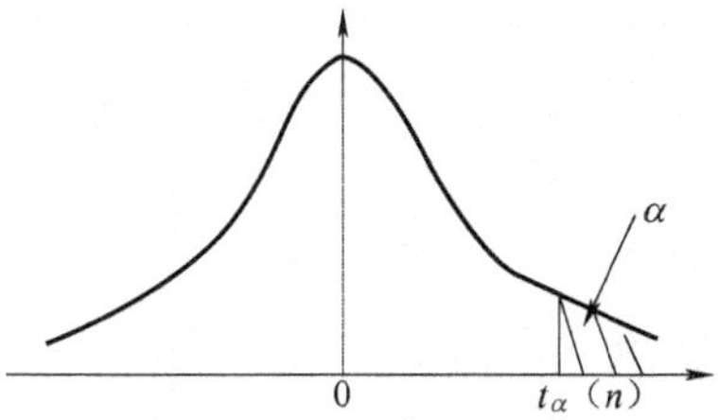

图 5-7　t 分布的上侧α分位数

例 5-7　设 $T\sim t(5)$，查表求α=0.05 时 t 分布的上侧α分位数。

解： 查自由度为 5 的 t 分布表。当α=0.05 时，$t_{0.05}(5)=2.015$。

接下来介绍两个与 t 分布有关的抽样分布。

（1）设 X_1，X_2，…，X_n 是来自正态分布 $N(\mu,\ \sigma^2)$ 的一个样本，其中

$$\overline{x}=\frac{1}{n}\sum_{i=1}^{n}X_i,\quad s^2=\frac{1}{n-1}\sum_{i=1}^{n}(X_i-\overline{x})^2$$

则

$$\frac{\sqrt{n}(\overline{x}-\mu)}{s}\sim t(n-1)$$

称为服从自由度为 $n-1$ 的 t 分布。

（2）设 X 和 Y 是两个相互独立的总体，$X\sim N(\mu_1,\ \sigma^2)$，$Y\sim N(\mu_2,\ \sigma^2)$，且 X_1，X_2，…，X_n 是来自 X 的一个样本，Y_1，Y_2，…，Y_m 是来自 Y 的一个样本。记

$$\overline{x}=\frac{1}{n}\sum_{i=1}^{n}X_i,\quad \overline{y}=\frac{1}{m}\sum_{i=1}^{m}Y_i$$

$$s_x^2=\frac{1}{n-1}\sum_{i=1}^{n}(X_i-\overline{x})^2,\quad s_y^2=\frac{1}{m-1}\sum_{i=1}^{m}(Y_i-\overline{y})^2,\quad s_{xy}^2=\frac{(n-1)\ s_x^2+(m-1)\ s_y^2}{n+m-2}$$

则

$$\frac{(\overline{x}-\overline{y})-(\mu_1-\mu_2)}{s_{xy}}\sqrt{\frac{mn}{m+n}}\sim t(n+m-2)$$

以上这两个抽样分布将在第 7 章假设检验中被用到。

5.2.4　*F* 分布

F 分布的命名是为了纪念伟大的英国统计学家罗纳德·费歇尔（Ronald Fisher）爵士。

它的定义来自于两个服从卡方分布的随机变量的商。

设 $X\sim\chi^2(n_1)$ ，$Y\sim\chi^2(n_2)$，且 X 和 Y 相互独立，则随机变量 $F=\dfrac{X/n_1}{Y/n_2}$ 服从自由度为（n_1，n_2）的 F 分布，通常称 n_1 为第一自由度，n_2 为第二自由度，记作 $F\sim F(n_1, n_2)$。

F 分布的曲线与 χ^2 分布类似，其形状取决于两个自由度。图 5-8 给出了不同自由度的 F 分布的概率密度函数图，由图可以看出 F 分布有如下几个性质。

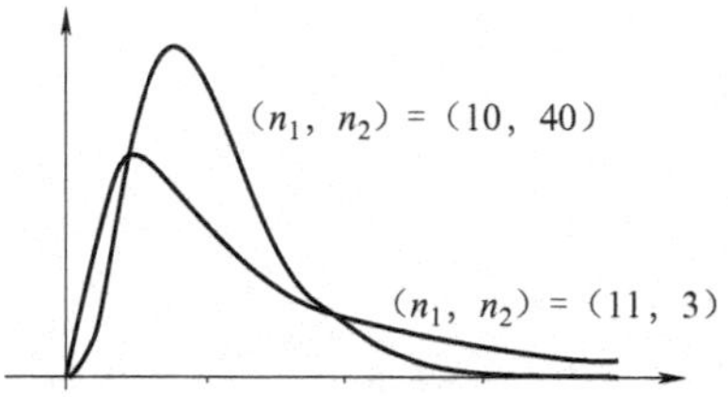

图 5-8　不同自由度的 F 分布曲线

（1）F 分布的变量值始终是正的。

（2）F 分布的形状取决于其自由度的大小，通常为不对称的正右偏分布。但随着自由度的增大，图形逐渐趋于对称。

（3）F 分布的数学期望 $E(X)=\dfrac{n_2}{n_2-2}$，$n_2>2$；方差 $D(X)=\dfrac{2n_2^2(n_1+n_2-2)}{n_1(n_2-2)^2(n_2-4)}$，$n_2>4$。

F 分布的应用非常广泛，本书中 F 分布将用于方差的比较、方差分析以及回归分析。

为了方便计算，F 分布表给出了 F 分布的一些重要分位数，下面首先介绍 F 分布上侧 α 分位数的概念。

设 $F\sim F(n_1, n_2)$，对于给定的 α（$0<\alpha<1$），若有 $F_\alpha(n_1, n_2)$ 使

$$P\{F>F_\alpha(n_1, n_2)\}=\alpha$$

则称 $F_\alpha(n_1, n_2)$ 为 F 分布的上侧 α 分位数，如图 5-9 所示。

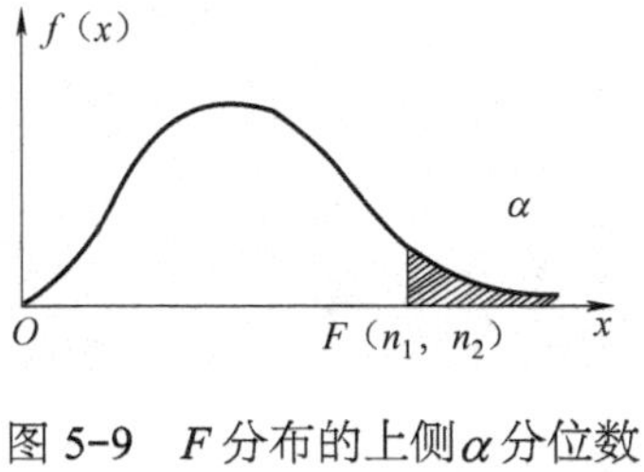

图 5-9　F 分布的上侧 α 分位数

例 5-8　设 $F\sim F(10, 16)$，查表求 $\alpha=0.05$ 时 F 分布的上侧 α 分位数。

解： 查 $n_1=10$，$n_2=16$ 的 F 分布表得：当 $\alpha=0.05$ 时，$F_{0.05}(10, 16)=2.49$。

5.3 用软件验证数据的分布

本节将介绍如何通过 SPSS 软件求解累积概率。这里的累积概率就是累积概率分布的函数值。累积概率分布（CDF，Cumulative Distribution Function）的概念，可以理解为在概率论中学习过的概率分布函数（PDF，Probability Distribution Function）：$F(a)=P\{X\leqslant a\}$。以χ^2分布累积概率的求解为例进行说明。

例 5-9 当自由度为 13 时，计算：

（1）χ^2值小于 10 的概率；

（2）χ^2分布右尾概率为 0.05 时的反函数值（临界值或χ^2值）。

解：（1）打开 SPSS，在数据视图中建立变量 Q，输入 10，保存为 exa5-9.sav。选择“转换”→“计算变量”，在弹出的“计算变量”对话框中，“目标变量”中填写要输出的变量名称，例如“概率值”。在“函数组”下方单击选择“CDF 与非中心 CDF”，在“函数和特殊变量”下方双击选择“Cdf.Chisq”函数。这里的“CDF.CHISQ（quant.df）”中参数 quant 为随机变量的概率值，df 为自由度。在“数字表达式”框里的“CDF.CHISQ（？，？）”中的“？”处分别填 10 和 13，并点击“确定”按钮（图 5-10），得到如图 5.11 所示结果，即χ^2值小于 10 的概率为 0.306 066。

图 5-10　SPSS 软件“计算变量”对话框

需要注意的是，SPSS 输出的计算结果显示在数据视图中。

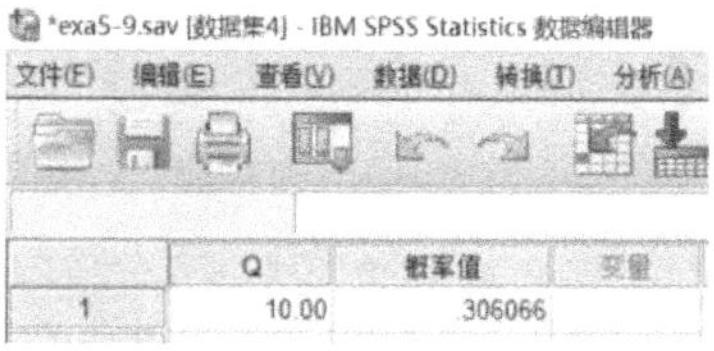

图 5-11　SPSS 软件结果输出

（2）与第（1）问类似，在“函数组”中单击选择“逆 DF”，双击选择“Idf.Chisq”函数，再输入参数式 IDF.CHISQ（0.95，13），并点击“确定”。

图 5-12　SPSS 软件计算变量界面

SPSS 在数据视图中输出结果如图 5-13 所示，即χ^2分布右尾概率为 0.05 时的反函数值为 22.362 032。

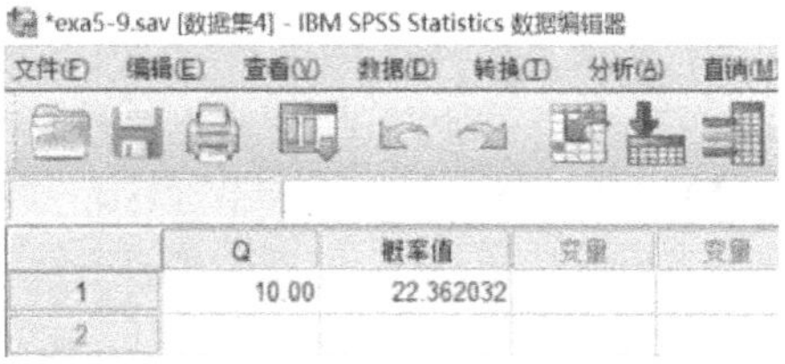

图 5-13　SPSS 软件结果输出

其他分布或函数的计算与此类似，譬如 t 分布和 F 分布的累积概率求解的操作步骤和χ^2分布的一样，只是所使用的函数不同。对 t 分布的累积概率求解，选择"Cdf.T"函数，对 F 分布的累积概率求解，选择"Cdf.F"函数。

还需要说明的是，在理解分位数概念和累积函数概念的基础上，就可以利用 SPSS 的类似这样的菜单求取分位数。

思考与练习

1. χ^2分布和 F 分布的图形各有什么特点？

2. 设 X_1，X_2，…，X_n是从总体 $X \sim N(\mu,\sigma^2)$ 中抽取的一个样本，其中μ未知，σ^2已知。

（1）$\sum_{i=1}^{n}(X_i-\overline{x})$；（2）$\frac{1}{\sigma^2}\sum_{i=1}^{n}(X_i-\overline{x})^2$；（3）$\frac{1}{\sigma^2}\sum_{i=1}^{n}(X_i-\mu)^2$；（4）$\sum_{i=1}^{n}(X_i-\mu)^2$ 中哪些是统计量？哪些不是统计量？

3. 设有随机变量 $X\sim\chi^2(12)$，$T\sim t(12)$，$F\sim F(12,3)$，试用 SPSS 计算下列概率值：

（1）$P(X\leqslant 5.5)$，$P(X>13.2)$；

（2）$P(T\leqslant -2.5)$，$P(T>1.96)$，$P(-0.5<T<0.5)$；

（3）$P(F\leqslant 3)$，$P(F>7.2)$。

4. 解放军战士的身高服从正态分布，经抽查平均身高为 175 cm，标准差是 4 cm，现在服装厂要裁制 100 000 套新军装，那么为身高 171～179 cm 的解放军战士要裁制多少套军装？

5. 从均值为 200、标准差为 50 的总体中，抽取 n=100 的简单随机样本，用样本均值 $\overline{x}$ 估计总体均值。

（1）$\overline{x}$ 的期望值是多少？

（2）$\overline{x}$ 的标准差是多少？

（3）$\overline{x}$ 的概率分布是什么？

6. 小刘参加了 2014 年的 SAT 考试，数学部分得了 670 分，小张参加了 2014 年的 ACT 考试，数学部分得了 27 分。根据官方数据显示，2014 年的 SAT 考试数学分数服从均值为 516 分、标准差为 114 分的正态分布；2014 年的 ACT 考试数学分数服从均值为 20.6 分、标准差为 5 分的正态分布。假设两种考试检测的是同种能力，那么这两人中谁的水平更高一些？

第 6 章

Chapter 06

参数估计

在第 5 章中，我们介绍了总体、样本、统计量以及抽样分布的概念，同时介绍了统计中常用的三大分布，它们都是进一步学习统计推断的基础。在本章中，我们将在样本统计量的概率分布基础上，根据样本信息去推断所关心的总体参数。首先讨论参数估计的基本原理，然后介绍总体参数的估计方法和参数估计中样本量的确定，最后结合统计软件应用相关理论。

本章重点与目标

1. 理解点估计和区间估计的定义
2. 理解置信区间的概念
3. 了解衡量估计量好坏的标准
4. 构造总体均值和总体比例的置信区间或区间估计
5. 掌握确定合适的样本量的方法
6. 在统计软件中应用相关理论

6.1 参数估计的基本原理

参数估计（parameter estimation）是统计推断的一种基本形式，是用样本统计量去估计总体的未知参数。那么，为什么我们要用样本去代替总体进行研究呢？原因在于通常情况下，对总体进行全面调查是不可行的，可能是由于调查过于费时，对总体进行逐一调查费用过高，或者是因为试验本身具有破坏性。比如，截至 2016 年 6 月，陕西省西安市机动车保有量突破 250 万辆大关，平均 3.48 个西安人就拥有一辆汽车，给城市交通带来了空前的压力。为了在有限的道路条件下，最大化地提高通行效率，有关部门提出了机动车限行这个办法。要想了解西安市民对机动车限行是支持还是反对，需要进行调查，调查对象是所有西安市民，调查目的是希望知道市民对这个问题的不同看法及其所占比例。显然，我们没有办法去问所有的西安市民，只能问一部分，并且根据这一部分市民的观点来推断全部西安市民的观点。在日常生活中，需要用参数估计去解决的问题还有很多，先看这样一个例子。

例 6-1 爱菊面粉厂有专门的质量检查员，负责对生产的 10 kg 袋装面粉进行质量检查，并保证每袋面粉的重量达到要求。根据过去的经验，每袋面粉的重量 X 服从均值为 10、方差为 0.01^2 的正态分布，即 $X\sim N(10, 0.01^2)$。由正态分布的经验准则得知，任意一袋面粉的重量落在$[\mu-3\sigma, \mu+3\sigma]=[10-3\times0.01, 10+3\times0.01]=[9.97, 10.03]$的概率是 99.73%。现从一批面粉中随机抽出了 8 袋，称得的面粉重量（单位：千克）分别为

9.99，9.97，10.01，9.98，9.96，9.99，10.02，10.00

检查员发现第 5 袋面粉的重量 9.96 超过了允许的范围，那么他对这批产品是否合格应该怎样下结论呢？

通常情况下，我们会先计算样本均值，即

$$\bar{x}=\frac{1}{8}\times(9.99+9.97+\cdots+10.00)=9.99\text{（千克）}$$

样本均值是小于总体均值 10 千克的，也就是说要求样本均值 $\bar{x}$ 和总体均值 μ 相等是做不到的，但它们之间的差距 $|\bar{x}-\mu|$ 不能太大，那么它们之间的可容许差距是多少呢？根据统计理论得知，当总体分布为正态分布时，样本均值 $\bar{x}$ 也服从正态分布，即 $\bar{x}\sim N\left(\mu, \frac{\sigma^2}{n}\right)$。那么在本例中，样本标准差

$$\sigma_{\bar{x}}=\frac{0.01}{\sqrt{8}}\approx0.003\,5$$

根据第 5 章所介绍的正态分布经验准则，样本均值 $\bar{x}$ 落在区间

$$[\mu-3\sigma_{\bar{x}}, \mu+3\sigma_{\bar{x}}]=[10-3\times0.003\,5, 10+3\times0.003\,5]=[9.989\,5, 10.010\,5]$$

的概率为 99.73%。我们可以发现，样本均值 $\bar{x}=9.99$ 是落在区间[9.989 5，10.010 5]内的，所以从样本均值的角度看，这批面粉的重量是合格的。这是通过 8 袋面粉的样本对总体（这批面粉）的一个统计推断。一般而言，统计推断包括参数估计和假设检验，而参数估计又分为点估计和区间估计。假设检验将在第 7 章中具体介绍。

6.1.1 点估计

在例 6-1 中，我们可以将样本均值 $\bar{x}$ 作为总体均值 μ 的一个估计量，这就是点估计，

也称定值估计，是对总体参数给出的一个估计的数值。但是要注意，由于样本是随机抽取的，我们从一个具体的样本得到的点估计值一般不会精确地等于总体参数的真实值。点估计的缺点就是没有办法给出估计的可靠性，并且也没有办法给出点估计值和真实值的接近程度。常用的求参数点估计的方法有两种：矩估计法和极大似然估计法。本书不做具体讨论，有兴趣的同学可以参考《概率论与数理统计》教科书。

但是要注意，对于同一个参数，用不同的估计方法求出的估计量可能不相同，原则上这些估计量都可以作为未知参数的估计量，那么究竟用哪种估计量作为总体参数的估计量比较好呢？什么样的估计量才是一个好的估计量？这就需要一个估计量的评价标准。统计学家给出了以下几个评价标准。

1. 无偏性

无偏性（unbiasedness）的直观意义是没有系统性误差（非随机性偏差）。虽然每个可能样本的估计值不一定恰好等于未知总体参数，但如果经过多次抽样，各个估计值的平均数等于总体参数，即参数估计量的期望与参数真值是相等的，这种性质称为无偏性，具有无偏性的估计量称为无偏估计量。需要注意的是，无偏估计量不唯一。其数学表达式为

$$E(\hat{\theta})=\theta$$

其中：θ是被估计的总体参数；$\hat{\theta}$是θ的估计量。

由样本均值的抽样分布得知，$E(\bar{x})=\mu$，$E(p)=\pi$，$E(s^2)=\sigma^2$，因此$\bar{x}$，p，s^2分别是总体均值μ、总体比例π、总体方差σ^2的无偏估计量。

2. 有效性

有效性（efficiency）是指估计量的方差大小。一个估计量无偏并不能说明它非常接近待估参数，因为无偏性表示估计量是在真值周围波动的一个数值，即无偏性表示估计值与真值间的平均差异为0，近似可以用估计值作为真值的一个代表。但无偏估计量只考虑估计值的平均结果是否等于待估参数的真值，而没有考虑每个可能值及其次数分布与待估参数真值之间的大小和离散程度。

我们在解决实际问题时，如果某总体参数具有多个不同的无偏估计量，有效性可用于比较这些估计量的方差大小，拥有更小方差的估计量则更有效。如果有两个用于估计总体参数的无偏估计量，分别用$\hat{\theta}_1$和$\hat{\theta}_2$表示，它们的方差分别用$D(\hat{\theta}_1)$和$D(\hat{\theta}_2)$表示，若$D(\hat{\theta}_1)<D(\hat{\theta}_2)$，我们就称$\hat{\theta}_1$比$\hat{\theta}_2$更有效。

3. 一致性

估计量$\hat{\theta}$的无偏性和有效性都是在样本容量n固定的情况下讨论的，那么当样本容量n越来越大时，其反映总体的信息也就随之增大，该估计量越精确可靠，特别是当$n\to\infty$时，估计值应该与参数的真值几乎完全一致，这就是估计量的一致性（或称相合性）。

6.1.2 区间估计

对未知参数做点估计时，尽管我们可以通过性质选择较好的估计量，但是在具体的一次估计中，估计值通常不等于未知参数的真值，那么这种估计的精确性怎么样？可信程度怎么样？这些都是点估计无法回答的。在实际问题中，有时候也并不需要知道未知参数的数值，只需要确定出一个取值的范围就可以了，即把未知参数估计在某两个界限之间。比如，估计 2017 年 GDP 增长为 7%～8%，比说增长 8%更容易让人相信，因为给出 7%～8%这个区间已把可能出现的误差都考虑到了。

在例 6-1 中，$\bar{x}$ 落在区间$[\mu-3\sigma_{\bar{x}}, \mu+3\sigma_{\bar{x}}]$的概率为 99.73%，我们也可以将其表达为

$$P(\bar{x}-3\sigma_{\bar{x}} \leqslant \mu \leqslant \bar{x}+3\sigma_{\bar{x}})=99.73\% \tag{6-1}$$

由于总体均值μ（这一批面粉的平均重量）未知，由式（6-1）可以推断，μ落入区间$[\bar{x}-3\sigma_{\bar{x}}, \bar{x}+3\sigma_{\bar{x}}]$的概率为 99.73%。那么在本例中算得的区间$[9.9895, 10.0105]$可以作为对总体均值$\mu$的另一种估计，称为区间估计。所谓的区间估计，就是在点估计的基础上，用一个具有一定可靠程度的区间范围来估计总体参数。该区间通常是由点估计值加减估计误差（estimate error）组成的。与点估计不同，在进行区间估计时，根据样本统计量的概率分布，能够对统计量与总体参数的接近程度给出一个概率度量。

在区间估计中，由样本统计量构造出的总体参数在一定置信水平下的估计区间称为置信区间（confidence interval），其中区间的最小值被称为置信下限，最大值被称为置信上限。例如，从总体中抽取了 100 个样本构造出 100 个置信区间，如果这 100 个区间中 95%的区间包含了总体参数的真值，5%没包含，则 95%这个数值被称为置信水平（confidence level）或者置信度（通常用$1-\alpha$表示）。在统计学上，常用的置信水平有 90%，95%和 99%。

6.1.3 中心极限定理

在例 6-1 中对总体均值的统计推断利用了总体分布为正态分布的性质，如果现在所研究的总体不服从正态分布，那么如何对总体均值进行估计和推断呢？著名的中心极限定理（Central Limit Theorem，CLT）向我们表述了总体分布、样本均值分布和样本量大小之间的关系。

中心极限定理：如果 $X_1, X_2, \cdots, X_n$ 是相互独立且相同分布的 n 个随机变量，有着相同的均值μ和方差σ^2。那么当 n 增大并趋向于无穷时，这 n 个随机变量的均值$\bar{x}$将近似服从均值为μ、方差为$\dfrac{\sigma^2}{n}$的正态分布，即$\bar{x} \sim N\left(\mu, \dfrac{\sigma^2}{n}\right)$，等价于

$$z=\frac{\overline{x}-\mu}{\sqrt{\sigma^2/n}}\sim N(0,\ 1)$$

中心极限定理指出，对于大容量的随机样本（ $n\geqslant 30$ ），其样本均值的分布形态近似于正态分布。我们可以在对样本来源分布形态一无所知的情况下，推断样本均值的分布。换句话说，中心极限定理适用于任意分布。另外，由正态分布的性质可知，若抽取总体的分布是正态分布，不论样本量多大，样本均值的分布一定是正态分布。

上述结论奠定了正态分布在统计学中的重要地位，也使得正态分布有了更广泛的应用。本章和第 7 章将要介绍的假设检验，都建立在样本均值分布近似于正态分布这一重要结论的基础上。

6.2 单总体参数的区间估计

6.2.1 总体均值μ的区间估计

在对一个总体均值进行区间估计时，需要考虑抽取样本是否服从正态分布，总体方差已知和总体方差未知。在 6.1.2 节的讨论中已经提到了通过正态分布的经验准则得到在特定概率下总体均值的区间估计。本节将给出关于总体均值μ的区间估计的更一般的结论。

1. 方差σ^2已知

首先，根据中心极限定理，在大样本($n\geqslant 30$)的条件下，样本均值的分布为$\overline{x}\sim N\left(\mu,\ \frac{\sigma^2}{n}\right)$，在给定的置信水平$1-\alpha$下，根据正态分布的有关理论，如图 6-1 正态分布的双侧分位数所示，我们有$\overline{x}$落在区间$\left[\mu-z_{\frac{\alpha}{2}}\cdot\frac{\sigma}{\sqrt{n}},\ \mu+z_{\frac{\alpha}{2}}\cdot\frac{\sigma}{\sqrt{n}}\right]$的概率为$1-\alpha$，也可以表达为

$$P\left(\mu-z_{\frac{\alpha}{2}}\cdot\frac{\sigma}{\sqrt{n}}\leqslant\overline{x}\leqslant\mu+z_{\frac{\alpha}{2}}\cdot\frac{\sigma}{\sqrt{n}}\right)=1-\alpha \qquad (6\text{-}2)$$

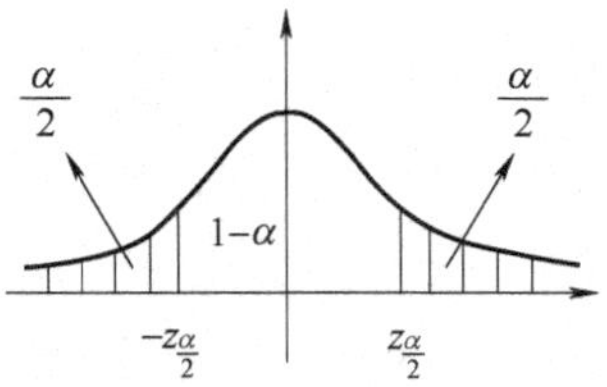

图 6-1　正态分布的双侧分位数

式（6-2）变形后有

$$P\left(\bar{x}-z_{\frac{\alpha}{2}}\bullet\frac{\sigma}{\sqrt{n}}\leqslant\mu\leqslant\bar{x}+z_{\frac{\alpha}{2}}\bullet\frac{\sigma}{\sqrt{n}}\right)=1-\alpha$$

从而得到 μ 的一个置信度为 $1-\alpha$ 的置信区间

$$\left[\bar{x}-z_{\frac{\alpha}{2}}\bullet\frac{\sigma}{\sqrt{n}},\ \bar{x}+z_{\frac{\alpha}{2}}\bullet\frac{\sigma}{\sqrt{n}}\right] \tag{6-3}$$

式中：$\bar{x}$ 是样本均值；σ 是总体标准差，在大样本条件下，σ 可以用样本标准差 s 代替。

下面用一个例子来详细说明如何计算总体均值的置信区间。

例 6-2 某学校的初二学生的睡眠时间服从正态分布，现随机抽取 16 个学生的睡眠时间如表 6-1 所示。

表 6-1 某校 16 名初二学生睡眠时间表 （单位：小时）

6.5	6.8	6.8	7	7.1	7.2	7.2	7.4
7.4	7.5	7.5	7.5	7.6	7.6	8	8.5

假设已知总体标准差为 0.3 小时，根据这些数据，给出学生平均睡眠时间 95%的置信区间。

解： 根据样本信息可计算出样本均值和样本标准差分别为

$$\bar{x}=7.35\text{（小时）},\quad \sigma_{\bar{x}}=\frac{\sigma}{\sqrt{n}}=\frac{0.3}{\sqrt{16}}=0.075\text{（小时）}$$

查表可得 $z_{\frac{\alpha}{2}}=z_{0.025}=1.96$，因此根据式（6-3）可以得到样本均值 95%的置信区间为

$$\begin{aligned}&\left[\bar{x}-z_{\frac{\alpha}{2}}\bullet\frac{\sigma}{\sqrt{n}},\ \bar{x}+z_{\frac{\alpha}{2}}\bullet\frac{\sigma}{\sqrt{n}}\right]\\&=[7.35-1.96\times0.075,\ 7.35+1.96\times0.075]\\&=[7.203,\ 7.497]\end{aligned}$$

这里的 7.203 就是置信下限，7.497 就是置信上限。

2. 方差 σ^2 未知

在实际应用的过程中，我们经常会遇到总体方差 σ^2 未知的情况，习惯的做法是用样本方差 s^2 代替 σ^2，但这样做会增加推断的不确定性。所以，在应用中，我们使用 t 分布来代替标准正态分布，即 μ 的置信度为 $1-\alpha$ 的置信区间为

$$\left[\bar{x}-t_{\frac{\alpha}{2}}(n-1)\bullet\frac{s}{\sqrt{n}},\ \bar{x}+t_{\frac{\alpha}{2}}(n-1)\bullet\frac{s}{\sqrt{n}}\right] \tag{6-4}$$

随着样本量的增加，t 分布会越来越接近标准正态分布，对应的置信区间也会越来越接近总体方差已知情况下得到的置信区间。

例 6-3　一家食品生产企业以生产袋装食品为主，按规定每袋的标准重量应为 100 g，为检查每袋重量是否符合标准，企业质检部门从某天生产的一批食品中随机抽取 20 袋，测得每袋的重量如表 6-2 所示。

表 6-2　某食品生产企业的 20 袋食品的重量　（单位：克）

113.4	101.0	102.0	103.0	100.5
100.0	107.5	95.0	108.5	115.6
116.6	95.6	97.8	108.5	105.0
135.2	102.3	98.3	93.6	102.2

假设食品重量服从正态分布，试估计该天生产的食品平均重量在置信水平为 95%的置信区间。

解： 总体方差 σ^2 未知，可以通过式（6-4）来构建置信区间。查 t 分布表可得 $t_{\frac{\alpha}{2}}$（19）= 2.093，由样本数据计算可得 $\bar{x}=105.08$，$s=9.637$，根据式（6-4）可得

$$\left[\bar{x}-t_{\frac{\alpha}{2}}(n-1)\cdot\frac{s}{\sqrt{n}},\ \bar{x}+t_{\frac{\alpha}{2}}(n-1)\cdot\frac{s}{\sqrt{n}}\right]=[100.569\,8,\ 109.590\,2]$$

即该天生产的食品的平均重量在置信水平为 95%的置信区间为（100.569 8，109.590 2）。

我们还可以从别的统计量出发来构造 μ 的置信区间，这样就产生了如何评价置信区间优劣的问题。一般来说，评价置信区间的优劣有两个要素：一是置信度，即包含参数真值的概率 $1-\alpha$ 的大小，这个是人为可以控制的，越接近 1 越好；二是精度，衡量精度的明显指标就是置信区间的长度越小越好。一般情况下，区间估计的置信度和精度不可兼得，若是将置信度提得太高，则置信区间的长度就会太大，区间估计就失去意义；反之，若是将区间限制得很小，置信度就会变小，那么置信区间不含参数真值的概率就会变大。所以，在实际问题中，通常事先给定置信度 $1-\alpha$，在这个前提下，尽量选择精度更高的置信区间。

6.2.2　总体比例 π 的区间估计

在推断总体比例 π 时，通常使用样本比例 p。在大样本情况下（一般要求 $np>5$，$n(1-p)>5$），比例 p 近似地服从正态分布，且 $E(p)=\pi$，$\sigma_p^2=\frac{\pi(1-\pi)}{n}$，经过标准化后则服从标准正态分布，即 $z=\frac{p-\pi}{\sqrt{\frac{\pi(1-\pi)}{n}}}\sim N(0,\ 1)$。与总体均值的区间估计相似，我们可以建立 π 在 $1-\alpha$ 置信水平上的置信区间为

$$\left[p - z_{\frac{\alpha}{2}} \cdot \sqrt{\frac{p(1-p)}{n}},\ p + z_{\frac{\alpha}{2}} \cdot \sqrt{\frac{p(1-p)}{n}}\right] \tag{6-5}$$

例 6-4 为了了解国内旅游情况，某一旅行社在一些城市随机调查 5 000 人，结果表明 800 人有当年国内旅游出行的计划，现要求以 95%的概率保证，估计国内旅游人数比例的置信区间。

解： 根据题意，可以解得样本中国内旅游人数比例 $p = \frac{800}{5\,000} = 0.16$，查正态分布表可得 $z_{\frac{\alpha}{2}} = 1.96$，根据式（6-5）有

$$\left[p - z_{\frac{\alpha}{2}} \cdot \sqrt{\frac{p(1-p)}{n}},\ p + z_{\frac{\alpha}{2}} \cdot \sqrt{\frac{p(1-p)}{n}}\right]$$

$$= \left[0.16 - 1.96 \times \sqrt{\frac{0.16 \times (1-0.16)}{5\,000}},\ 0.16 + 1.96 \times \sqrt{\frac{0.16 \times (1-0.16)}{5\,000}}\right]$$

$$= [14.984\%,\ 17.016\%]$$

根据这一调查结果，在 95%的概率保证下，估计国内旅游人数比例在 14.984%～17.016%。

对总体比例 π 的区间估计经常被用在民意调查中，让我们通过下面这个例子来看看民意调查公司是怎样根据民意测验的数据来估计大选结果的。

例 6-5 在某地区领袖选举前夕，该地区的一家民意调查公司公布了针对此次选举的民意调查数据，在明确表态的 2 200 名被调查者中，支持三位候选人（1 号候选人，2 号候选人，3 号候选人）的人数和百分比如表 6-3 所示，我们能否由此对该选举中的 2 号候选人的支持率做一个合理的预测呢？

表 6-3 支持三位候选人的人数和百分比 （单位：人）

	1 号候选人	2 号候选人	3 号候选人	总计
支持人数	834	1 208	158	2 200
百分比	37.91%	54.91%	7.18%	100%

解： 从 2 200 个样本的结果来看，样本比例 p=54.91%是总体比例 π 的点估计，由于样本量充足，我们可以进一步计算 p 的标准差为

$$\sigma_p = \sqrt{\frac{p \times (1-p)}{n}} = \sqrt{\frac{0.549\,1 \times (1-0.549\,1)}{2\,200}} \approx 0.010\,6 = 1.06\%$$

按照 99%的置信水平，查正态分布表可得 $z_{\frac{\alpha}{2}} = 2.58$，由式（6-5）得，此次选举中 2

号候选人的支持率的区间估计为

$$\left[p-z_{\frac{\alpha}{2}}\cdot\sqrt{\frac{p(1-p)}{n}},\ \ p+z_{\frac{\alpha}{2}}\cdot\sqrt{\frac{p(1-p)}{n}}\right]$$

$$=[54.91\%-2.58\times1.06\%,\ \ 54.91\%+2.58\times1.06\%]$$

$$=[52.17\%,\ 57.65\%]$$

根据这一调查结果，民意调查公司可以得出结论，此次选举中有 99%的可能性 2 号候选人的支持率会在 52.17%～57.65%。

6.3 双总体参数的区间估计

现实生活中，若某种产品的某项指标服从正态分布，由于原材料、技术改革等变化因素的影响，都会引起总体均值、方差的改变。为了更好地了解产品，我们往往要研究变化前后的情况，这时就要考虑两个正态总体的均值差或方差比的区间估计问题。

设两个正态总体的均值分别为 μ_1，μ_2，方差分别为 σ_1^2，σ_2^2，现从两个总体中分别抽取 n_1，n_2 两个样本，其样本均值分别为 $\overline{x_1}$，$\overline{x_2}$，样本方差分别为 s_1^2，s_2^2。

6.3.1 两个总体均值差的区间估计

1. 两个总体方差 σ_1^2，σ_2^2 已知

根据中心极限定理，当两个样本量都足够大时，则两个样本的均值差 $\overline{x_1}-\overline{x_2}$ 近似服从正态分布，且 $E(\overline{x_1}-\overline{x_2})=\mu_1-\mu_2$，$\sigma^2=\frac{\sigma_1^2}{n_1}+\frac{\sigma_2^2}{n_2}$，那么两个样本的均值差经标准化后服从标准正态分布，即

$$z=\frac{(\overline{x_1}-\overline{x_2})-(\mu_1-\mu_2)}{\sqrt{\frac{\sigma_1^2}{n_1}+\frac{\sigma_2^2}{n_2}}}\sim N(0,\ 1) \tag{6-6}$$

与一个正态总体均值的区间估计类似，根据式（6-6）有，两个正态总体均值差 $\mu_1-\mu_2$ 在 $1-\alpha$ 置信水平上的置信区间为

$$\left[(\overline{x_1}-\overline{x_2})-z_{\frac{\alpha}{2}}\cdot\sqrt{\frac{\sigma_1^2}{n_1}+\frac{\sigma_2^2}{n_2}},\ \ (\overline{x_1}-\overline{x_2})+z_{\frac{\alpha}{2}}\cdot\sqrt{\frac{\sigma_1^2}{n_1}+\frac{\sigma_2^2}{n_2}}\right] \tag{6-7}$$

现在用下面这个例子来说明如何计算两个总体参数均值差的区间估计。

例 6-6 某大学一年级学生的一次小组课题是研究在校大学生的运动时长，该组同学随机抽取了 35 名男生和 36 名女生，他们在过去一周内的平均运动时间分别为 14.83 小时和 11.41 小时，已知男生和女生运动时长的总体方差分别为 $\sigma_1^2=35.21$ 小时和 $\sigma_2^2=39.69$ 小时，计算在 95%的置信水平下，男生和女生平均运动时间差的置信区间。

解： 根据已知信息，有 $n_1=35$，$n_2=36$，$\overline{x_1}=14.83$，$\overline{x_2}=11.41$，查正态分布表可得 $z_{\frac{\alpha}{2}}=1.96$，由式（6-7）可得男生和女生平均运动时间差的置信区间为

$$\left[(\overline{x_1}-\overline{x_2})-z_{\frac{\alpha}{2}}\bullet\sqrt{\frac{\sigma_1^2}{n_1}+\frac{\sigma_2^2}{n_2}},\quad (\overline{x_1}-\overline{x_2})+z_{\frac{\alpha}{2}}\bullet\sqrt{\frac{\sigma_1^2}{n_1}+\frac{\sigma_2^2}{n_2}}\right]$$

$$=\left[(14.83-11.41)-1.96\times\sqrt{\frac{35.21}{35}+\frac{39.69}{36}},\quad (14.83-11.41)+1.96\times\sqrt{\frac{35.21}{35}+\frac{39.69}{36}}\right]$$

$$=[0.574,\ 6.266]$$

所以，男生和女生平均运动时间差的 95%的置信区间为 0.574～6.266 小时。

2. 两个总体方差 σ_1^2，σ_2^2 未知

当两个总体方差 σ_1^2，σ_2^2 未知时，有以下两种情况。

1）方差 σ_1^2，σ_2^2 未知，但方差 $\sigma_1^2=\sigma_2^2$

在很多实际应用中，可以假设要比较的两个总体有相同的方差，这时可以联合两个样本的信息计算出一个共同的样本方差，以给出 σ^2 的合并估计量 s_p^2，其计算公式为

$$s_p^2=\frac{(n_1-1)s_1^2+(n_2-1)s_2^2}{n_1+n_2-2} \tag{6-8}$$

这时，两个样本均值之差经标准化后服从自由度为 (n_1+n_2-2) 的 t 分布，即

$$t=\frac{(\overline{x_1}-\overline{x_2})-(\mu_1-\mu_2)}{s_p\sqrt{\frac{1}{n_1}+\frac{1}{n_2}}}\sim t(n_1+n_2-2) \tag{6-9}$$

因此，两个正态总体均值差 $\mu_1-\mu_2$ 在 $1-\alpha$ 置信水平上的置信区间为

$$\left[(\overline{x_1}-\overline{x_2})-t_{\frac{\alpha}{2}}(n_1+n_2-2)\sqrt{s_p^2\left(\frac{1}{n_1}+\frac{1}{n_2}\right)},\quad (\overline{x_1}-\overline{x_2})+t_{\frac{\alpha}{2}}(n_1+n_2-2)\sqrt{s_p^2\left(\frac{1}{n_1}+\frac{1}{n_2}\right)}\right] \tag{6-10}$$

例 6-7 统计专业大三学生为估计一个题目的两种解题方法所需时间的差异，分别对两种不同解题方法各随机安排了 12 名学生，每个学生解题所需的时间如表 6-4 所示。

表 6-4　学生解题所需的时间　　　　　（单位：分钟）

学　生	方　法 1	方　法 2
1	28.3	27.6
2	30.1	22.2
3	29.0	31.0
4	37.6	33.8
5	32.1	20.0
6	28.8	30.2
7	36.0	31.7
8	37.2	26.0
9	38.5	32.0
10	34.4	31.2
11	28.0	33.4
12	30.0	26.5

假定两种解题方法所需的时间服从正态分布，且 $\sigma_1^2=\sigma_2^2$。以 95%的置信水平建立两种方法解题所需时间差值的置信区间。

解： 根据样本数据计算可以得到以下数据。

方法 1：$\overline{x_1}=32.5$，$s_1^2=15.996$；方法 2：$\overline{x_2}=28.8$，$s_2^2=19.358$，n_1=12，n_2=12，α=0.05。由于 $\sigma_1^2=\sigma_2^2$，根据式（6-8）可计算出 σ^2 的合并估计量为

$$s_p^2=\frac{(12-1)\times 15.996+(12-1)\times 19.358}{12+12-2}=17.677$$

查 t 分布表可得 $t_{0.025}$（22）=2.073 9，代入式（6-10）有

$$\left[(32.5-28.8)\pm 2.0739\times\sqrt{17.677\times\left(\frac{1}{12}+\frac{1}{12}\right)}\right]=[0.1403,\quad 7.2597]$$

所以，两种解题方法所需平均时间之差的 95%的置信区间为 0.140 3～7.259 7 分钟。

2）方差 σ_1^2，σ_2^2 未知，但方差 $\sigma_1^2\neq\sigma_2^2$

此时，两个样本的均值差经标准化后近似服从自由度为 v 的 t 分布，有两个正态总体均值差 $\mu_1-\mu_2$ 在 $1-\alpha$ 置信水平上的置信区间为

$$\left[(\overline{x_1}-\overline{x_2})-t_{\frac{\alpha}{2}}(v)\bullet\sqrt{\frac{s_1^2}{n_1}+\frac{s_2^2}{n_2}},\quad (\overline{x_1}-\overline{x_2})+t_{\frac{\alpha}{2}}(v)\bullet\sqrt{\frac{s_1^2}{n_1}+\frac{s_2^2}{n_2}}\right] \tag{6-11}$$

其中自由度

$$v=\frac{\left(\frac{\sigma_1^2}{n_1}+\frac{\sigma_2^2}{n_2}\right)^2}{\frac{\left(\frac{\sigma_1^2}{n_1}\right)^2}{n_1-1}+\frac{\left(\frac{\sigma_2^2}{n_2}\right)^2}{n_2-2}} \tag{6-12}$$

在例 6-7 中，如果假定$\sigma_1^2 \neq \sigma_2^2$，我们将如何计算两种解题方法所需时间差值的置信区间呢？

将已知条件代入式（6-12）中，可以计算出自由度$v=21.8$，则 $t_{0.025}$（21.8）=2.075。接下来，将$\overline{x_1}=32.5$，$s_1^2=15.996$，$\overline{x_2}=28.8$，$s_2^2=19.358$代入式（6-11）有

$$\left[(32.5-28.8)\pm 2.075\times\sqrt{\frac{15.996}{12}+\frac{19.358}{12}}\right]=[0.138\,4,\quad 7.261\,6]$$

所以，在假定两个母体的样本方差不等的情况下，两种解题方法所需时间差值的 95%的置信区间为 0.138 4～7.261 6 分钟。

6.3.2 两个总体比例之差的区间估计

在实际研究中，常常需要了解两个总体比例之差。比如，对两个企业、两个地区某个经济指标的比率进行比较，或者对两个班级某门课考试成绩的优秀率进行比较等。

在大样本的情况下，两个总体比例之差的区间估计原理与一个总体比例的区间估计相同。两个样本比例之差近似服从正态分布，而经标准化后，则服从标准正态分布，即

$$z=\frac{(p_1-p_2)-(\pi_1-\pi_2)}{\sqrt{\frac{\pi_1(1-\pi_1)}{n_1}+\frac{\pi_2(1-\pi_2)}{n_2}}}\sim N(0,\ 1)$$

因而我们可以建立$\pi_1-\pi_2$在$1-\alpha$置信水平上的置信区间为

$$\left[(p_1-p_2)-z_{\frac{\alpha}{2}}\sqrt{\frac{p_1(1-p_1)}{n_1}+\frac{p_2(1-p_2)}{n_2}},\quad (p_1-p_2)+z_{\frac{\alpha}{2}}\sqrt{\frac{p_1(1-p_1)}{n_1}+\frac{p_2(1-p_2)}{n_2}}\right] \tag{6-13}$$

接下来我们通过一个例子具体说明两个总体比例差的区间估计的计算方法。

例 6-8 某品牌饮料想要比较在两个城市所作广告的效果，为了简化问题，只比较两个城市成年人观看过该品牌饮料广告的比例是否有差异，于是在两个城市分别随机调查了 1 000 个成年人，其中看过该广告的人数比例分别为$p_1=0.26$，$p_2=0.21$，现在该公司想求这两个总体比例差$\pi_1-\pi_2$的 95%的置信区间。

解： 在本例中，已知 $n_1 = n_2 = 1000$，$p_1 = 0.26$，$p_2 = 0.21$，查正态分布表得 $z_{\frac{\alpha}{2}} = 1.96$，将其代入式（6-13）中，有

$$\left[(0.26-0.21) \pm 1.96 \times \sqrt{\frac{0.26\times(1-0.26)}{1\,000} + \frac{0.21\times(1-0.21)}{1\,000}}\right] = [0.013,\ 0.087]$$

因此，我们有 95%的把握估计两个城市中成年人看过该广告的比例差为 1.3%～8.7%。

6.4 样本量的确定

样本量，即必要的样本单位数。在进行参数估计前首先应确定一个适合的样本量。那么应该选取多大的样本量呢？如果样本量太大，则不经济；如果样本量太小，则不能保证估计的精度。关于这一问题的讨论，我们分为估计总体均值时样本量的确定和估计总体比例时样本量的确定两个部分。

6.4.1 估计总体均值时样本量的确定

在估计总体均值μ时样本量 n 的确定，应注意以下三个因素：

（1）所希望达到的置信水平；

（2）研究者能够承受的误差范围；

（3）所研究总体标准差的估计。

第一个要考虑的因素是置信水平，在 6.2 节的置信区间中，我们说过评价置信区间优劣的第一个因素是置信水平，所以通常情况下，置信水平都是事先确定的。置信水平越高，样本量越大。第二个因素是可容许误差，也就是在计算样本均值或样本比例的置信区间时，减去和加上的那个值。可容许误差越小，则要求样本量越大；反之，样本量越小。第三个因素是总体标准差，一般情况下，我们并不知道总体标准差，所以要对其进行估计。

综上所述，在置信水平$1-\alpha$下，估计总体均值 μ（总体方差 σ 已知）所需的样本量 n 至少为

$$n = \left(\frac{z_{\frac{\alpha}{2}}\sigma}{E}\right)^2 \tag{6-14}$$

式中：E 是最大可容许误差，也就是置信区间的半径，$E = z_{\frac{\alpha}{2}}\frac{\sigma}{\sqrt{n}}$。

下面我们还是通过一个例子来理解确定样本量大小的整个过程。

例 6-9 一个应用统计专业的学生想要了解在某一城市中从事人力资源工作的员工每个月可以得到多少酬劳。在 95%的置信度下，要求均值的估计误差不超过 100 元，同时他了解到估计总体标准差约为 1 000 元，那么请计算需要的样本量。

解： 已知最大可容许的误差 E=100 元，95%置信度对应的标准正态分布值 $z_{\frac{\alpha}{2}}=1.96$，总体标准差为 1 000 元，将数据代入式（6-14）中，样本量为

$$n=\left(\frac{z_{\frac{\alpha}{2}}\sigma}{E}\right)^2=\left(\frac{1.96\times 1\,000}{100}\right)^2=384.16\approx 385$$

即需要的样本量为 385 人。

通过上面的例子，我们不难发现，在给定置信水平$1-\alpha$和可容许误差 E 的情况下，可以很容易地计算出需要的样本量个数 n，但公式中的总体标准差σ该如何确定呢？在实际情况中，很多时候总体的信息都是未知的，并且在样本量没确定之前，连样本标准差都无从计算。实际上，在很多较为大型的抽样调查初期，都会进行预调查。比如要了解高三学生每周的学习时间，在正式调查之前，为了检验问卷的有效性，可以先调查一小部分学生，利用这个小样本计算出每周学生学习时间的标准差。可以利用这个值估计正式调查时所需要的样本量，同时改用自由度为 n–1 的 t 分布来计算样本量。

综上所述，在置信水平$1-\alpha$下，估计总体均值μ（总体方差σ未知）所需的样本量 n 至少为

$$n=\left(\frac{t_{\frac{\alpha}{2}}s}{E}\right)^2 \tag{6-15}$$

我们还是看例 6-9，在其他条件不变的情况下，现在这个学生从人力资源与社会保障部的资料中，随机抽取了 100 名从事人力资源工作的员工进行调查，得到的样本标准差为 1 200，那么这个学生至少要调查多少个人才能达到预计的精度？

在本例中，已知 s=1 200，E=100，由于总体方差未知，改用 t 分布来求统计量，查 t 分布表得$t_{\frac{\alpha}{2}}=1.984\,2$，根据式（6-15），样本量为

$$n=\left(\frac{1.984\,2\times 1\,200}{100}\right)^2=566.935\,1\approx 567$$

也就是说，在总体方差未知的情况下，该学生至少需要调查 567 人才能有 95%的把握均值误差不超过 100 元。

6.4.2 估计总体比例时样本量的确定

估计总体比例时样本量的确定与 6.4.1 节中的过程基本一致，也有三方面因素需要注意：

（1）所希望达到的置信水平；

（2）研究者能够承受的误差范围；

（3）所研究总体比例的估计。

前面两个因素与 6.4.1 节中的均值估计是一样的，至于第三点总体比例的估计，如果没有事先说明确定的数值，通常情况下我们使用 0.5 作为估计值。

综上所述，在置信水平$1-\alpha$下，估计总体比例π时，所需的样本量n至少为

$$n = p(1-p)\left(\frac{z_{\frac{\alpha}{2}}}{E}\right)^2 \qquad (6\text{-}16)$$

式中：p为总体比例的估计值。

例 6-10　根据以往的生产记录，某产品的合格率为 85%，现要求估计误差不超过 5%，试求在 95%的置信度下，应抽取多少个产品作为样本？

解：已知$p=0.85$，最大可容许误差 E=5%，且 95%置信度对应的标准正态分布值为 1.96。将数据代入式（6-16）中，样本量为

$$n = p(1-p)\left(\frac{z_{\frac{\alpha}{2}}}{E}\right)^2 = 0.85\times(1-0.85)\times\left(\frac{1.96}{0.05}\right)^2 = 195.922 \approx 196$$

即需要抽取 196 个产品作为样本。

6.5　用软件实现参数估计

本节将介绍如何通过 SPSS 软件求解置信区间。以例 6-7 为例，在求两个总体均值之差的置信区间时，首先把两个样本的观察值作为一个变量输入，然后设计另一个分组变量用于标记每个观察值所属的样本。比如，方法一用“1”表示，方法二用“2”表示，其结果如图 6-2 所示。

解题时间	解题方法
28.3	1
30.1	1
29.0	1
37.6	1
32.1	1
28.8	1
36.0	1
37.2	1
38.5	1
34.4	1
28.0	1
30.0	1
27.6	2
22.2	2
31.0	2
33.8	2
20.0	2
30.2	2
31.7	2
26.0	2
32.0	2
31.2	2
33.4	2
26.5	2

图 6-2　SPSS 输入变量界面

然后按照下列步骤操作。

（1）在 SPSS 主菜单中选择“分析”→“比较均值”→“独立样本 T 检验”，进入主对话框，如图 6-3 所示。

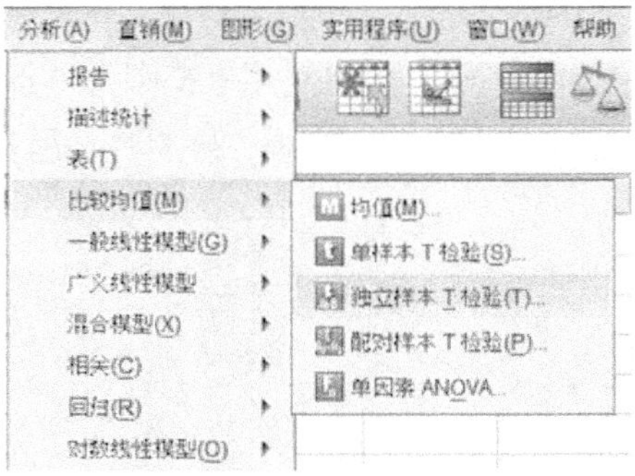

图 6-3　SPSS 分析菜单界面

（2）将检验变量（本例中为解题时间）选入“检验变量”，将分组变量（本例中为解题方法）选入“分组变量”，并点击“定义组”按钮，在“组 1”后输入 1，在“组 2”后输入 2，点击“继续”按钮回到主对话框，如图 6-4 所示。

图 6-4　SPSS 独立样本 T 检验界面

（3）点击“选项”按钮，选择所需的置信水平（默认值为 95%），点击“继续”按钮回到主对话框，点击“确定”按钮，如图 6-5 所示。

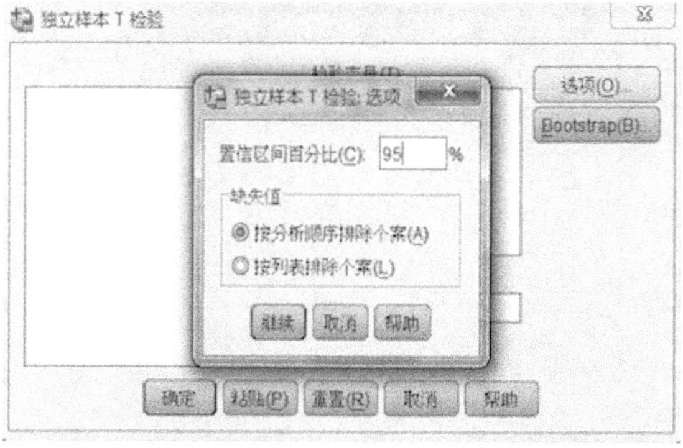

图 6-5　SPSS 独立样本 T 检验中置信水平的选择界面

最终，SPSS 输出结果（部分）如表 6-5 所示。

表 6-5　SPSS 的部分输出结果

		方差方程的 Levene 检验		均值方程的 t 检验						
		F	Sig.	t	df	Sig.（双侧）	均值差值	标准误差值	差分的 95% 置信空间	
									下限	上限
解题时间	假设方差相等	0.011	0.917	2.156	22	0.042	3.7000	1.7165	0.1403	7.2597
	假设方差不相等			2.156	21.803	0.042	3.7000	1.7165	0.1384	7.2616

表 6-5 分别给出了方差相等和方差不相等这两种假设条件下的置信区间，即当 $\sigma_1^2=\sigma_2^2$ 时，$\mu_1-\mu_2$ 的 95%置信区间为[0.140 3，7.259 7]；当 $\sigma_1^2\neq\sigma_2^2$ 时，$\mu_1-\mu_2$ 的 95%置信区间为[0.138 4，7.261 6]。也就是说，在假定两总体方差相等的情况下，两种解题方法所需平均时间之差以 95%的概率位于 0.140 3～7.259 7 分钟之间，在假定两总体方差不等的情况下，两种解题方法所需时间的差值以 95%的概率位于 0.130 5～7.269 5 分钟。

思考与练习

1. 说明区间估计的基本原理。
2. 简述评价估计量好坏的标准。
3. 解释置信水平的含义。
4. 如何理解置信区间?
5. 解释 95%的置信区间。
6. 现要调查某中学的语文教学水平，从该校 2014 届的毕业生中随机抽取了 10 个学生，统计他们高考的语文成绩，统计数据如下表所示。

10 名学生的高考语文成绩　　（单位：分）

98	112	68	125	120	90	88	115	130	90

已知毕业生的语文成绩服从正态分布，试求：

（1）该校学生高考语文的平均成绩和成绩的标准差；

（2）该校学生高考语文平均成绩的置信水平为 95%的置信区间；

（3）若置信水平为 95%，可容许误差不超过 4 分，则应抽取多大的样本?

7. 某大学为了了解学生每天玩手机的时间，在全校学生中随机抽取了 40 人，调查他们每天玩手机的时间，得到数据如下表所示。

40 名学生每天玩手机的时间 （单位：小时）

3.3	3.5	5.0	2.5	4.6	6.5	6.8	4.5	3.5	4.2
4.4	2.0	5.4	2.6	6.4	6.8	7.0	3.5	5.7	2.3
2.1	1.9	6.9	7.0	4.3	3.5	0.5	4.3	4.2	3.6
4.7	1.4	1.3	2.9	3.0	4.6	3.5	0.5	3.6	2.5

求该校大学生平均玩手机时间的置信区间，置信水平分别为 90%，95%，99%。

8．一名法语老师最近统计了学生在写作中拼写错误单词的数目，结果发现在她所教的全班 40 个学生中，平均每篇文章中有 60.05 个单词拼写错误，标准差为 2.44 个。试求在全体学生中，每篇文章平均拼写错误单词数目的 95%的置信区间。

9．一家人才测评机构对随机抽取的 10 名小企业人力资源部经理进行自信心测试，得到的自信心测试分数如下表所示。

10 名小企业人力资源部经理自信心测试成绩 （单位：分）

人员编号	方法 1	方法 2
1	77	71
2	65	40
3	75	60
4	89	75
5	90	65
6	85	60
7	90	80
8	95	85
9	75	90
10	68	60

构建这两种方法平均自信心得分之差 $\mu = \mu_1 - \mu_2$ 的 95%的置信区间。

第 7 章 Chapter 07

假设检验

第 6 章我们主要讲了参数估计，即如何通过样本的信息（样本均值和样本方差）去推测总体均值的可能范围以及这个推测的可靠程度，也就是总体均值落在给出的置信区间的概率。假设检验也是统计推断的重要内容，本章将介绍如何利用样本来推测有关一个或多个总体均值的一些假设是否成立。

本章重点与目标

1. 掌握假设检验的统计思想
2. 了解置信区间与假设检验的区别
3. 理解假设检验的假设形式、两类错误和显著性水平
4. 掌握一个总体参数假设检验的方法
5. 理解 p 值的意义
6. 在统计学软件中应用相关理论

7.1 假设检验的基本问题

假设检验是通过样本来决定是否拒绝某种假设的一套理论和方法。生活中有哪些需要用假设检验来解决的问题呢？比较经典的案例就是当一个人被控告为罪犯时，有两种可能，一种是被告无罪，另一种是被告有罪；陪审团的判定有两种可能，一种是无罪释放，另一种是有罪获刑；在回答这个问题时就存在两种可能的错误，一个是被告无罪却被判为有罪，另一个是被告有罪而被判了无罪释放，所以司法系统中要求无罪的人被判有罪的概

率要非常小，即要求犯第一种错误的概率很小，只有当陪审团拿出“远非想象的证据”时，才能判定被告有罪。

再比如，雾霾中对人体健康威胁最大的是直径为 2.5 微米以下的可入肺颗粒物（PM2.5），某品牌 PM2.5 口罩生产中以直径为 0.75 微米的氯化钠气溶胶为检测样本，经检测，厂家声明 PM2.5 滤芯口罩的过滤率达到 99.97%，这个声明可信吗？要想知道答案，可以调查所有这种口罩，计算其过滤率的平均值，但是这是一件很麻烦的事情，一种可行的方法就是随机抽取样本，计算样本均值，看看这个数据与 99.97%的差距如何，如果差距不大，说明这个消息是可靠的，如果样本均值与 99.97%差距较大，那我们就有理由怀疑这个说法的准确性。实际中需要用假设检验解决的问题很多，看下面这个例子。

例 7-1 “1 号店”销售的“不二家”棒棒糖，经厂家保证，每袋棒棒糖的重量 X 服从均值为 125 g、方差为 0.01^2 的正态分布，即 $X \sim N(125, 0.01^2)$。如果在某次质量检验中，从一箱中随机抽取了 8 袋棒棒糖进行称重，用 $\bar{x}$ 表示这 8 袋棒棒糖的平均重量，已知 $\bar{x}=124.996$ g，那么这批棒棒糖的平均重量是否为 125 g 呢？

关于上述问题，有人说，样本的平均重量显然不足，所以这批棒棒糖质检不能过关。这种说法太片面，因为质量检验的对象是整批产品而不只是样本个体。

7.2 假设检验中的几个重要概念

7.2.1 两类假设

例 7-1 中我们想知道总体均值等于 125 g 时会怎么样，所以把假设 $\mu=125$ 称为零假设，记作 H_0。一般地，零假设（null hypothesis）都是一个等式，即参数等于某个值；零假设是不能被证明或者确定的，而是有意被推翻的假设。比如在被告有罪还是无罪的案例中，零假设就是被告无罪；或者判断一个人是好人还是坏人的案例中，零假设就是此人是好人。我们可以这样理解或者学习零假设，以学会如何建立零假设。由于各种潜在的偶然因素和抽样的随机性，是否拒绝零假设是在一定的统计学意义下进行的。

与零假设对立的假设称为备择假设（alternative hypothesis），记作 H_1，对例 7-1 即 $H_1: \mu \neq 125$。若零假设不成立，则认为备择假设成立，所以假设检验就是通过样本数据判断是否拒绝零假设的统计分析方法。

当零假设确定之后，备择假设的形式可以是多样的，一般采用题目信息已表明的那一方面，比如例 7-1 中备择假设可以是 $H_1: \mu \neq 125$，也可以是 $H_1: \mu < 125$。由于备择假设形式的多样化，假设检验分为双侧检验和单侧检验。

双侧检验（two-tail test）：

$$H_0 : \mu = \mu_0 \quad \text{vs} \quad H_1 : \mu \neq \mu_0$$

单侧检验（one-tail test）：

$$\begin{cases} H_0 : \mu \geqslant \mu_0 \\ H_0 : \mu \leqslant \mu_0 \end{cases} \quad \text{vs} \quad \begin{matrix} H_1 : \mu < \mu_0 \\ H_1 : \mu > \mu_0 \end{matrix}$$

是否拒绝零假设的决策是通过样本函数确定的，也称为统计量，由于备择假设是研究者想收集证据支持的假设，所以要检验备择假设是否成立，需要建立一个与零假设有关的样本函数，由中心极限定理可知，当零假设成立时，有

$$E(\bar{x}) = 125\text{ g}, \quad Var(\bar{x}) = \frac{0.01^2}{8} = 0.003\,54^2$$

令

$$z = \frac{\bar{x} - \mu}{\sigma/\sqrt{n}} \tag{7-1}$$

则式（7-1）代入数据可得，z 服从标准正态分布，即 $N(0, 1)$，它应以 95% 的概率落在 $[-1.96, 1.96]$ 中。于是，我们可以作这样一种决策：

$$\begin{cases} \text{不拒绝} H_0, \text{若} z \in [-1.96, 1.96] \\ \text{拒绝} H_0, \text{若} z \notin [-1.96, 1.96] \end{cases}$$

这里 z 称为检验统计量（test statistic），$\{z : |z| \geqslant 1.96\}$ 称为拒绝域（rejection region），± 1.96 称为临界值（critical value）。

7.2.2　假设检验中的两类错误

假设检验的基本思想是小概率原理，如果事件发生的概率很小，则称为小概率事件，即意味着在一次试验中几乎不可能发生，但是如果在零假设成立的情况下，小概率事件发生了，那么就有理由怀疑零假设的正确性。一般地，发生概率小于 0.05 的事件称为小概率事件，这个小概率也称为显著性水平（significance level），记作 α，在零假设成立的情况下，统计量 z 落入拒绝域的风险就是 α。当检验统计量为 z 统计量（式（7-1））时，双侧检验的临界值一般记作 $\pm z_{\frac{\alpha}{2}}$，单侧检验的临界值一般记作 z_α 或者 $-z_\alpha$。

双侧检验的拒绝域如图 7-1 所示。

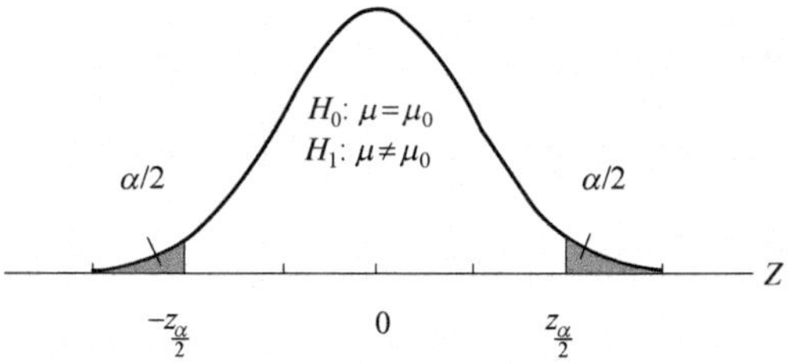

图 7-1　双侧检验的拒绝域

单侧检验的拒绝域如图 7-2 所示。

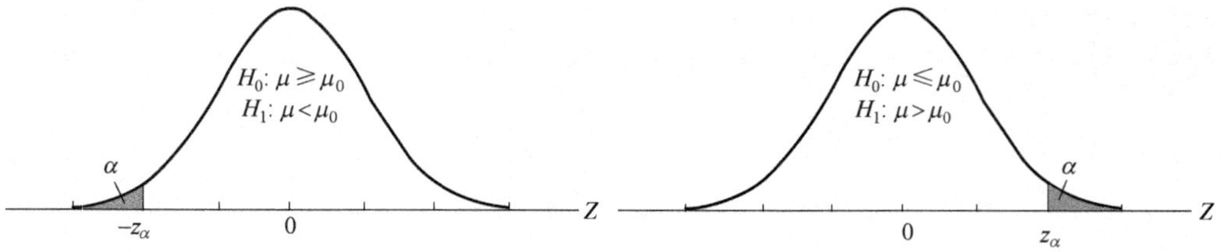

图 7-2　两种不同的单侧检验的拒绝域

图 7-1 和图 7-2 中灰色区域均为拒绝域，统计量落入拒绝域的概率是 α 。相应地，对给定的显著性水平，双侧检验的显著性水平与拒绝域的关系为

$$P\left(\left|\frac{\bar{x}-\mu}{\sigma/\sqrt{n}}\right|\geqslant z_{\frac{\alpha}{2}}\right)=\alpha$$

对例 7-1，有

$$P\left(\left|\frac{\bar{x}-\mu}{\sigma/\sqrt{n}}\right|\geqslant 1.96\right)=0.05$$

单侧检验的显著性水平与拒绝域的关系为

$$P\left(\frac{\bar{x}-\mu}{\sigma/\sqrt{n}}\geqslant z_\alpha\right)=\alpha$$

$$P\left(\frac{\bar{x}-\mu}{\sigma/\sqrt{n}}\leqslant -z_\alpha\right)=\alpha$$

作统计推断时，因为存在风险所以有可能犯以下两种错误（“弃真”或“取伪”）：零假设成立，却拒绝了零假设；备择假设成立，却接受了零假设。我们把前者称为第一类错误（type I error），记作 α ，即 $\alpha=P\{拒绝H_0|H_0为真\}$；把后者称为第二类错误（type II error），记作 β ，即 $\beta=P\{接受H_0|H_1为真\}=P\{不拒H_0|H_0不真\}$ ，见表 7-1 和图 7-3。

表 7-1　判决的对错与零假设的真假情况

	零假设为真	零假设为假
接受	正确	犯第二类错误
拒绝	犯第一类错误	正确

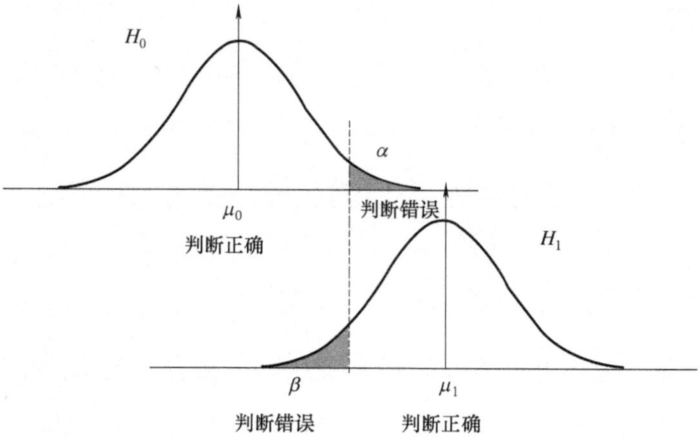

图 7-3　判决的对错与零假设的真假情况

注意：图 7-3 中，α 和 β 是相反关系，当样本容量固定时，不会同时减小，而是此消彼长，所以控制两类错误的基本原则是在控制 α 的前提下，使 β 尽可能减小。

7.2.3　*p* 值和假设检验的步骤

通过上述分析我们看到，显著性水平与拒绝域是一一对应的，显著性水平发生变化的同时，拒绝域的左右端点也发生了变化，所以对同一个检验统计量，在不同显著性水平下会产生两种统计决策。这时，在众多的显著性水平中，我们就应该思考哪个值是“拒绝零假设”的最小显著性水平。这个最小显著性水平又有什么特殊的意义呢？在统计分析中，我们把“拒绝零假设”的最小显著性水平称为 p 值（p–value），如图 7-4 所示。

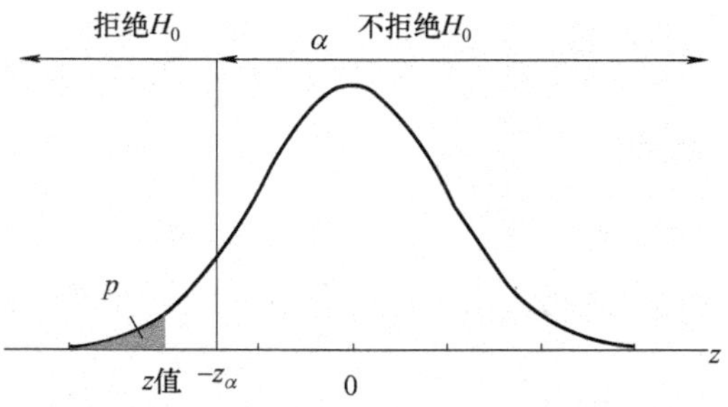

图 7-4　用 p 值进行假设检验

p 值可以理解为，在零假设成立时，当前观测数据下统计量的值落入拒绝域的实际概率。所以作统计决策时，如果 $p \leqslant \alpha$，则拒绝零假设，若 $p > \alpha$，则接受零假设，p 值越小，拒绝零假设的理由就越充分。在统计学中，假设检验得到的显著性水平 p 值是进行检验决策的一个依据，在显著性水平 p 值下不拒绝零假设不等于接受零假设，不拒绝零假设是指没有充分的理由拒绝零假设。对于假设检验的结论，若 $0.01 \leqslant p<0.05$，称为有统计学差异；若 $0.001 \leqslant p<0.01$，称为有显著统计学差异；若 $0 \leqslant p<0.001$，称为有极其显著的统计学差异。其含义是样本间的差异由抽样误差所致的概率小于 0.05、0.01、0.001。

注意：一般在零假设中必须包含等号，否则无法计算 p 值。

下面我们对例 7-1 进行假设检验。

解：第一步：建立假设

$$H_0: \mu = 125 \quad \text{vs} \quad H_1: \mu \neq 125$$

第二步：由式（7-1）得

$$z = \frac{\bar{x} - \mu}{\sigma/\sqrt{n}} = \frac{124.996 - 125}{0.01/\sqrt{8}} = -1.1314$$

第三步：在显著性水平 $\alpha = 0.05$ 下，查得 $z_{\frac{\alpha}{2}} = 1.96$。

第四步：作决策。如图 7-5 所示，$|z| = 1.1314 < 1.96$，不拒绝零假设，认为这批棒棒糖的重量是合格的。

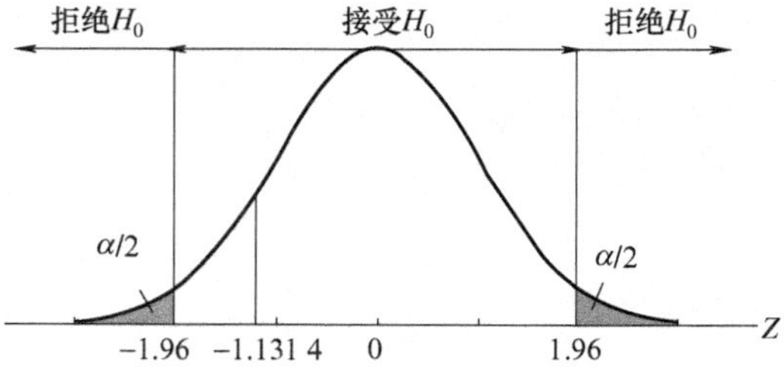

图 7-5　例 7-1 的 z 检验

另外，为了有助于读取 SPSS 输出结果，这里需要特别注意，计算 $P(z \leqslant -1.1314) = 0.1289$，双侧检验：

$$p = 2P(z \leqslant -1.1314) = 0.2578$$

p值远大于 $\alpha = 0.05$，故不拒绝零假设。在SPSS输出结果中的值通常是这个双侧检验的p值。

7.3　单总体的参数检验

7.3.1　总体均值μ的假设检验

在掌握了假设检验的基本概念的基础上，结合例 7-1，相信大家对总体参数的假设检验已有了初步的了解，本节将继续介绍关于总体参数的假设检验。

1. 总体方差σ^2已知

例 7-2　某百货商场的日销售额服从正态分布，去年的日均销售额为 4.55 万元，方差为 0.108^2，今年随机抽查了 5 个营业日的销售额（单位：万元），分别是

4.38　4.45　4.47　4.52　4.50

根据经验，方差没有变化，问在显著性水平$\alpha=0.05$下，今年的日销售额与去年相比有无显著变化。

解： 建立假设

$$H_0:\mu=4.55 \quad \text{vs} \quad H_1:\mu\neq 4.55$$

由式（7-1）可得

$$z=\frac{4.464-4.55}{0.108/\sqrt{5}}=-1.78$$

由$\alpha=0.05$查标准正态分布表可得临界值$z_{\frac{\alpha}{2}}=1.96$。

作决策：因为$|z|=1.78<1.96$，不拒绝零假设H_0，认为今年的日均销售额与去年相比没有发生显著变化。由于上述 z 统计量服从正态分布，所以该检验也称 z 检验。

2. 总体方差σ^2未知

例 7-3　某保险公司理赔部称处理每个理赔案例的平均费用为 60 元，在与同行业比较时发现，该费用高于其他保险公司。因此该公司采取了成本消减措施。为评估该措施的效果，公司随机选择了 26 宗理赔个案，得到平均费用为 57 元，标准差是 10 元，是否可以说该公司费用消减措施已经奏效（显著性水平为 0.01）？

解： 建立假设

$$H_0:\mu\geqslant 60 \quad \text{vs} \quad H_1:\mu<60$$

由于总体方差σ^2未知，与区间估计类似，采用 t 统计量，即

$$t=\frac{\bar{x}-\mu}{s/\sqrt{n}}=\frac{57-60}{10/\sqrt{26}}=-1.530 \qquad (7\text{-}2)$$

查 t 分布表可得$t_\alpha(25)=-2.485$。

作决策：$t>-2.485$，不拒绝零假设，说明该费用消减措施没能将每个理赔案例的平均费用降至 60 元以下。由于上述t统计量服从自由度为$n-1$的t分布，故该检验也称t检验。

还有一种情况，虽然题目中没有已知总体方差，但是当样本量充分大（$n\geqslant 30$）时，由中心极限定理可知，此时的t检验统计量也近似服从正态分布，所以采用 z 检验统计量也可以解决问题，即将总体方差σ^2未知的情况转化成了总体方差σ^2已知的情况。

7.3.2　总体比例 p 的假设检验

例 7-4　某研究者估计某高校男学生所占比例为 30%，现随机抽取了 200 个学生，

其中 68 名为男学生，可否认为研究者的判断可信（显著性水平 $\alpha=0.05$ ）？

解： 建立假设

$$H_0: P=30\% \quad \text{vs} \quad H_1: P\neq 30\%$$

因为 $p=\dfrac{68}{200}=34\%$ ， $n=200$ ，所以 $np=68>5$ ， $n(1-p)=132>5$ ，由中心极限定理可知样本比例 p 服从正态分布，均值为 P ，方差为 $\dfrac{P(1-P)}{n}$ ，故采用 z 检验：

$$z=\frac{p-P}{\sqrt{\dfrac{P(1-P)}{n}}}=\frac{34\%-30\%}{\sqrt{\dfrac{30\%(1-30\%)}{200}}}=1.23 \tag{7-3}$$

由 $\alpha=0.05$ 查表得 $z_{\frac{\alpha}{2}}=1.96$ 。

作决策：因为 $z=1.23<1.96$ ，所以不拒绝零假设，说明该校男生比重为 30%。

例 7-5 某工厂生产一批产品，质量要求不合格率≤5%才能出厂，现从生产出的产品中随机抽查100件，发现8个不合格品，在显著性水平 $\alpha=0.05$ 的条件下判断这批产品能否出厂。

解： 建立假设

$$H_0: P\leqslant 5\% \quad \text{vs} \quad H_1: P>5\%$$

因为 $p=\dfrac{8}{100}=8\%$ ， $n=100$ ，所以 $np=8>5$ ， $n(1-p)=92>5$ ，故由式（7-3）得

$$z=\frac{p-P}{\sqrt{\dfrac{P(1-P)}{n}}}=\frac{8\%-5\%}{\sqrt{\dfrac{5\%(1-5\%)}{100}}}=1.376$$

由于 $\alpha=0.05$ 是单侧检验的要求，而正态分布是双侧的，所以双侧的应该是 $2\alpha=0.10$ ，查表得 $z_{1-2\alpha}=1.645$ 。

作决策：因为 $z=1.376<1.645$ ，所以不拒绝零假设，即认为该批产品的不合格率没有超过 5%。

7.4 双总体的参数检验

7.4.1 两个总体均值差的假设检验

在实际中，两个总体均值的比较是很普遍的问题，这一节主要介绍两个总体参数差异

的假设检验。

1. 总体方差 σ_1^2，σ_2^2 已知

假设两个总体的均值和方差分别是 μ_1，μ_2 和 σ_1^2，σ_2^2，从第一个总体中抽取大小为 n_1 的样本，算得样本均值为 $\overline{x_1}$；从第二个总体中抽取大小为 n_2 的样本，算得样本均值为 $\overline{x_2}$。由中心极限定理可知，当样本量足够大时，$\overline{x_1} \sim N(\mu_1, \frac{\sigma_1^2}{n_1})$，$\overline{x_2} \sim N(\mu_2, \frac{\sigma_2^2}{n_2})$。再根据统计学理论知道 $\overline{x_1} - \overline{x_2}$ 近似服从正态分布，其均值为 $\mu_1 - \mu_2$，方差为 $\frac{\sigma_1^2}{n_1} + \frac{\sigma_2^2}{n_2}$，即

$$\overline{x_1} - \overline{x_2} \sim N(\mu_1 - \mu_2, \frac{\sigma_1^2}{n_1} + \frac{\sigma_2^2}{n_2}) \tag{7-4}$$

因此可构造 z 统计量，即

$$z = \frac{(\overline{x_1} - \overline{x_2}) - (\mu_1 - \mu_2)}{\sqrt{\frac{\sigma_1^2}{n_1} + \frac{\sigma_2^2}{n_2}}} \sim N(0, 1) \tag{7-5}$$

来检验有关 $\mu_1 - \mu_2$ 的假设。

若零假设 $H_0: \mu_1 - \mu_2 = 0$ 成立，根据式（7-4）、式（7-5）和 7.1 节的讨论，$\overline{x_1} - \overline{x_2}$ 不应该偏离 0 太远。对于显著性水平 α，当统计量

$$z = \left| \frac{(\overline{x_1} - \overline{x_2}) - 0}{\sqrt{\frac{\sigma_1^2}{n_1} + \frac{\sigma_2^2}{n_2}}} \right| \geqslant z_{\frac{\alpha}{2}}$$

时应拒绝零假设。

所以当零假设 $H_0: \mu_1 - \mu_2 = 0$ 成立时，式（7-5）退化为

$$z = \frac{\overline{x_1} - \overline{x_2}}{\sqrt{\frac{\sigma_1^2}{n_1} + \frac{\sigma_2^2}{n_2}}} \tag{7-6}$$

此时式（7-6）服从标准正态分布。

另外，对于两个总体的单侧检验

$$H_0: \mu_1 \leqslant \mu_2 \quad \text{vs} \quad H_1: \mu_1 > \mu_2$$

可转化为

$$H_0: \mu_1 - \mu_2 \leqslant 0 \quad \text{vs} \quad H_1: \mu_1 - \mu_2 > 0$$

来考虑。当式（7-6）满足 $z \geqslant z_\alpha$ 时，拒绝零假设。

而单侧检验

$$H_0: \mu_1 \geqslant \mu_2 \quad \text{vs} \quad H_1: \mu_1 < \mu_2$$

可转化为

$$H_0: \mu_1 - \mu_2 \geqslant 0 \quad \text{vs} \quad H_1: \mu_1 - \mu_2 < 0$$

来考虑。当式（7-6）满足 $z \leqslant -z_\alpha$ 时，拒绝零假设。

现在用例子来说明两个总体参数检验的整个过程。

例 7-6 某校大一学生的一次小组课题是研究在校大学生的课外阅读情况，该组同学通过随机抽样收集到 100 名男生和 100 名女生在过去一周内的平均课外阅读时间为 25 小时和 28 小时，已知男生和女生的课外阅读时间的总体方差 $\sigma_1^2 = \sigma_2^2 = 32$，在 0.05 的显著性水平下，能否由此得出该校男生和女生的课外阅读时间存在显著差异？

解：令 μ_1，μ_2 分别表示男生和女生课外阅读时间的总体均值，建立假设

$$H_0: \mu_1 - \mu_2 = 0 \quad \text{vs} \quad H_1: \mu_1 - \mu_2 \neq 0$$

由式（7-6）可得

$$z = \frac{(\overline{x_1} - \overline{x_2}) - (\mu_1 - \mu_2)}{\sqrt{\dfrac{\sigma_1^2}{n_1} + \dfrac{\sigma_2^2}{n_2}}} = \frac{25 - 28 - 0}{\sqrt{\dfrac{32}{100} + \dfrac{32}{100}}} = -3.75$$

由 $\alpha = 0.05$ 查表得 $z_{\frac{\alpha}{2}} = 1.96$。

作决策：如图 7-6 所示，$|z| = 3.75 > 1.96$，拒绝零假设，表明男生和女生课外阅读时间存在显著差异。

另外，根据 p 值大小进行判断分析，事件 $\{z \| z \leqslant 3.75\}$ 的概率接近于 1，那么事件 $\{z \| z > 3.75\}$ 的概率接近于 0，所以 p 值接近于 0，则 p 值远远小于显著性水平 $\alpha = 0.05$，故拒绝零假设，表明男生课外阅读时间与女生课外阅读时间存在显著差异，如图 7-6 所示。

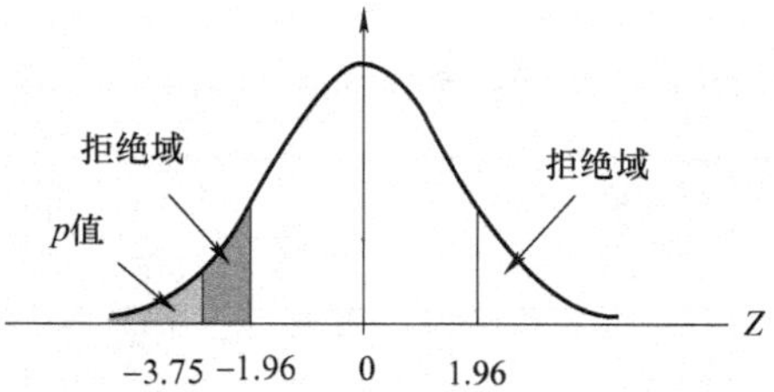

图 7-6　例 7-6 的 z 检验

2. 总体方差未知且 $\sigma_1^2=\sigma_2^2$

在比较两个总体的均值时，经常会遇到两个总体方差 σ_1^2，σ_2^2 未知的情况，对假设

$$H_0:\mu_1-\mu_2=0 \quad \text{vs} \quad H_1:\mu_1-\mu_2\neq 0$$

的一般处理方法是用它们的样本方差 s_1^2，s_2^2 替代总体方差定义一个新的 t 检验统计量，即

$$t=\frac{(\overline{x_1}-\overline{x_2})-(\mu_1-\mu_2)}{\sqrt{\dfrac{s_1^2}{n_1}+\dfrac{s_2^2}{n_2}}} \tag{7-7}$$

该检验称为两总体的 t 检验，也称为独立样本检验，它被广泛地应用于各类实际问题中。

当 $\sigma_1^2=\sigma_2^2$ 时，检验统计量

$$t=\frac{(\overline{x_1}-\overline{x_2})-(\mu_1-\mu_2)}{s_p\sqrt{\dfrac{1}{n_1}+\dfrac{1}{n_2}}} \tag{7-8}$$

式中：$s_p^2=\dfrac{(n_1-1)\ s_1^2+(n_2-1)\ s_2^2}{n_1+n_2-2}$，为 s_1^2、s_2^2 合并后的方差。当零假设成立时，该统计量服从自由度为 (n_1+n_2-2) 的 t 分布。

对给定的显著性水平 α，查 t 分布表得 $t_{\frac{\alpha}{2}}(n_1+n_2-2)$，若 $|t|\geqslant t_{\frac{\alpha}{2}}(n_1+n_2-2)$ 则拒绝零假设。

于是，当被比较的两个总体的方差 σ_1^2、σ_2^2 未知但可以假定相等时，就用式（7-8）进行假设检验。

➘ 例 7-7　对一些大学新生进行调查以测量环境变化对他们体重的影响。表 7-2 是 A 校和 B 校研究生刚到校时的体重以及 B 校研究生一年后的体重，使用 0.01 的显著性水平，你的结论是什么？

表 7-2 A 校和 B 校研究生刚到校时的体重以及 B 校研究生一年后的体重数据（单位：斤）

学生	A 校	B 校	一年后的体重（B 校）	学生	A 校	B 校	一年后的体重（B 校）
1	133	142	124	7	90	150	149
2	150	157	157	8	120	184	176
3	98	96	98	9	138	209	200
4	130	212	190	10	170	180	180
5	200	116	103	11	210	269	256
6	109	134	135				

解： 设 A 校研究生刚到校的平均体重为 μ_1，B 校研究生刚到校的平均体重为 μ_2，建立假设

$$H_0: \mu_1 - \mu_2 = 0 \quad \text{vs} \quad H_1: \mu_1 - \mu_2 \neq 0$$

由式（7-8）可得

$$t = \frac{(\overline{x_1} - \overline{x_2}) - (\mu_1 - \mu_2)}{s_p\sqrt{\frac{1}{n_1} + \frac{1}{n_2}}} = -1.441$$

由 $\alpha = 0.01$ 查表得 $t_{\frac{\alpha}{2}}(20) = 2.845\,3$。

作决策：$|t| = 1.441 < 2.845\,3$，故不能拒绝零假设，表明 A 校与 B 校研究生到校时的体重没有显著差异。

此外，还有一组关于 B 校研究生刚到校时与一年后的体重数据，对这组数据的处理采用“配对样本的 t 检验”，有关结论请参考本章最后一节。

7.4.2 两个总体比例差的假设检验

对两个总体比例差的假设检验，也要根据样本比例、样本容量来选择统计量。根据中心极限定理，在大样本条件下，当 $n_1p_1 > 5$，$n_1(1-p_1) > 5$，$n_2p_2 > 5$，$n_2(1-p_2) > 5$ 时，两个样本比例之差服从 $N(P_1 - P_2, \frac{P_1(1-P_1)}{n_1} + \frac{P_2(1-P_2)}{n_2})$。若总体比例 P_1、P_2 未知，可用样本比例 p_1、p_2 代替。当零假设 H_0 成立时，统计量 $z \sim N(0, 1)$，其计算公式为

$$z = \frac{(p_1 - p_2)}{\sqrt{\frac{p_1(1-p_1)}{n_1} + \frac{p_2(1-p_2)}{n_2}}} \tag{7-9}$$

例 7-8 2000 年对美国西岸地区进行抽样调查，抽样人数为 1 600 人，有 37%的公民

认为外来移民影响到当地人的生活品质。2010 年针对同样的问题再进行抽样，抽样人数为 2 000 人，此时有 45%的人认为外来移民影响到当地人的生活品质，在显著性水平 $\alpha = 0.05$ 的条件下，试问这几年该地区公民认为外来移民会影响到当地人生活品质的比率是否一致？

解： 建立假设

$$H_0: P_1 - P_2 = 0 \quad \text{vs} \quad H_1: P_1 - P_2 \neq 0$$

由于 $n_1 p_1 = 592 > 5$，$n_1(1-p_1) = 1\,008 > 5$，$n_2 p_2 = 900 > 5$，$n_2(1-p_2) = 1\,100 > 5$，所以由式（7-9）可得

$$z = \frac{(p_1 - p_2)}{\sqrt{\dfrac{p_1(1-p_1)}{n_1} + \dfrac{p_2(1-p_2)}{n_2}}} = z = \frac{37\% - 45\%}{\sqrt{\dfrac{37\%(1-37\%)}{1\,600} + \dfrac{45\%(1-45\%)}{2\,000}}} = -4.87$$

由 $\alpha = 0.05$ 查表得 $z_{\frac{\alpha}{2}} = 1.96$。

作决策：$|z| = 4.87 > 1.96$，故拒绝零假设，即这几年该地区公民认为外来移民会影响到当地人生活品质的比率是有显著差异的。

类似于例 7-5，据 p 值大小进行判断分析，事件 $\{z \| z \leqslant 4.87\}$ 的概率接近于 1，那么事件 $\{z \| z > 4.87\}$ 的概率接近于 0，所以 p 值接近于 0，则 p 值远远小于显著性水平 $\alpha = 0.05$，故拒绝零假设，即这几年该地区公民认为外来移民会影响到当地人生活品质的比率是有显著差异的。

7.4.3　两个总体方差的假设检验（方差齐性检验）

在进行双样本检验时，首先需要检验总体方差是否相等，只有在方差没有显著差异的情况下，比较总体均值是否有显著差异才是有意义的。接下来简单介绍总体方差比较的假设检验方法，也称为方差齐性检验（Variance Homogeneity Test，VHT）。

设两个总体方差分别为 σ_1^2，σ_2^2，从第一个总体中抽取大小为 n_1 的样本，算得样本方差为 s_1^2；从第二个总体中抽取大小为 n_2 的样本，算得样本方差为 s_2^2，$n = n_1 + n_2$，为比较两个总体的方差是否相等，可提出如下的零假设和备择假设：

$$H_0: \sigma_1^2 = \sigma_2^2 \quad \text{vs} \quad H_1: \sigma_1^2 \neq \sigma_2^2$$

检验统计量 F 定义为

$$F = \frac{s_1^2}{s_2^2} \sim F(n_1 - 1,\ n_2 - 1) \quad (\text{当}H_0\text{成立时}) \tag{7-10}$$

从假设可知，这里的 F 检验是单侧检验，对于显著性水平 α，当 $F \geqslant F_\alpha(n_1 - 1,\ n_2 - 1)$ 时拒绝零假设。

7.4.4 多总体方差的假设检验（Levene 检验）

上面讲述了两个总体参数的假设检验，对于多个总体参数的假设检验就不是这么简单了。如果要认清事物的客观规律，需要将研究对象按影响因素分为不同的总体来研究，这样我们面对的就不仅仅是一两个总体，而是两个及两个以上的总体，那么前面讲的方法就不管用了。因为我们知道，多个总体参数有差异，并不代表任意两个总体参数之间都有差异，所以为了更好地完成多个总体参数的事后多重比较，需要应用 Levene 检验（Levene test）方法。对零假设 $H_0:\sigma_1^2=\sigma_2^2=\cdots=\sigma_k^2$（$k=1,2,\cdots$），检验统计量记为 F，与 F 检验类似，有两种决策途径：一种是 F 与临界值比较，F 值越大越好；另一种是 p 值与显著性水平比较，p 值越小越好。由于 Levene 检验方法的计算量相当大，所以不要求大家掌握，7.5 节将介绍应用统计软件 SPSS 输出 Levene 检验结果，请大家参考学习。

7.5 用软件实现假设检验

在实际中，面对大量的数据资料，如何使用统计软件输出假设检验的结果显得非常重要，掌握统计软件分析基本的操作方法也是统计分析理论应用的基础，本节介绍如何通过 SPSS 进行假设检验。需要说明的是，SPSS 输出结果中 p 值的默认值"显著性（sig）"，在没有特别注明的情况下都是指双侧检验的 p 值，除非特别注明单侧，那就是单侧检验的 p 值。输出结果中标明"显著性（单尾）"（sig.(1-tailed)），就是指单侧检验，输出结果标明"显著性（双尾）"（sig.(2-tailed)），提示是双侧检验，即：假设统计量 Z 由样本数据计算出的值为 Z_0，则在左侧检验中，$p=P(Z\leqslant Z_0)$；在右侧检验中，$p=P(Z\geqslant Z_0)$；在双侧检验中，$p=2P(Z\geqslant|Z_0|)=2P(Z\leqslant-|Z_0|)$。若 Z 服从正态分布和 t 分布之类的对称分布，其分布曲线是关于纵轴对称的，故其 p 值可表示为 $p=P\{|Z|>|Z_0|\}$。这就是说，特别需要注意的是，对于双侧检验得到的 p 值，要用于单侧检验作决策时，p 值需要除以 2，即 $p=$（显著性（双侧））/2。

以例 7-7 为例，在进行两个总体均值比较的时候，首先要进行方差是否相等的假设检验，建立假设 $H_{10}:\sigma_1^2=\sigma_2^2$ vs $H_{11}:\sigma_1^2\neq\sigma_2^2$，$H_{20}:\mu_1\geqslant\mu_2$ vs $H_{21}:\mu_1<\mu_2$，在 SPSS 主菜单中选择"分析"→"平均值比较"→"独立样本 T 检验"。

注意：方差是否相等的假设检验需要将数据分为群组和检验变量两项，比如在例 7-7 中，"学生体重"是检验变量，"A 校学生体重"和"B 校学生体重"是两个不同的群组，如图 7-7 所示。

学生体重	群组
133	1
150	1
98	1
130	1
200	1
109	1
90	1
120	1
138	1
170	1
210	1
142	2
157	2
96	2
212	2
116	2
134	2
150	2
184	2
209	2
180	2
269	2

图 7-7　数据录入

如图 7-8 所示，将“学生体重”选入检验变量，“群组”选入分组变量，点击“定义组”分别输入“组 1”为 1，“组 2”为 2，点击“选项”，根据题目中的显著性水平，置信度填写 99%，点击“继续”，点击“确定”，输出结果见表 7-3。

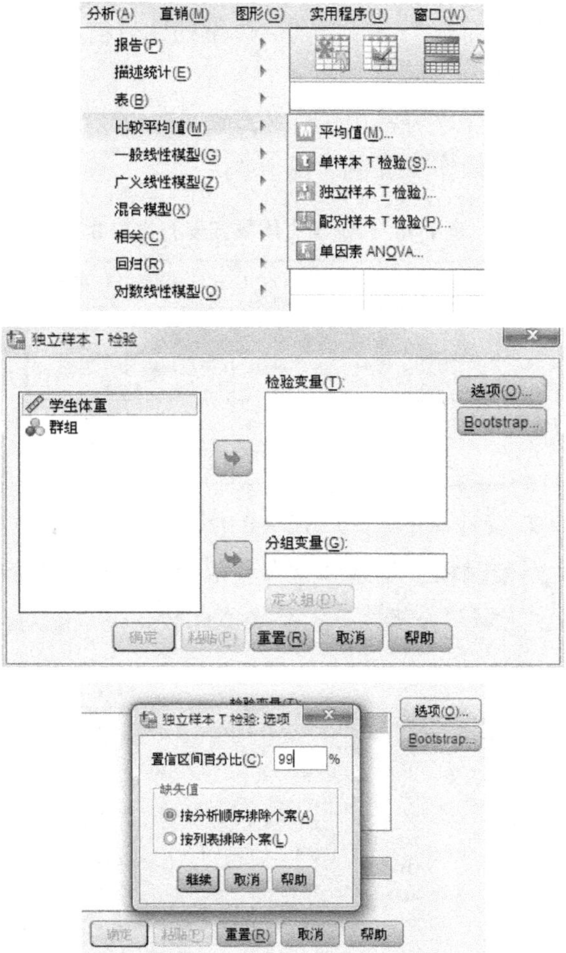

图 7-8　独立样本的 t 检验

表 7-3　A 校学生刚到校时体重方差齐性检验

	Levene 检验		均值是否相等的 T 检验						
	F	显著性	T	df	显著性（双尾）	均值差值	标准误	99%的置信区间 下限	99%的置信区间 上限
A 校　方差相等	0.607	0.445	−1.441	20	0.165	−27.364	18.987	−81.388	26.660
方差不相等			−1.441	18.997	0.166	−27.364	18.987	−81.685	26.957

表 7-3 的第一列是 Levene 检验结果，F 统计量的 $p=0.445>0.01$，远远大于显著性水平 0.01，故不拒绝零假设，说明 A 校和 B 校两总体新生体重方差相等。第二列是 A 校和

B 校两个独立样本的体重均值差异的检验，$p=\frac{0.165}{2}=0.0825>0.01$，大于显著性水平，不能拒绝零假设，表明两校的研究生新生体重没有显著差异。

注意独立样本 t 检验和配对样本 t 检验的应用区别，首先独立样本的 t 检验要求检验的总体之间是互相独立的，而一个人减肥前后体重的比较需要考虑数据之间存在相关性，所以使用配对样本的 t 检验。

接下来对 B 校研究生新生刚到校时的体重均值与一年后的体重均值进行比较，首先进行方差齐性检验，通过上述操作步骤得到表 7-4。

表 7-4　B 校学生体重方差齐性检验

	Levene 检验		均值是否相等的 T 检验						
	F	显著性	T	df	显著性（双尾）	均值之差	标准误	99%的置信区间	
								下限	上限
体重 假设方差相等	0.056	0.816	−0.361	20	0.722	−7.364	20.426	−65.482	50.754
假设方差不相等			−0.361	19.922	0.722	−7.364	20.426	−65.505	50.778

Levene 检验结果：F 统计量的 $p=0.816>0.01$，远远大于显著性水平 0.01，故不拒绝零假设，说明 B 校新生到校时和一年后体重方差相等，在方差相等的基础上进行总体均值检验，在 SPSS 主菜单中选择“分析”→“平均值比较”→“配对样本 T 检验”，如图 7-9 所示。

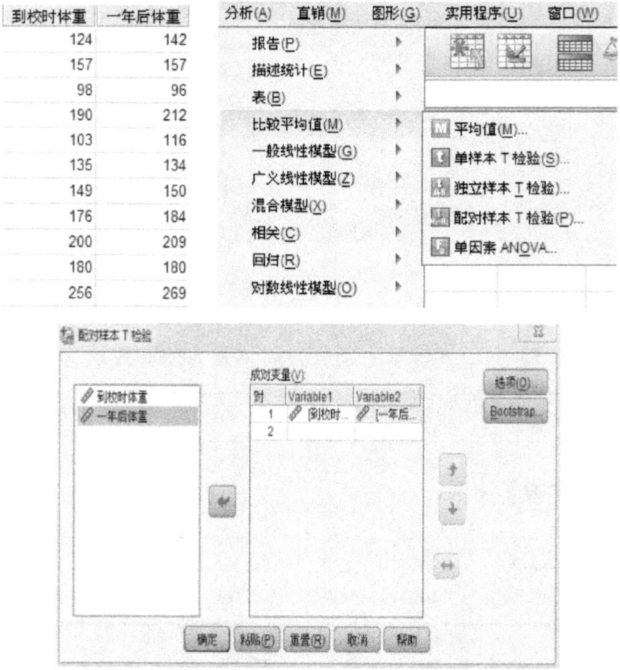

图 7-9　B 校新生到校时和一年后体重数据与均值是否相等检验

将“到校时体重”选入“变量 1”，“一年后体重”选入“变量 2”，点击“选项”，置信度填写“99%”，点击“确定”，输出结果见表 7–5。

表 7–5　B 校学生体重均值是否相等检验结果

		成对差异数					T	df	显著性（双尾）
		均值	标准差	均值的标准差	99%的置信区间				
					下限	上限			
对组 1	到达时体重–一年后体重	–7.364	8.370	2.524	–15.362	0.634	–2.918	10	0.015

由表 7–5 可知，t 检验统计量为–2.918，p 值为 0.015，远远小于显著性水平，故拒绝零假设。这表明 B 校研究生到校一年后的体重均值与刚到校的体重均值有明显差异，平均体重增长了 7.364 千克，其 99%的置信区间为[–15.362，0.634]。

思考与练习

1.（1）什么是零假设?

（2）零假设和备择假设有什么不同?

2. 显著性水平是否是零假设正确的概率，如果不是，如何解释?

3.（1）p 值能告诉我们什么信息?

（2）当相应的 p 值较小时，为什么要拒绝零假设?

4. 简述 p 值的含义以及在假设检验中如何利用 p 值作统计决策。

5. 设某次考试考生的成绩服从正态分布，从中随机地抽取 36 位考生的成绩，算得平均成绩为 66 分，标准差为 15 分，问在显著性水平 $\alpha=0.05$ 下，是否可以认为这次考试全体考生的平均成绩为 70 分?

6. 已知假设检验：

$$H_0: \mu \geqslant 20 \qquad \text{vs} \qquad H_1: \mu < 20$$

一个样本量为 5 的随机样本取值是 18，15，12，19 和 21。显著性水平为 0.01，是否可以说总体均值小于 20?

（1）说出决策规则。

（2）计算检验统计量的值。

（3）关于零假设你有何结论?

（4）估计 p 值。

7. 某公司希望设计一种销售人员的激励计划。为评估这个革新计划，随机选出 12 个销售人员，计划实施前后他们每周的收入如下表所示。

销售人员每周的收入 （单位：元）

销售人员	之前	之后	销售人员	之前	之后
1	320	340	7	625	631
2	290	285	8	560	560
3	421	475	9	360	365
4	510	510	10	431	431
5	210	210	11	506	525
6	402	500	12	505	619

销售人员的周收入是否因为革新激励计划而有显著增加？使用 0.01 的显著性水平，估计 p 值并进行解释。

8．已知假设检验：

$$H_0: \mu = 0.50 \qquad \text{vs} \qquad H_1: \mu \neq 0.50$$

由 20 个观测值组成的一组样本，样本均值是 0.45，标准方差是 0.04，采用 0.05 的显著性水平下，求解以下问题：

（1）说明决策规则；

（2）计算检验统计量的值；

（3）关于零假设，你的结论是什么？

9．从一个总体中抽出有 40 个观测值的样本，样本的均值为 102，样本的标准差为 5，从第二个总体中抽出有 50 个观测值的样本，样本的均值为 99，标准差为 5，使用 0.04 的显著性水平进行下面的假设检验。

$$H_0: \mu_1 = \mu_2 \qquad \text{vs} \qquad H_1: \mu_1 \neq \mu_2$$

（1）这是单边检验还是双边检验？

（2）计算检验统计量的值。

（3）你对零假设的判断是什么？

第 8 章

Chapter 08

方差分析

第 7 章介绍了总体参数的假设检验，包含总体均值、总体比例及总体方差的假设检验，本章将继承假设检验的思想，对多个总体均值比较的假设进行检验而形成一块新内容，主要介绍单因素方差分析和多因素方差分析，多因素方差分析以双因素方差分析为例。

本章重点与目标

1. 了解方差分析的思想
2. 掌握单因素方差分析方法
3. 了解双因素方差分析方法
4. 在统计学软件中应用相关理论

8.1 单因素方差分析

在科学实验和生产实践中，影响事物的因素是多种多样的，每一因素的变化都会对事物产生影响，其中有些因素影响显著，有些影响不显著。比如，不同职业的人对服饰的看法存在差异，旅行花销会因个人的不同而存在差异，不同年龄的人对网购的看法存在差异，等等。于是，英国统计学家罗纳德 • 费歇尔（R. A. Fisher）在 20 世纪 20 年代提出了一种在实践中广泛运用的统计方法，称为方差分析（Analysis of Variance，ANOVA）。这一方法主要研究分类型自变量对数值型因变量的影响，通过对实验数据的分析，考察哪些因素影响较大，哪些影响较小，从而进一步研究对因变量的预测和控制。

8.1.1 方差分析模型

在方差分析中，我们把影响因变量的离散变量称为因素（因子），记作 A 或 B，因素的取值称为水平（处理），记作 A_i 或者 B_i，i=1，2，…，r。

设（X_{i1}，X_{i2}，…，X_{in}）是第 i 个样本，样本容量为 n，水平 A_i 下得到的（x_{i1}，x_{i2}，…，x_{in}）是（X_{i1}，X_{i2}，…，X_{in}）的一组观测值，则有

$$X_{ij}=\mu_i+\varepsilon_{ij}\quad (i=1,2,\cdots,\ r;\ j=1,2,\cdots,\ n_i) \tag{8-1}$$

假定 1：总体 $X_i \sim N(\mu_i,\ \sigma^2)$；假定 2：$\varepsilon_{ij}$ 是 n 个独立同分布的随机变量且 $\varepsilon_{ij} \sim N(0,\ \sigma^2)$，$i$=1，2，…，$r$；$j$=1，2，…，$n_i$。我们把式（8-1）称为方差分析模型。

注意：式（8-1）中的 μ_i 反映了不同水平 A_i 对因变量的影响（i=1，2，…，r），由于方差分析的计算过程涉及 r 和 n_i，所以在分析问题的时候，事先搞清楚 r 与 n_i 的取值（其中 $n=\sum_{i=1}^{r} n_i$），有助于我们计算。

8.1.2 单因素方差分析

根据方差分析模型，研究不同因素对因变量是否有显著影响。可以将每个水平看成不同的组，如果每组的均值相等，则水平所属的因素对因变量就没有显著影响，建立假设：

$$H_0:\mu_1=\mu_2=\cdots=\mu_r \quad \text{vs} \quad H_1:\mu_1,\ \mu_2,\cdots,\ \mu_r \text{ 不全相等}$$

零假设成立意味着不同水平之间没有显著差异，不拒绝零假设表明没有充分理由说明因素对因变量有显著影响；拒绝零假设说明不同水平之间有显著差异。

例 8-1 消防队要挑选出冒烟报警器中反应时间最短的一种，选了 4 种不同的型号分别进行试验，将每个型号的 5 个报警器安装在同一条烟道中，当烟量均匀时观测报警器的反应时间，数据如表 8-1 所示。

表 8-1 4 种不同型号报警器反应时间的观测数据 （单位：秒）

报警器型号	反应时间				
A_1（甲型）	5.2	6.3	4.9	3.2	6.8
A_2（乙型）	7.4	8.1	5.9	6.5	4.9
A_3（丙型）	3.9	6.4	9.2	9.2	4.1
A_4（丁型）	12.8	9.4	10.8	10.8	8.5

讨论：各种报警器的平均反应时间有无显著性差异；反应时间的长短与报警器型号之间是否存在关系（显著性水平为 0.05）。

分析：根据方差分析模型，“报警器的反应时间”是研究变量，可视为因变量，“报警

器的型号”可视为因素，因此上述问题可以通过单因素方差分析来解决，其中 r=4，n_i=5，n=20。于是报警器的 4 种型号是因素的 4 个水平 A_i（i=1，2，3，4）；x_{ij} 表示第 i 种型号第 j 个报警器的反应时间（i=1，2，…，4；j=1，2，…，5）；$\overline{x_i}(i=1,2,3,4)$ 表示第 i 种型号 5 个报警器的平均反应时间；$\overline{x}$ 表示 20 个报警器的平均反应时间。

20 个报警器的平均反应时间受两方面的原因影响：一方面是报警器的型号不同；另一方面是同型号中报警器个体的不同。把由前者引起的影响称为型号变量效应，把由后者引起的影响称为残差效应，残差效应其实是由抽样的随机性或者偶然性产生的。为了更好地研究两部分效应对因变量的影响，下面对这两部分效应继续展开分析。

1. 报警器型号变量的效应

通过计算，A_i 水平下的报警器平均反应时间 $\overline{x_i}=\frac{1}{5}\sum_{j=1}^{5}x_{ij}$（$i$=1，2，3，4）的值如下：$\overline{x_1}=5.28$，$\overline{x_2}=6.56$，$\overline{x_3}=6.56$，$\overline{x_4}=10.46$，20 个报警器的平均反应时间 $\overline{x}=7.215$。比较这 5 个数据，7.215 是平均反应时间，但是因为报警器型号的原因，甲型报警器和丁型报警器反应时间的差值分别为 1.695 和 2.785，故将此类差值平方再求和，便可得到由报警器型号不同而造成的累计偏差：

$$
\begin{aligned}
SSA &= \sum(\text{组均值}-\text{总均值})^2 \\
&= \sum_{i=1}^{4}\sum_{j=1}^{5}(\overline{x_i}-\overline{x})^2 \\
&= \sum_{i=1}^{4}n_i(\overline{x_i}-\overline{x})^2 \\
&= 75.66
\end{aligned}
\tag{8-2}
$$

它反映了因素的不同水平对因变量造成的影响，自由度为 $r-1=3$，其中 SSA 中的 A 是指因素 A。

注意：式（8-2）的组均值是指把因素的每个水平 A_i（i=1，2，…，4）看作一组，总均值并不是总体均值，而是所有观测数据的均值。

2. 残差变量的效应

在 A_i（i=1，2，…，4）水平（同一水平）下，由于抽样的随机性或者偶然性导致不同的 x_{ij}，从而产生的累计误差为

$$
\begin{aligned}
SSE &= \sum(\text{观测值}-\text{组均值})^2 \\
&= \sum_{i=1}^{4}\sum_{j=1}^{5}(x_{ij}-\overline{x_i})^2 \\
&= 51.86
\end{aligned}
\tag{8-3}
$$

它反映了随机误差对因变量的影响，自由度为 $n-r=16$，其中 SSE 中的 E 是 Error 的含义。

3. 型号和残差变量的总效应

通过上述分析发现，报警器的反应时间同时受型号和残差两个变量的影响，所以所有观测值与总均值之差的累计平方和就是总效应：

$$SST=\sum(\text{观测值}-\text{总均值})^2$$
$$=\sum_{i=1}^{4}\sum_{j=1}^{5}(x_{ij}-\bar{x})^2 \tag{8-4}$$
$$=127.53$$

且

$$SST=SSA+SSE \tag{8-5}$$

即总效应=自变量的效应+残差效应，它的自由度为 $n-1=19$。

通过上述分析，问题已经被量化，接下来仿照假设检验的步骤建立假设，构造统计量，查找临界值，再作统计决策，问题就解决了。

建立假设：

$$H_0:\mu_1=\mu_2=\cdots=\mu_4 \quad \text{vs} \quad H_1:\mu_1,\ \mu_2,\cdots,\ \mu_4\text{不全相等}$$

构造统计量：

$$F=\frac{SSA/(r-1)}{SSE/(n-r)}=\frac{MSA}{MSE}\sim F(r-1,\ n-r) \tag{8-6}$$

式中：MSA、MSE 称为均方。将数据代入式（8-6）得

$$F=\frac{MSA}{MSE}=\frac{25.22}{3.24}=7.78$$

在 $\alpha=0.05$ 下，查 F 概率分布表得 $F_\alpha(r-1,\ n-r)=F_{0.05}(3,16)=3.24$。

作决策：若 $F\geqslant F_\alpha$，则拒绝零假设 H_0，表明 μ_i 之间的差异是显著的，即因素水平对因变量有显著影响（$i=1,2,\cdots,4$）；若 $F<F_\alpha$，则不拒绝零假设 H_0，即没有充分理由表明 μ_i（i=1，2，…，4）之间有显著差异。

显然 F=7.78>3.24，因此拒绝 H_0，表明 μ_i 之间有显著差异，即报警器型号对反应时间有显著影响（i=1，2，…，4），并列相关方差分析表（表 8-2）。

表 8-2 方差分析表

方差来源	平方和	自由度	均方	F 值
因素 A	75.66	3	25.22	7.78
残差	51.86	16	3.24	
总和	127.53	19		

所以方差分析法的解题步骤如下。

第一步：建立假设。

第二步：由式（8-6）计算统计量的值。

第三步：在已知显著性水平下查找临界值。

第四步：作决策。

第五步：列方差分析表。一般单因素方差分析表如表 8-3 所示。

表 8-3　检验多个总体均值的方差分析表

方差来源	平方和	自由度	均方	F 值	p 值
组间	SSA	$r-1$	MSA	$F=\frac{MSA}{MSE}$	
组内	SSE	$n-r$	MSE		
总和	SST	$n-1$			

其中 p 值可由软件直接输出，决策原则与假设检验一致。

↘例 8-2　某地区的交通管理局正准备扩大从郊区到商业中心的公车服务，考虑 4 条线路：1 号线、2 号线、3 号线、4 号线。交管局进行检查，判断 4 条线路平均行驶时间是否存在差异，每一名司机行驶 4 条线路的时间如表 8-4 所示。

表 8-4　从郊区到商业中心行驶时间的一次观测　　（单位：分钟）

司机	1 号线	2 号线	3 号线	4 号线
小张	33	35	35	37
小李	36	37	39	39
小王	35	38	40	38
小刘	40	36	43	40
小杨	41	39	43	40

在 0.05 的显著性水平下，4 条线路行驶时间的均值是否有差异？如果不考虑司机的影响，行驶时间的均值是否有差异？

解：若不考虑“司机”的影响，只考虑“路线”因素对行驶时间的影响，则用单因素方差分析法：

$$H_0:\mu_1=\mu_2=\cdots=\mu_4 \quad \text{vs} \quad H_1:\mu_1,\ \mu_2,\cdots,\ \mu_4\text{ 不全相等}$$

零假设成立是指“路线”对行驶时间无显著影响，备择假设是指“路线”对行驶时间。有显著影响，假设x_{ij}表示i号线第j个司机的行驶时间（i=1，2，3，4；j=1，2，3，4，5），这时r=4，n_i=5，n=20，$\bar{x}_i$（i=1，2，3，4）表示第i号线的平均行驶时间；$\bar{x}$表示20个行驶时间的平均值。组间平方和（不同路线造成的偏差）：

$$SSA=\sum_{i=1}^{4}5(\bar{x}_i-\bar{x})=32.4$$

自由度为：

$$r-1=3$$

组内平方和（由随机性引起的偏差）：

$$SSE=\sum_{i=1}^{4}\sum_{j=1}^{5}(x_{ij}-\overline{x_i})^2=106.8$$

自由度为：

$$n-r=16$$

总平方和（所有观测值与总均值之间的偏差）：

$$SST=\sum(\text{观测值-总均值})^2$$
$$=\sum_{i=1}^{4}\sum_{j=1}^{5}(x_{ij}-\overline{x_i})^2$$
$$=139.20$$

自由度为：

$$n-1=19$$

在$\alpha=0.05$下，查F_α（3，16）=3.24，所构造的 F 统计量的值：

$$F=\frac{SSA/3}{SSE/16}=1.618<3.24=F_{0.05}(3,16)$$

于是，可以得到表 8-5。由此可知，不拒绝零假设。得出结论："路线"对行驶时间并没有显著影响，所以没有某条线路行驶速度快而应被选择的理由。

表 8-5　单因素方差分析表

方差来源	平方和	自由度	均方	F 值
组间	32.400	3	10.800	1.618
组内	106.800	16	6.675	

8.2 双因素方差分析

在报警器反应时间试验的例子中，考虑了报警器型号这一个因素对因变量的影响，这样就忽略了其他因素，比如温度、湿度等，从而使得接受（拒绝）零假设的风险会更大；若考虑其他因素的影响，便会增加 F 统计量分子的取值，分母取值随之减少，即随机误差值变小，所以多因素方差分析在实际中的应用也是很广泛的，它不仅能解释更多的效应，也能减小判断错误的风险，接下来我们结合例 8-2 介绍双因素方差分析法。

8.2.1 无交互效应的双因素方差分析

如果引入"司机"因素，那么问题就来了，不仅需要考虑"路线"和"司机"两个因素，还需要考虑"司机"和"路线"这两个因素是否独立？以下讨论分两种情况：两因素独立时的双因素方差分析，也称为无交互效应的双因素方差分析；两个因素不独立时的双因素方差分析，也称为有交互效应的双因素方差分析。

例 8-3　对例 8-2，由于考虑“司机”和“路线”两个因素对行驶时间的影响，因此方差分析应作两组假设：

$$H_{01}: \mu_1' = \mu_2' = \cdots = \mu_5' \quad \text{vs} \quad H_{11}: \mu_1',\ \mu_2', \cdots,\ \mu_5' \text{不全相等}$$

$$H_{02}: \mu_1'' = \mu_2'' = \cdots = \mu_4'' \quad \text{vs} \quad H_{12}: \mu_1'',\ \mu_2'', \cdots,\ \mu_4'' \text{不全相等}$$

零假设 H_{01} 成立表示不同司机的行驶时间均值相等，不拒绝 H_{01} 表明“司机”对行驶时间没有显著影响；零假设 H_{02} 成立表示不同路线的行驶时间均值相等，不拒绝 H_{02} 表明“路线”对行驶时间没有显著影响。

双因素方差分析与单因素方差分析的格式是一致的，唯一的区别是添加了一个变量，即新增加了一组影响因变量的效应。

分析：“司机”因素记为 A，表现为 5 种水平，即 A_1，$A_2, \cdots$，A_5；“路线”因素记为 B，表现为 4 种水平，即 B_1，$B_2, \cdots$，B_4；x_{ij}（$i = 1, 2, \cdots, r$；$j = 1, 2, \cdots$，s）是因素 A 的第 i 水平与因素 B 的第 j 水平的组合观测值；$\bar{x}_{i\cdot} = \frac{1}{s}\sum_{j=1}^{s} x_{ij}$（$i = 1, 2, \cdots, r$），表示在因素 A 的第 i 水平下观测的平均行驶时间；$\bar{x}_{\cdot j} = \frac{1}{r}\sum_{i=1}^{r} x_{ij}$（$j = 1, 2, \cdots$，$s$），表示在因素 B 的第 j 水平下观测的平均行驶时间；$\bar{x} = \frac{1}{rs}\sum_{i=1}^{r}\sum_{j=1}^{s} x_{ij} = \frac{1}{r}\sum_{i=1}^{r}\bar{x}_{i\cdot} = \frac{1}{s}\sum_{j=1}^{s}\bar{x}_{\cdot j}$ 表示 20 个行驶时间的均值（r=5，s=4）。

（1）两个因素变量与随机误差造成的总效应：

$$SST = \sum_{i=1}^{r}\sum_{j=1}^{s}(x_{ij} - \bar{x})^2 \tag{8-7}$$

SST 也称为总离差平方和，自由度为 $rs - 1$。

（2）因素 A 的效应：

$$SSA = s\sum_{i=1}^{r}(\bar{x}_{i\cdot} - \bar{x})^2 \tag{8-8}$$

SSA 表示因素 A 对因变量造成的影响，自由度为 r–1，其中 SSA 中的 A 是指因素 A。

（3）因素 B 的效应：

$$SSB = r\sum_{j=1}^{s}(\bar{x}_{\cdot j} - \bar{x})^2 \tag{8-9}$$

SSB 表示因素 B 对因变量造成的影响，自由度为 s–1，其中 SSB 中的 B 是指因素 B。

（4）随机误差效应：

$$SSE = \sum_{i=1}^{r}\sum_{j=1}^{s}(x_{ij} - \bar{x}_{i\cdot} - \bar{x}_{\cdot j} + \bar{x})^2 \tag{8-10}$$

SSE 表示随机误差对因变量造成的影响，自由度为（$r-1$）（$s-1$），其中 *SSE* 中的 *E* 是 Error 的含义。

为构造检验统计量，计算下列均方：

$$MSA=\frac{SSA}{r-1},\quad MSB=\frac{SSB}{s-1},\quad MSE=\frac{SSE}{(r-1)(s-1)} \tag{8-11}$$

与单因素方差分析类似，定义 *F* 检验统计量：

$$F_A=\frac{MSA}{MSE}\sim F(r-1,(r-1)(s-1)) \tag{8-12}$$

$$F_B=\frac{MSB}{MSE}\sim F(s-1,(r-1)(s-1)) \tag{8-13}$$

式中：*FA* 检验因素 *A* 对因变量的影响是否显著；*FB* 检验因素 *B* 对因变量的影响是否显著。

在 $\alpha=0.05$ 下，查表得 $F_\alpha(4,12)=3.26$ ，$F_\alpha(3,12)=3.49$ 。

作决策：若 $F_A \geqslant F_\alpha$ ，则拒绝零假设 H_{01}，表明 μ_i'（$i=1,2,\cdots,r$）之间的差异是显著的，即因素 *A* 对因变量有显著影响；若 $F_B \geqslant F_\alpha$ ，则拒绝零假设 H_{02}，表明 μ_i''（$i=1,2,\cdots,r$）之间的差异是显著的，即因素 *B* 对因变量有显著影响。

表 8-6 是无交互效应的双因素方差分析表。

表 8-6　无交互效应的双因素方差分析表

方差来源	平方和	自由度	均方	*F* 值
SSA	78.200	4	19.550	8.203
SSB	32.400	3	10.800	4.531
SSE	28.600	12	2.383	

可见 F_A、F_B 分别远远超过了临界值 3.26、3.49，所以拒绝零假设 H_{01} 和 H_{02}，表明“司机”和“路线”两个因素都对行驶时间有显著影响。

例 8-2 和例 8-3 的结论揭示了“路线”单一因素对行驶时间没有产生显著影响，引入“司机”因素之后，使得“路线”从没有显著影响变成有显著影响，这是为什么呢？

另外，也可以通过比较 *p* 值与显著性水平的大小作决策，这部分内容将在下一节中介绍。

注意：双因素方差分析的计算涉及 *r*、*s* 的取值，所以事先搞清楚 *r*、*s* 的取值，有助于我们计算。

8.2.2　有交互效应的双因素方差分析

在实际问题中，变量之间的关系往往是错综复杂的，例 8-3 遗留的一个问题就是，引入“司机”因素之后，“司机”和“路线”对行驶时间影响的效果都显著，怎样给出合理的解释呢？如果变量之间都不独立，而且是多个变量，问题会更加复杂，为了解决这类问题，下面我们介绍有交互效应的两因素方差分析法，只有掌握了这种方法，才能处理更多的实际问题。由于这种方法的计算量较大，方法原理与前面知识类似，所以下面只列出了相关计算公式，要求掌握统计软件的应用。

➘例 8-4　例 8-3 中的交通管理局还想研究司机变化所带来的行驶时间的变化与行驶的线路是否有关，因此我们假设对这个地区的交管局进行了 2 次测试，获得数据如表 8-7 所示。

表 8-7　从郊区到商业中心行驶时间的两次观测　　　（单位：分钟）

司　机	1 号 线		2 号 线		3 号 线		4 号 线	
小张	33	35	35	37	35	37	37	39
小李	36	38	37	39	39	41	39	41
小王	35	37	38	40	40	42	38	40
小刘	40	42	36	38	43	45	40	42
小杨	41	43	39	41	43	45	40	42

分析：与无交互效应的方差分析法的区别：因素 A 与因素 B 之间的相互作用对因变量产生了效应，应该建立三组假设。观察两因素每一对水平组合的观测值，取 $n=2$，所以共有 5×4×2=40 个观测值，相关计算公式如下：$\bar{x}_{i\cdot\cdot}=\frac{1}{sn}\sum\sum x_{ijk}$，$\bar{x}_{\cdot j\cdot}=\frac{1}{rn}\sum\sum x_{ijk}$，$\bar{x}_{ij\cdot}=\frac{1}{n}\sum x_{ijk}$，$\bar{x}=\frac{1}{rsn}\sum\sum\sum x_{ijk}$，$i=1,2,\cdots,r$；$j=1,2,\cdots,s$；$k=1,2,\cdots,n$，依据式（8-7）至式（8-10）有

（1）总效应：

$$SST=\sum\sum\sum(x_{ijk}-\bar{x})^2 \tag{8-14}$$

SST 的自由度为 $rsn-1$。

（2）因素 A 的效应：

$$SSA=sn\sum(\bar{x}_{i\cdot\cdot}-\bar{x})^2 \tag{8-15}$$

SSA 的自由度为 $r-1$。

（3）因素 B 的效应：

$$SSB=rn\sum(\bar{x}_{\cdot j\cdot}-\bar{x})^2 \tag{8-16}$$

SSB 的自由度为 $s-1$。

（4）两个因素交互作用 $A*B$ 的效应

$$SSAB=n\sum\sum(\bar{x}_{ij\cdot}-\bar{x}_{i\cdot\cdot}-\bar{x}_{\cdot j\cdot}+\bar{x})^2 \tag{8-17}$$

$SSAB$ 的自由度为 $(r-1)(s-1)$。

（5）残差效应：

$$SSE=\sum\sum\sum(x_{ijk}-\bar{x}_{ij\cdot})^2 \tag{8-18}$$

$SSAB$ 的自由度为 $rs(n-1)$。

为构造检验统计量，依据式（8-11）有

$$MSA=\frac{SSA}{r-1},\quad MSB=\frac{SSB}{s-1},\quad MSAB=\frac{SSAB}{(r-1)(s-1)},\ MSE=\frac{SSE}{rs(n-1)} \tag{8-19}$$

由式（8-12）和式（8-13）得 F 检验统计量：

$$F_A=\frac{MSA}{MSE}\sim F(r-1,\ rs(n-1)) \tag{8-20}$$

$$F_B=\frac{MSB}{MSE}\sim F(s-1,\ rs(n-1)) \tag{8-21}$$

$$F_{A*B}=\frac{MSAB}{MSE}\sim F((r-1)(s-1),\ rs(n-1)) \tag{8-22}$$

式中：F_A 检验因素 A 对因变量的影响是否显著；F_B 检验因素 B 对因变量的影响是否显著；F_{A*B} 检验两个因素的交互作用对因变量的影响是否显著。

在 α=0.05 下，查表得 $F_\alpha(4,20)=2.87$，$F_\alpha(3,20)=3.10$，$F_\alpha(12,20)=2.28$。

作决策：若 $F_A \geqslant F_\alpha(r-1,\ rs(n-1))$，表明因素 A 对因变量有显著影响，否则因素 A 对因变量没有显著影响；若 $F_B \geqslant F_\alpha(s-1,\ rs(n-1))$，表明因素 B 对因变量有显著影响，否则没有显著影响；若 $F_{A*B} \geqslant F_\alpha((r-1)(s-1), rs(n-1))$，表明两因素的交互作用 $A*B$ 对因变量有显著影响，否则没有显著影响。有交互效应的双因素方差分析表如表 8-8 所示。

表 8-8　有交互效应的双因素方差分析表

方差来源	平方和	自由度	均方	F 值
SSA	156.400	4	38.750	20.395
SSB	64.800	3	22.500	11.842
$SSAB$	61.000	12	5.083	2.675
SSE	40.000	20	1.900	

分别比较 F 检验统计量与临界值的大小，可知“司机”与“路线”的交互作用对行驶时间的影响也是显著的。

8.3 用软件实现方差分析

8.3.1 单因素方差分析

以例 8-2 为例，进行单因素方差分析，即只考虑“路线”因素对行驶时间的影响（不考虑“司机”因素），在 SPSS 主菜单中选择“分析”→“比较平均值”→“单因素方差分析”，在“单因素方差分析”对话框中，将“行驶时间”选入“因变量列表”，将“路线”选入“因子”，点击“确定”，如图 8-1 和图 8-2 所示。

行驶时间	路线	司机
33	1	1
36	1	2
35	1	3
40	1	4
41	1	5
35	2	1
37	2	2
38	2	3
36	2	4
39	2	5
35	3	1
39	3	2
40	3	3
43	3	4
43	3	5
37	4	1
39	4	2
38	4	3
40	4	4
40	4	5

图 8-1　数据录入

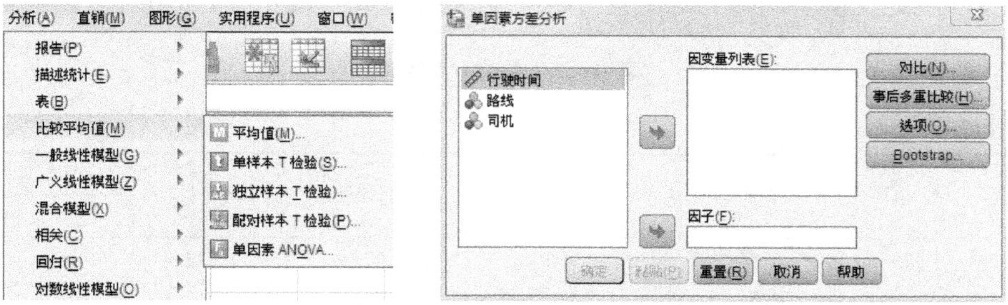

图 8-2　单因素方差分析

输出结果见表 8-9。

表 8-9　单因素方差分析结果

行驶时间

	平　方　和	df	均　　方	F	显　著　性
组间	32.400	3	10.800	1.618	0.225
组内	106.800	16	6.675		
总计	139.200	19			

由表 8-9 可知，p 值显然大于显著性水平，表明“线路”对行驶时间没有显著影响。例 8-3 中引入“司机”变量后，在单因素方差分析对话框中，将“行驶时间”选入“因变量”，将“司机”选入“因子”，在“事后比较”按钮中选择“LSD”“Waller-Duncan”和选项“Tamhane's T2”，在“选项”按钮中选“描述性”“方差齐性检验”，如图 8-3 所示，点击“继续”“确定”。

图 8-3　多重比较与单因素选项

输出结果见表 8-10。

表 8-10 方差齐性检验

行驶时间

Levene 检验	df1	df2	显 著 性
0.275	4	15	0.890

根据表 8-10，p 值大于显著性水平，说明 5 个水平之间没有显著差异，方差相等，查看多重比较的 LSD 检验结果；若方差不相等，查看多重比较的 Tamhane 检验结果。

表 8-11 多重比较结果

因变量：行驶时间

	（I）司机	（J）司机	均值差值（I–J）	标准误差	显著性	95%置信区间	
						下限	上限
LSD	小张	小李	−2.750*	1.076	0.015	−4.93	−0.57
		小王	−2.750*	1.076	0.015	−4.93	−0.57
		小刘	−4.750*	1.076	0.000	−6.93	−2.57
		小杨	−5.750*	1.076	0.000	−7.93	−3.57
LSD	小李	小张	2.750*	1.076	0.015	0.57	4.93
		小王	0.000	1.076	1.000	−2.18	2.18
		小刘	−2.000	1.076	0.071	−4.18	0.18
		小杨	−3.000*	1.076	0.008	−5.18	−0.82
	小王	小张	2.750*	1.076	0.015	0.57	4.93
		小李	0.000	1.076	1.000	−2.18	2.18
		小刘	−2.000	1.076	0.071	−4.18	0.18
		小杨	−3.000*	1.076	0.008	−5.18	−0.82
	小刘	小张	4.750*	1.076	0.000	2.57	6.93
		小李	2.000	1.076	0.071	−0.18	4.18
		小王	2.000	1.076	0.071	−0.18	4.18
		小杨	−1.000	1.076	0.359	−3.18	1.18
	小杨	小张	5.750*	1.076	0.000	3.57	7.93
		小李	3.000*	1.076	0.008	0.82	5.18
		小王	3.000*	1.076	0.008	0.82	5.18
		小刘	1.000	1.076	0.359	−1.18	3.18

截取多重比较图表的上半部分来说明问题，观察显著性。图中有两个司机的 p 值小于 0.05，分别是“小张”和“小杨”，小张司机与其他司机均有显著性差异，小杨和小刘没有显著性差异，所以司机之间是有相关性的，这就导致引入“司机”因素之后，两个因素均对行驶时间有显著影响，这个原因也是“司机*路线”作用对行驶时间产生影响的根本原因。

8.3.2 无交互效应的双因素方差分析

对上述原始数据，在 SPSS 主菜单中选择“分析”→“一般线性模型”→“单变量”，如图 8-5 所示。

图 8-5　双因素方差分析

在“单变量”对话框中，将“行驶时间”选入“因变量”，将“路线”和“司机”选入“固定因子”；在“模型”选项中，选择“定制”，将“路线”和“司机”拽入“模型”，再选择“主效应”，取消“在模型中包含截距”选项，点击“继续”，在“绘图”选项中，将“路线”选入“水平轴”，将“司机”选入“单独的线条”，点击“添加”，点击“继续”，点击“确定”，输出结果如表 8-12 所示。

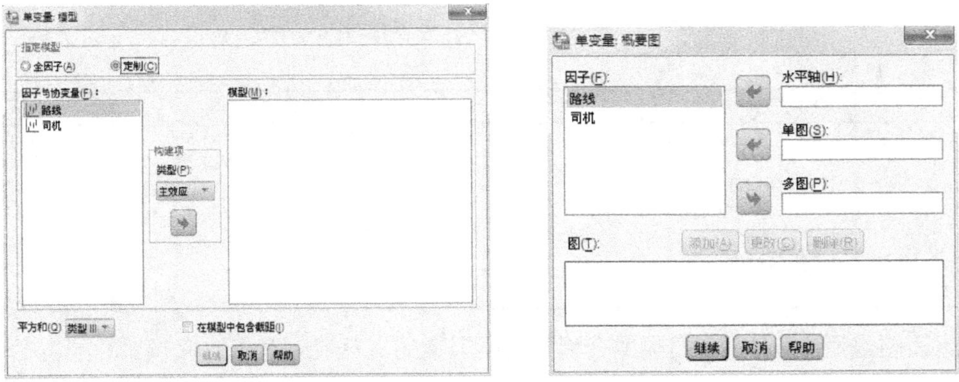

图 8-6　模型设定

表 8-12　无交互效应的双因素方差分析结果

因变量：行驶时间

来　源	第 III 类平方和	df	均　方	F	显 著 性
模型	29295.400[a]	8	3661.925	1536.472	0.000
司机	78.200	4	19.550	8.203	0.002
路线	32.400	3	10.800	4.531	0.024
误差	28.600	12	2.383		
总计	29324.000	20			

观察两因素对应的 p 值均小于显著性水平 $\alpha=0.05$，表明两因素均对因变量有显著影响。

图 8-7 中 5 条折线均是平行或者重合的（其中小王和小李系列的折线相互重合），表明没有考虑两个因素之间的交互作用。

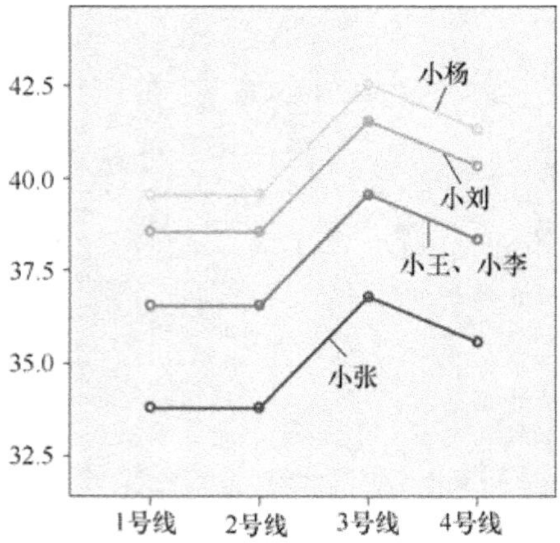

图 8-7　无交互效应的折线图

8.3.3　有交互效应的双因素方差分析

以例 8-4 为例，录入 40 个数据，在 SPSS 主菜单中选择“分析”→“一般线性模型”→“单变量”，跟上述类似，唯一的区别是在“模型”选项中，选择“全因子”而不是“主效应”，最后点击“确定”，输出结果如表 8-13 所示。

表 8-13　有交互效应的双因素方差分析结果

因变量：行驶时间

来　源	第 III 类平方和	df	均　方	F	显　著　性
模型	278.400	19	7.326	1543.600	0.000
司机	156.400	4	39.100	19.550	0.000
路线	64.800	3	21.600	10.800	0.000
路线*司机	57.200	12	4.767	2.383	0.041
误差	40.000	20	2.000		
总计	61784.000	40			

观察表格最后一列 p 值，可见两个因素及两因素的交互效应对应的 p 值都小于显著性水平 $\alpha = 0.05$，所以认为“司机”“路线”以及“司机*路线”三个变量对因变量的影响是显著的。

图 8-8 中的 5 条折线是相互交错的，表明两个因素变量之间是有交互作用的。

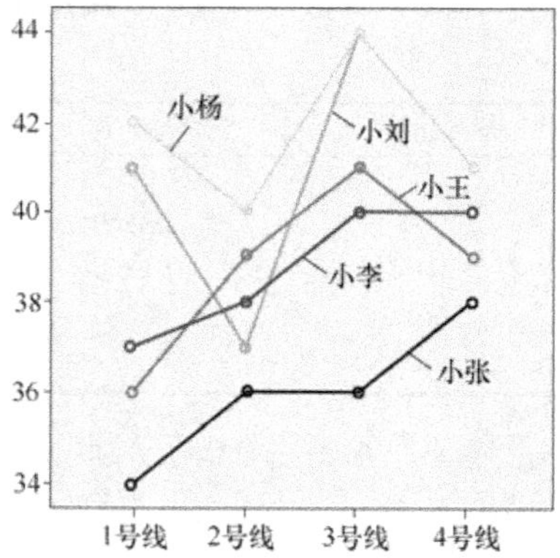

图 8-8　有交互效应的折线图

思考与练习

1. 方差分析是用于研究哪种数据的统计方法?

2. 请举出一个你感兴趣而且能用方差分析研究两个变量关系的例子。

3. 请写出单因素方差分析总平方和的分解式，并解释该式子的含义。

4. 在某种橡胶的配方中，考虑了 3 种不同的促进剂、4 种不同的氧化锌。每种配方实验一次，测得 300%定强如下表所示。

氧化锌 B / 促进剂 A	B_1	B_2	B_3	B_4
A_1	32	35	35.5	38.5
A_2	33.5	36.5	38	39.5
A_3	36	37.5	39.5	43

问不同促进剂、不同分量氧化锌分别对定强有无显著性影响?（α=0.05）

5. 某市场研究公司调查某省民营企业职工商业保险投保状态时，取得如下表所示数据。

某年全年商业保险消费支出额　　（单位：元）

按年龄分组	1	2	3	4	5	6	7	8	9	10	11	12
30 岁以下	350	1 500	820	280	389	1 588	652	150	1 020	350	147	58
30～50 岁	458	2 350	1 522	890	868	2 897	1 872	280	2 100	751	860	821
50 岁以上	140	50	100	150	102	450	284	452	350	120	45	120

那么不同年龄段职工的商业保险费用支出水平是否存在显著性差异?（α=0.05）

6. 为提高大学数学的教学效果，某研究员提出了 4 种不同的数学教学辅助手段。现欲考察这些辅助手段对教学效果的改进是否存在显著性差异，从当前一年级学生中抽取 4 个班级进行试验，学期结束考试成绩（卷面）如下表所示（每个班级抽取 15 名学生）。

考试成绩　　（单位：分）

序　号	方法 1	方法 2	方法 3	方法 4
1	89	85	89	68
2	95	86	98	69
3	82	78	95	67
4	65	89	96	69
5	45	90	94	89
6	68	87	93	99
7	95	88	85	95
8	90	65	86	87
9	88	60	87	82
10	78	98	86	65
11	65	95	82	48
12	68	48	81	49
13	78	65	80	79
14	79	77	78	86
15	81	89	75	88

（1）这 4 种辅助教学方法的教学效果是否存在差异？（α=0.05）

（2）为保证统计分析结论的可靠性，本例数据采集时有何要求？

7. 有人认为本科毕业生的收入比高中毕业后工作的人多，拥有硕士或博士学位的人的收入更多。为检验这一观点，从一跨国公司随机选择 24 名主管人员，其按教育程度分类的收入状况如下表所示。

收入状况（单位：万元）

高中及更低	大学本科	硕士及更高
23	25	26
24	29	37
27	43	41
31	37	30
20	41	47
22	42	45
22	45	45
27	45	45

在 0.05 的显著性水平下，检验 3 组收入的均值无差异的零假设。如果零假设被拒绝，进一步比较哪组存在差异。

8. 一家广告公司想知道读者对不同颜色和大小的广告反应是否不同，随机选取读者对 4 种颜色、3 种不同尺寸的广告进行评价。对每一种颜色和大小的组合给出 1～10 的评分，假设评分结果服从正态分布。下表是评分结果。

评分结果

大小	颜色			
	红	蓝	橘黄	绿
小	2	3	3	8
中	3	5	6	7
大	6	7	8	8

在 0.05 的显著性水平下，不同颜色和大小对广告效果是否有差异？

第 9 章

Chapter 09

相关与回归分析

在实际生活中，变量之间都存在着错综复杂的联系，只单纯地知道单个变量的变化规律并不能解决所有的问题，所以两个及两个以上变量之间关系的研究变得尤为重要，只有研究清楚变量之间的相互关系，才能更好地认识客观事物的发展规律，比如：高尔顿的实验数据表明，父亲的身高高于平均身高时，他们的儿子身高比他们更高的概率要小于比他们更矮的概率；反之，父亲的身高低于平均身高时，他们的儿子身高比他们更矮的概率要小于比他们更高的概率。这种现象其实很普遍，比如：学生的考试成绩也有这种规律，期中考试成绩比较好的学生期末成绩也好，但平均来看不像期中考试成绩那么好；期中考试成绩比较差的学生期末考试成绩平均要好一些，这种变量之间的关系和变化规律需要利用本章介绍的内容，并且最后一节将介绍统计软件的应用。

本章重点与目标

1. 掌握相关系数的计算
2. 理解相关分析与回归分析的区别
3. 熟悉相关关系的判断
4. 掌握简单直线回归分析的计算
5. 在统计软件中应用相关理论

9.1 变量间的相关关系

9.1.1 变量间的关系

两个及两个以上变量之间的相互关系可以分为两大类：一类是函数关系；另一类是相关关系。函数关系表明了两个或两个以上数值变量之间确定的数量关系，比如 $S=\pi r^2$ 就表明了半径和圆的面积之间的一种函数关系；相关关系表明了两个或两个以上数值变量之间的相互依赖、不确定的关系，比如 RIO 鸡尾酒的广告支出费用与销售量之间的相互依赖关系，但是这种关系不能像函数关系那样用确定的公式表现出来，所以如果变量间的相关关系存在，如何来刻画这种关系就是接下来要介绍的内容。

9.1.2 相关关系的种类

（1）按相关关系涉及的变量多少，可分为单相关和复相关。单相关是指研究的变量个数只有 2 个；复相关是指研究的变量个数是多个（≥2）。

（2）按相关关系的表现形式来分，可分为线性相关和非线性相关。如果将两个变量的取值分别对应坐标系中的横坐标和纵坐标，通过描点后发现它们集中分布在某条直线附近，则称这两个变量为线性相关。比如：产品的成本与利润之间就是线性相关；如果描点后发现它们分布在一条曲线附近，则是非线性相关；一天的气温和时间之间就是非线性相关。

（3）按相关关系的方向来分，可分为正相关和负相关。若两个变量的值变化方向一致，即同时增大或者减小，称为正相关，比如商品的供给量与价格之间就是正相关，当价格上涨时，供给量就增加，当价格下降时，供给量就减少；若两个变量的值变化方向不一致，则称为负相关，比如商品的需求量与价格之间就是负相关，当价格上涨时，需求量就减少，当价格下降时，需求量就增加。

（4）按相关程度来分，可分为完全相关、不完全相关和不相关三类。完全相关实际就是变量之间一种确定性的函数关系；不相关是指两个变量之间不存在相关关系，彼此独立，相互之间没有关系；不完全相关就是介于完全相关和不相关中间的相互关系。

9.2 相关分析

9.2.1 图示法：散点图

将变量 X 和 Y 通过描点绘制得到的图形称为散点图，它是用来表明相关关系的图形，也称相关图。利用相关图不仅可以判断现象之间是否具有相关关系，也可以判断现象之间相关关系的种类，还可以观察现象之间相关关系的密切程度。图 9-1 至图 9-3 分别阐明了相关关系的类型。

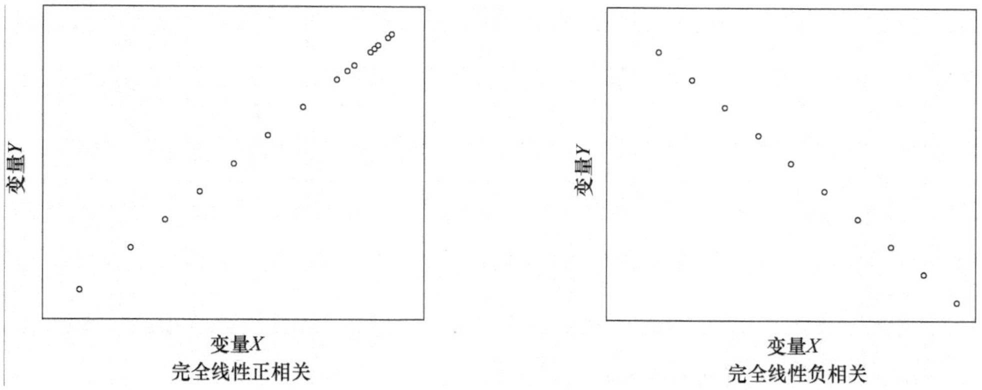

图 9-1　完全正相关和完全负相关图

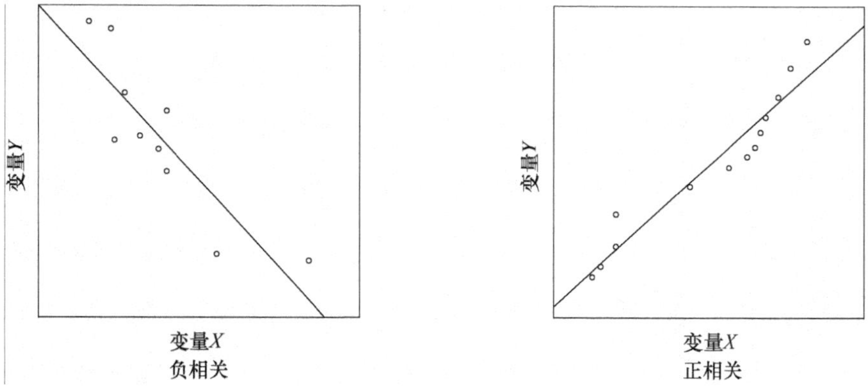

图 9-2　正相关和负相关图

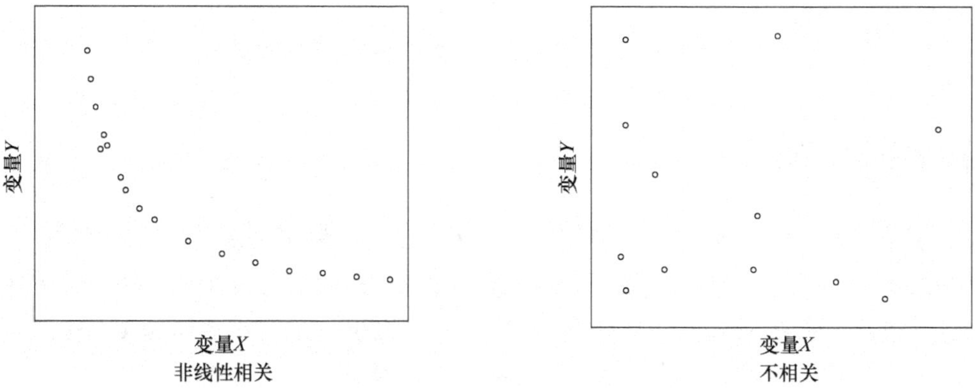

图 9-3　非线性相关和不相关图

例 9-1　随机抽取 10 家航空公司，对其最近一年的航班正点率和顾客投诉次数进行了调查，数据如表 9-1 所示。

表 9-1　航班正点率和顾客投诉次数数据

航空公司编号	航班正点率（%）	投诉次数
1	81.8	21
2	76.6	58
3	76.6	85
4	75.7	68
5	73.8	74
6	72.2	93
7	71.2	72
8	70.8	122
9	91.4	18
10	68.5	125

画出航班正点率与顾客投诉次数的散点图。

解： 绘制的图形如图 9-4 所示。

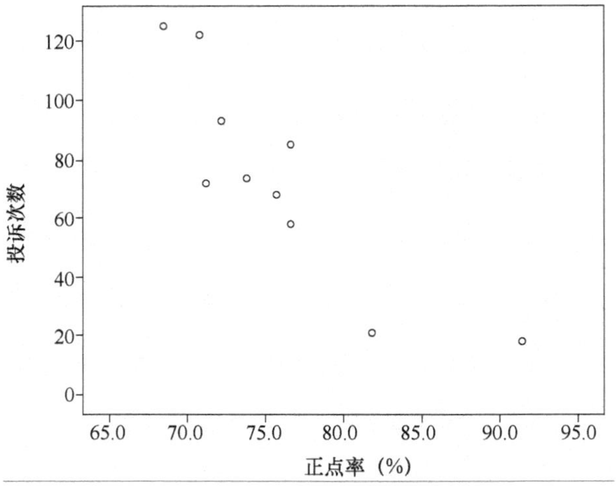

图 9-4　航班正点率与顾客投诉次数散点图

9.2.2　相关系数法

散点图从定性的角度阐明了变量的相关关系，但是就相关关系的密切程度还是不能给出科学的解释，需要从定量的角度研究变量之间关系的强弱。目前，使用最广泛的度量两组数据之间的线性相关程度的统计量是相关系数 r（correlation coefficient），是由英国统计学家卡尔·皮尔逊提出的，因此也称为 Pearson 相关系数。

$$r = \frac{s_{xy}^2}{s_x \cdot s_y} \tag{9-1}$$

其中：

（1）(x_i, y_i) 是变量 X 与 Y 的 n 对观测值，$i=1, 2, \cdots, n$；

（2）s_{xy}^2 是变量 X 与 Y 的协方差，$s_{xy}^2=\dfrac{\sum(x_i-\bar{x})(y_i-\bar{y})}{n-1}$；

（3）s_x、s_y 是变量 X 和 Y 的标准差，$s_x=\sqrt{\dfrac{\sum(x_i-\bar{x})}{n-1}}$，$s_y=\sqrt{\dfrac{\sum(y_i-\bar{y})^2}{n-1}}$。

$$r=\frac{n\sum xy-\sum x\sum y}{\sqrt{n\sum x^2-(\sum x)^2}\cdot\sqrt{n\sum y^2-(\sum y)^2}} \tag{9-2}$$

相较于式（9-1），式（9-2）计算量相对较小，一般被用来计算相关系数。

变量 X 与 Y 之间的相关系数有如下特征：

（1）相关系数 r 的值在 -1 到 1 之间，即 $-1\leqslant r\leqslant 1$，$|r|$ 越接近于 1，说明 X 与 Y 之间的关系越强，$|r|=1$ 表明 X 与 Y 之间有确定的线性关系；

（2）相关系数 $r>0$ 表明 X 与 Y 之间正相关，$r<0$ 表明 X 与 Y 之间负相关；

（3）相关系数 $r=0$ 表明 X 与 Y 不存在线性相关关系；

（4）一般以 0.5 为分界，如果 $|r|<0.5$ 表明相关关系较弱，当 $|r|>0.5$ 时相关关系较强。

注意：$r=0$ 并不表明无相关关系，只能说明无线性相关关系，但可能存在非线性相关关系，这是最容易被初学者忽略的内容。

例 9-2　根据例 9-1 计算航班正点率与顾客投诉次数之间的相关系数。

解： 设航班正点率为变量 X，顾客投诉次数为变量 Y。两者的相关系数计算表见表 9-2。

表 9-2　航班正点率与顾客投诉次数相关系数计算表

i	正点率 x_i	次数 y_i	x_i^2	y_i^2	x_iy_i
1	81.8	21	6 691.24	441	1 717.8
2	76.6	58	5 867.56	3 364	4 442.8
3	76.6	85	5 867.56	7 225	6 511
4	75.7	68	5 730.49	4 624	5 147.6
5	73.8	74	5 446.44	5 476	5 461.2
6	72.2	93	5 212.84	8 649	6 714.6
7	71.2	72	5 069.44	5 184	5 126.4
8	70.8	122	5 012.64	14 884	8 637.6
9	91.4	18	8 353.96	324	1 645.2
10	68.5	125	4 692.25	15 625	8 562.5
合计	758.6	736	57 944.42	65 796	53 966.7

将上述结果代入式（9-2）得

$$\begin{aligned} r &= \frac{n\sum x_i y_i - \sum x_i \sum y_i}{\sqrt{n\sum x_i^2 - (\sum x_i)^2} \cdot \sqrt{n\sum y_i^2 - (\sum y_i)^2}} \\ &= \frac{10 \times 53\,966.7 - 758.6 \times 736}{\sqrt{10 \times 57\,944.42 - 758.6^2} \times \sqrt{10 \times 65\,796 - 736^2}} \\ &\approx -0.869 \end{aligned}$$

$r=-0.869$ 说明航班正点率与顾客投诉次数之间存在线性负相关，且关系较强，即航班正点率越高，顾客投诉次数就越少。

9.3 一元线性回归

9.3.1 一元线性回归模型

当变量 X 与 Y 互为相关关系时，还需要知道变量 Y 是如何依赖变量 X 变化的，比如某地区的房价是如何受当地的经济水平、人口因素影响的。研究的变量称为因变量，用 Y 表示，那些影响因变量变化的变量称为自变量（或解释变量），用 X 表示。

对于自变量 X 和因变量 Y，一元线性回归模型为

$$Y=\alpha+\beta X+\varepsilon \tag{9-3}$$

式中：α 称为截距，β 称为斜率，ε 称为随机误差且 $\varepsilon \sim N(0,\ \sigma^2)$（$\alpha$、$\beta$ 和 σ 均为未知参数）。

回归模型中因变量 Y 可被分为两部分：线性部分和随机误差项。由于随机误差导致 Y 为随机变量且 $Y \sim N(\alpha+\beta X,\ \sigma^2)$，因此 $E(Y)=\alpha+\beta X$，即因变量 Y 的期望值是自变量 X 的线性函数。在回归预测中，一般用因变量 Y 的期望值 $E(Y)$ 来作为 Y 的估计值，记作 $\hat{Y}$，即 $\hat{Y}=E(Y)=\alpha+\beta X$。

9.3.2 模型参数的估计

若 $(x_i,\ y_i)$ 是 $(X,\ Y)$ 的一组容量为 n 的观测值（$i=1,\ 2,\ \cdots,\ n$），利用最小二乘法估计参数 α 和 β。通过观察例 9-1 的散点图可以发现，散点有规律地分布在某些直线附近，但是究竟哪一条直线 $\hat{Y}=\alpha+\beta X$ 能“最好”地描述飞机的平均正点率与投诉次数之间的线性关系呢？最小二乘法估计的基本思想是使因变量的观测值 y_i 与估计值 $\hat{y}_i$ 之间的距离平

方和（残差平方和）最小，即 $Q(\alpha,\ \beta)=\sum_{i=1}^{n}(y_i-\hat{y}_i)^2=\sum_{i=1}^{n}(y_i-\alpha-\beta x_i)^2$ 最小，此时的 α 和 β 记作 $\hat{\alpha}$ 和 $\hat{\beta}$。

下面利用函数求极值的方法，即寻找 $\hat{\alpha}$ 和 $\hat{\beta}$ 使得 $Q(\alpha,\ \beta)$ 达到最小。

$$\begin{cases}\dfrac{\partial Q}{\partial \alpha}=-2\sum_{i=1}^{n}(y_i-\alpha-\beta x_i)=0\\ \dfrac{\partial Q}{\partial \beta}=-2\sum_{i=1}^{n}(y_i-\alpha-\beta x_i)x_i=0\end{cases}$$

解方程组可得 $\hat{\alpha}$ 和 $\hat{\beta}$，即

$$\begin{cases}\hat{\alpha}=\overline{y}-\hat{\beta}\overline{x}\\ \hat{\beta}=\dfrac{n\sum_{i=1}^{n}x_iy_i-(\sum_{i=1}^{n}x_i)(\sum_{i=1}^{n}y_i)}{n\sum_{i=1}^{n}x_i^2-(\sum_{i=1}^{n}x_i)^2}\end{cases}\tag{9-4}$$

式中，$\overline{x}=\dfrac{\sum_{i=1}^{n}x_i}{n}$，$\overline{y}=\dfrac{\sum_{i=1}^{n}y_i}{n}$。

可得拟合后的直线为 $\hat{y}=\hat{\alpha}+\hat{\beta}x$。

σ^2 的估计一般采用残差来估计，即

$$\hat{\sigma}^2=\frac{1}{n-2}\sum_{i=1}^{n}(y_i-\hat{\alpha}-\hat{\beta}x_i)^2=\frac{1}{n-2}\sum_{i=1}^{n}(y_i-\hat{y}_i)^2\tag{9-5}$$

$n-2$ 是残差的自由度，所以随机误差项的方差（回归方程的估计标方差）为残差的均方，它是判断回归方程是否优良的一种标准，特别是在多元回归分析中的应用，后面将会介绍。

例 9-3　对例 9-1 及计算相关表格套用式（9-4）和式（9-5）可得

$$\begin{cases}\hat{\alpha}=430.189\\ \hat{\beta}=-4.701\\ \hat{\sigma}=18.887\end{cases}$$

回归直线为 $\hat{y}=430.189-4.701x$，即当航班的正点率每增加一个单位时，顾客的投诉次数平均减少 4.701 次。

在回归分析中，回归参数的意义是非常重要的，对 $\hat{y}=\hat{\alpha}+\hat{\beta}x$ 而言，变量 x 每增加 1

个单位，变量 $\hat{y}$ 平均增加 $\hat{\beta}$ 个单位；当变量 x 取值为 0 时，变量 $\hat{y}$ 取值为 $\hat{\alpha}$。

9.3.3 一元线性回归模型的评价

回归模型建立后需要利用专业的知识判断该模型是否恰当、是否最优，而统计检验是判断模型优劣的基本方法，下面利用统计检验和相关理论给出一元线性回归模型评价的标准。

1. 回归模型的拟合优度

回归模型的拟合优度主要是回归方程对数据的拟合程度（或者自变量对因变量的解释度达到多少），方法上主要是计算判定系数的值，其思想来源于因变量的方差平方和的分解。

y_1，y_2，…，y_n 是因变量的一组观测值，$\hat{y}_1$，$\hat{y}_2$，…，$\hat{y}_n$ 是因变量的回归预测值（估计值），定义

$$SST=\sum_{i=1}^{n}(y_i-\overline{y})^2 \tag{9-6}$$

是因变量总离差平方和，自由度为 $n-1$。

残差平方和（SSE）：

$$SSE=\sum_{i=1}^{n}(y_i-\hat{y}_i)^2 \tag{9-7}$$

它反映了随机误差项对因变量的干扰总和，自由度为 $n-2$，SSE 中的 E 是 Error 的含义。

回归平方和（SSR）：

$$SSR=\sum_{i=1}^{n}(\hat{y}_i-\overline{y})^2 \tag{9-8}$$

它反映了自变量的变化对因变量影响的总和，自由度为 1，SSR 中的 R 是 Regression 的含义。

类似于第 8 章回归模型的总离差平方和=回归平方和+残差平方和，即

$$SST=SSR+SSE \tag{9-9}$$

对回归模型而言，自变量对因变量的信息解释得越多，拟合的程度越好，所以模型的拟合优度其实就是回归平方和占总离差平方和的比例，称这个比例为判定系数，记作 R^2，即

$$R^2=\frac{SSR}{SST} \tag{9-10}$$

在一元线性回归中，也称 R^2 为效应比，提到 R^2 自然而言就是指自变量对因变量的解释度。R^2 的取值范围是 0～1，R^2 值越大说明自变量对因变量的解释度越高，模型拟合得越好；R^2 的值其实就是变量 X 和 Y 的相关系数 r 的平方，有的课本把判定系数也记作 r^2。虽然 R^2 在样本容量大时拟合程度不错，但是 R^2 的值却不能让人满意，所以往往使用调整后的 R^2，其计算公式为

$$R^2 = 1 - \frac{SSE/(n-2)}{SST/(n-1)} \tag{9-11}$$

当然调整后的 R^2 与相关系数的平方不再有相等关系。

例 9-4　计算例 9-1 的判定系数 R^2，因为 $11\,626.400 = 8\,772.854 + 2\,853.816$，所以由式（9-10）得 $R^2 = 0.755$，$r^2 = 0.869^2 = 0.755$，可见 $R^2 = r^2$，再由式（9-11）得调整后的 $R^2 = 0.724$，故航班正点率的样本数据对顾客总体的投诉次数的解释度达到了 72.4%。

2. 回归系数的 *t* 检验

对回归模型式（9-3）建立假设：

$$H_0: \beta = 0 \quad \text{vs} \quad H_1: \beta \neq 0$$

零假设成立表示因变量的变化不随着自变量的变化而变化，若拒绝零假设则表明回归系数 β 不等于 0，该自变量对因变量的影响是显著的；反之，若不能拒绝零假设，说明两个变量没有线性相关关系。

t 检验统计量：

$$t = \frac{\hat{\beta}}{s_\beta} \sim t(n-2)\ （当\ H_0\ 成立时） \tag{9-12}$$

式中：$s_\beta = \dfrac{\sqrt{\sum_{i=1}^{n}(y_i - \hat{y}_i)^2 / (n-2)}}{\sqrt{\sum_{i=1}^{n}(x_i - \bar{x})^2}}$。

作决策：在给定显著性水平 α 下，当 $|t| \geqslant t_{\frac{\alpha}{2}}(n-2)$ 时，拒绝零假设 $\beta = 0$，认为自变量 X 对因变量 Y 的影响是显著的，即因变量 Y 与自变量 X 存在线性相关关系；当 $|t| < t_{\frac{\alpha}{2}}(n-2)$ 时，不能拒绝零假设，表明自变量 X 对因变量 Y 的影响不显著，或者因变量 Y 与自变量 X 不存在线性关系。

例 9-5　对例 9-1 进行回归系数的显著性检验（已知显著性水平为 0.05）。

解： 第一步：建立假设 $H_0: \beta = 0 \quad \text{vs} \quad H_1: \beta \neq 0$。

第二步：由式（9-12）得 $t=\frac{\hat{\beta}}{s_{\beta}}=\frac{-4.701}{0.948}=-4.959$。

第三步：查表得 $t_{\alpha/2}(8)=2.3060$。

第四步：作决策，$|t|=4.959>2.306$，所以拒绝零假设，说明航班正点率样本数据对顾客的投诉次数有显著影响。

另外，利用 p 值作决策，查 t 分布表得 $P(|t|\geqslant 4.959)=0.001$，可见 $p<0.05$，所以拒绝零假设。上述数据结果都可以通过统计软件得到，所以在实践中不需要大量的计算。

3. 回归方程的 *F* 检验

回归模型优劣的另一个检验方法是 F 检验，可以检验回归模型的有效性，或者是回归模型的拟合程度，F 检验与判定系数 R^2 是等价的，只是方法不同而已。

统计假设：

$$H_0:\beta=0 \quad \text{vs} \quad H_1:\beta\neq 0$$

零假设成立表示该模型没有意义，若拒绝零假设则表明回归系数 β 不等于 0，说明该模型有意义；反之说明该模型没有意义。

F 统计量：

$$F=\frac{SSR/1}{SSE/(n-2)}\sim F(1,\ n-2)\ (\text{当}H_0\text{成立时}) \tag{9-13}$$

作决策：在给定显著性水平 α 下，当 $F\geqslant F_{\alpha}(1,\ n-2)$ 时，拒绝零假设 $\beta=0$，认为该模型有意义，即因变量 Y 与自变量 X 之间存在线性关系；反之该模型没有意义。

注意：对一元回归分析而言，上述三项检验可以说是等价的，不同课本不一样的表述很容易让初学者混淆，但意义是等价的。如果要说区别的话，回归方程的检验侧重于总体显著性的检验，而回归系数的检验侧重于自变量个体的显著性检验。在多元回归分析中，随着自变量个数的增加，回归系数的 t 检验和回归方程的 F 检验就不能相提并论了，各自发挥各自的优势。

例9-6 对例9-1进行回归方程的显著性检验（已知显著性水平为0.05）。

解： 第一步：建立假设 $H_0:\beta=0 \quad \text{vs} \quad H_1:\beta\neq 0$。

第二步：由式（9-13）得 $F=\frac{SSR/1}{SSE/(n-2)}=\frac{8\,772.584}{2\,853.816/8}=24.592$。

第三步：查表得 $F_{\alpha}(1,\ 8)=5.32$。

第四步：作决策，$F=24.592>5.32$，所以拒绝零假设，说明该模型有意义，也表明自变量 X 对因变量 Y 的影响是显著的，或者模型拟合的程度好。

9.4 多元线性回归

前面介绍的一元线性回归是最简单的情形，在实际中，影响因变量的因素往往很多，比如某品牌手机的销售量会受到款式、颜色、大小和功能等因素的影响，接下来将介绍多元线性回归模型分析。

9.4.1 多元线性回归模型

考虑因变量 Y 与 p 个自变量 X_1，X_2，…，X_p之间的关系，建立多元线性回归模型如下：

$$Y=\alpha+\beta_1X_1+\beta_2X_2+\cdots+\beta_pX_p+\varepsilon \tag{9-14}$$

其中：（1）p 为自变量的个数，β_1，β_2，…，β_p 是偏回归系数，α 是截距；

（2）随机误差项 $\varepsilon \sim N(0, \boldsymbol{I}\sigma^2)$ 且相互独立（$\boldsymbol{I}$ 是单位矩阵）（α，β_1，β_2，…，β_p 和 σ 均为未知参数），当 $p=1$ 时，式（9-14）退化为一元线性模型，当 $p\geqslant 2$ 时，称式（9-14）为多元线性回归模型。

9.4.2 模型参数的估计

若 $(x_{i1}, x_{i2}, \cdots, x_{ip}, y_i)$ $(i=1, 2, \cdots, n)$ 是 $(X_1, X_2, \cdots, X_p, Y)$ 的 n 组观测值，则代入式（9-14）有

$$\begin{cases} y_1=\alpha+\beta_1x_{11}+\beta_2x_{12}+\cdots+\beta_px_{1p}+\varepsilon_1 \\ y_2=\alpha+\beta_1x_{21}+\beta_2x_{22}+\cdots+\beta_px_{2p}+\varepsilon_2 \\ \qquad\vdots \\ y_n=\alpha+\beta_1x_{n1}+\beta_2x_{n2}+\cdots+\beta_px_{np}+\varepsilon_n \end{cases}$$

通常 $\varepsilon_i \sim N(0, \sigma^2)$ 且相互独立 $(i=1, 2, \cdots, n)$，因为参数估计的过程涉及矩阵的知识，因此本书省略了推导步骤。参数估计值可由计算机软件直接输出，参考本章最后一节，得到拟合方程：$\hat{y}=\hat{\alpha}+\hat{\beta}_1x_1+\hat{\beta}_2x_2+\cdots+\hat{\beta}_px_p$。

例 9-7　市场上奶茶的品种很多价格也各异，不管是口味、包装还是配料都越来越多样，表 9-3 是不同价格奶茶在市场上投入的广告费用以及销售量。

表 9-3　奶茶在市场上投入的广告费用以及销售量

序　　号	价格（元）	广告费用支出（千元）	销售量（万杯）
1	5	20	40
2	8	11	30
3	7	21	32
4	7	10	28
5	10	7	20
6	8	8	25
7	6	24	36
8	5	20	40
9	4	21	42
10	9	6	23
合计	69	148	316

试建立奶茶价格和广告费用与销售量的回归模型。

解： 假设 $Y=\alpha+\beta_1X_1+\beta_2X_2+\varepsilon$ ，其中 Y 为销量，X_1 为价格，X_2 为广告费。回归系数计算见表 9-4。

表 9-4　销售量关于奶茶价格和广告费用的回归系数计算表

序　　号	X_1^2	X_2^2	X_1X_2	X_1Y	X_2Y
1	25	400	100	200	800
2	64	121	88	240	330
3	49	441	147	224	672
4	49	100	70	196	280
5	100	49	70	200	140
6	64	64	64	200	200
7	36	576	144	216	864
8	25	400	100	200	800
9	16	441	84	168	882
10	81	36	54	207	138
合计	509	2 628	921	2 051	5 106

依据最小二乘法，将 $\hat{y}=\hat{\alpha}+\hat{\beta}_1x_1+\hat{\beta}_2x_2$ 代入 $Q(\alpha,\ \beta_1,\ \beta_2)=\sum(y-\hat{y})^2$ ，使其最小，可得方程组如下：

$$\begin{cases}\sum y=n\alpha+\beta_1\sum x_1+\beta_2\sum x_2\\ \sum x_1y=\alpha\sum x_1+\beta_1\sum x_1{}^2+\beta_2\sum x_1x_2\\ \sum x_2y=\alpha\sum x_2+\beta_1\sum x_1x_2+\beta_2\sum x_2{}^2\end{cases}$$

代入数据得

$$\begin{cases}316=10\alpha+69\beta_1+148\beta_2\\2\,051=69\alpha+509\beta_1+921\beta_2\\5\,106=148\alpha+921\beta_1+2\,628\beta_2\end{cases}$$

解得

$$\begin{cases}\hat{\alpha}=49.246\\\hat{\beta}_1=-3.126\\\hat{\beta}_2=0.265\end{cases}$$

得到回归方程

$$\hat{y}=49.246-3.126x_1+0.265x_2$$

表明：若广告费用支出固定，奶茶价格每增加 1 元，奶茶销售量平均减少 3.126 万杯；若商品价格固定，广告费用支出额每增加 1 000 元，奶茶销售量平均增加 0.265 万杯。也可以这样理解，0.265 表明若奶茶以相同价格出售而广告费用投入相差 1 000 元时，奶茶平均销售量便相差 0.265 万杯，即广告费用投入越多平均销售量便会越多。–3.126 表明在广告费用支出不变的情况下，价格每相差 1 元时，奶茶销售量会反向相差 3.126 万杯，意味着价格越高销售量越低。

9.4.3　多元线性回归的相关检验

1. 拟合优度检验

与一元回归问题不同的是，多元回归考虑的是多个自变量即 X_1，X_2，…，X_p 对因变量 Y 的综合影响或者解释度，拟合程度越好解释度越高，回归模型越优。因为多元线性回归存在多个因素与因变量的相关性，这种相关系数称为多重相关系数，记作 $r(Y,\ \hat{Y})$，它不同于之前介绍的 $r(X,\ Y)$，理论上可以证明 $R^2=r^2(Y,\ \hat{Y})$。

判定系数 R^2：

$$R^2=\frac{SSR}{SST} \tag{9-15}$$

调整后的 R^2：

$$R^2=1-\frac{SSE/(n-p-1)}{SST/(n-1)} \tag{9-16}$$

式中：n 为样本容量，p 为自变量的个数，调整后的 R^2 越大模型拟合得越好 $(0<R^2<1)$。

与之等价的 F 检验：

$$H_0:\beta_i=0 \quad \text{vs} \quad H_1:\text{至少有一个}\ \beta_i\neq 0\ (\ i=1,\ 2,\ \cdots,\ p\ )$$

零假设成立表明因变量的变化只依赖随机误差，回归模型没有意义；若拒绝 H_0，则表示模型是有意义的。

F 统计量：

$$F=\frac{SSR/p}{SSE/(n-p-1)} \sim F(p,\ n-p-1)\ （当 H_0 成立时） \tag{9-17}$$

F 值越大，模型拟合得越好，对于单侧检验，若 $F \geqslant F_\alpha(p,\ n-p-1)$，表示至少有一个回归系数不等于 0，该模型是有意义的。

例 9-8 根据例 9-7 计算判定系数并进行 F 检验（已知显著性水平为 0.05）。

解： 由式（9-16）得

$$R^2=1-\frac{SSE/(n-p-1)}{SST/(n-1)}=1-\frac{2.593}{59.6}=0.956$$

F 检验步骤如下。

第一步：假设 $H_0:\beta_1=\beta_2=0 \quad \text{vs} \quad H_1:\beta_1 \neq 0 或者 \beta_2 \neq 0$。

第二步，由式（9-17）得 $F=\dfrac{SSR/p}{SSE/(n-p-1)}=99.940$。

第三步，查表得 $F_\alpha(2,\ 7)=4.74$。

第四步：统计决策 F 的值远远大于 F 的临界值，所以模型是有意义的。

故不论是拟合优度检验还是 F 检验都表明该模型拟合得较好，模型有意义。

2. 多元回归系数的 t 检验

在实践中收集数据的时候不能直接判断该数据与研究的变量是否有关系，利用多元回归系数的 t 检验可以分析哪些变量对因变量的变化起主要作用，哪些起次要作用，哪些没有作用，逐步筛选变量，剔除无关变量，最后按顺序保留对因变量有影响的因素，检验步骤如下。

对回归模型式（9-14）建立假设：

$$H_0:\beta_i=0 \quad \text{vs} \quad H_1:\beta_i \neq 0\ （i=1,\ 2,\ \cdots,\ p）$$

零假设表示第 i 个自变量 X_i 对因变量 Y 的影响是不显著的，若拒绝零假设则表明回归系数 β_i 不等于 0，表示第 i 个自变量 X_i 对因变量 Y 的影响是显著的。

t 检验统计量：

$$t_i=\frac{\hat{\beta}_i}{s_{\beta_i}} \sim t(n-p-1)\ （当 H_0 成立时） \tag{9-18}$$

式中，s_{β_i}是β_i的样本标准差。

作决策：在给定显著性水平α下，当$|t| \geqslant t_{\alpha/2}(n-p-1)$时，拒绝零假设，认为第$i$个自变量$X_i$对因变量$Y$的影响是显著的，否则不能拒绝零假设。通过决策保留对因变量影响显著的自变量，删除没有显著影响的变量。

例 9-9　对例 9-7 进行回归系数的显著性检验（已知显著性水平为 0.05）。

解：第一步：$H_0: \beta_i = 0 \quad \text{vs} \quad H_1: \beta_i \neq 0 (i=1, 2)$。

第二步：计算统计量$t_1 = \dfrac{\hat{\beta}_1}{s_{\beta_1}} = \dfrac{-3.126}{0.510} = -6.126$，$t_2 = \dfrac{\hat{\beta}_2}{s_{\beta_2}} = \dfrac{0.265}{0.140} = 1.893$。

第三步：查表得$t_{\alpha/2}(7) = 2.365$。

第四步：作决策，$|t_1| > 2.365$，所以拒绝零假设，说明奶茶价格对销售量有显著影响；而$|t_2| < 2.365$，所以不能拒绝零假设，说明广告费用支出对销售量没有显著影响。

另外，也可通过p值作决策，经查t分布表得$p(|t_1| \geqslant 6.126) = 0.000\,01$，可见$p < 0.05$，所以拒绝零假设；而$p(|t_2| \geqslant 1.893) = 0.1$，所以不能拒绝零假设，上述数据结果都可以通过统计软件输出，所以在实践中不需要大量的计算。

对多元回归模型还存在另一个问题，就是F检验与t检验出现了矛盾，即F检验结果显著时，是针对模型总体而言的，虽然模型总体显著性好，但是t检验中却出现了不显著的变量，那么是剔除这个变量还是保留呢？换句话说，t检验会形成多种不同的较少自变量的回归模型，在这些模型中我们就面临着怎么选择最优模型的问题。通常是计算估计标准误差：

$$\hat{\sigma} = \sqrt{\frac{SSE}{n-p-1}} \qquad (9\text{-}19)$$

与一元回归方程式（9-5）一致，哪个模型的估计标准误差最小，就表明哪个模型最优。

例 9-10　根据例 9-7 的情况，计算得

（1）保留价格变量剔除广告费用变量的模型估计标准差$\hat{\sigma}_1 = 1.852$；

（2）保留广告费用变量剔除价格变量的模型估计标准差$\hat{\sigma}_2 = 3.799$；

（3）保留价格变量和广告费用变量的模型估计标准差$\hat{\sigma}_3 = 1.610$。

可见$\hat{\sigma}_3$是最小的，所以采用保留两个变量的二元回归模型：

$$\hat{y} = 49.246 - 3.126x_1 + 0.265x_2$$

9.5　可化为线性回归的非线性回归

实际中变量之间的关系不一定是线性的，比如人口增长中人口和时间的关系、工业生

产中总产值和投资额的关系、市场上商品的流通费用率及商品零售额之间的关系等都是非线性的，所以下面简要介绍如何通过简单的变量替换将此类非线性问题转化为线性问题。

常规的非线性模型有以下两种。

（1）对数模型：$Y=\alpha+\beta\ln X+\varepsilon$。

（2）一元多项式模型：$Y=\alpha+\beta_1X+\beta_2X^2+\cdots+\beta_pX^p+\varepsilon$。

例 9-11 将对数模型 $Y=\alpha+\beta\ln X+\varepsilon$ 转化成线性模型。

解： 令 $X'=\ln X$，则 $Y=\alpha+\beta X'+\varepsilon$。

例 9-12 将多项式模型 $Y=\alpha+\beta_1X+\beta_2X^2+\cdots+\beta_pX^p+\varepsilon$ 转化为多元线性模型。

解： 令 $X_1=X$，$X_2=X^2$，…，$X_p=X^p$，则

$$Y=\alpha+\beta_1X_1+\beta_2X_2+\cdots+\beta_pX_p+\varepsilon$$

例 9-13 2016 年百事可乐推出猴年情怀广告《把乐带回家之猴王世家》，播出之后很多网友称猴年春节一定要喝百事可乐，可见广告对商品的销售起着非常大的推动作用，以下是某商品的销售量 Y（单位：吨）和广告投入 X（单位：万元）的观测数据。

表 9-5 某商品销售量和广告投入的观测数据

X	0	2	4	6	8	10	12	14	16	18	20
Y	0.6	2.0	4.4	7.5	11.8	17.1	23.3	31.2	39.6	49.7	61.4

试建立销售量 Y 对广告投入 X 的回归方程。

解： 首先画散点图（图 9-5），观察销售量随着广告投入的变化并不是线性变化，所以在没有数据背景的前提下，采用多项式模型来拟合销售量 Y 随广告投入 X 的变化过程。

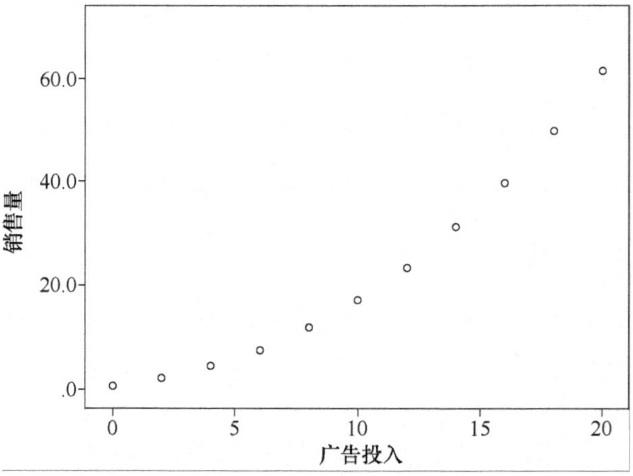

图 9-5 广告投入与销售量的散点图

假设模型

$$Y=\alpha+\beta_1X+\beta_2X^2+\varepsilon$$

令 $X_1=X$，$X_2=X^2$，则

$$Y=\alpha+\beta_1X_1+\beta_2X_2+\varepsilon$$

与例 9-2 类似，采用最小二乘法（或者计算机软件）可得参数

$$\hat{\alpha}=0.9727,\quad \hat{\beta}_1=0.2165,\quad \hat{\beta}_2=0.1390$$

于是，所求回归方程为

$$\hat{y}=0.9727+0.2165x+0.1390x^2$$

9.6 用软件实现回归模型

为了提高大家的与回归分析相关的应用能力，本节主要介绍 SPSS 软件数据分析的步骤与方法，请与前面章节相关例题结合学习。

1. 相关系数计算

在 SPSS 主菜单的“分析”→“相关”子菜单中选“双变量”（图 9-6），接下来以例 9-1 为例计算航班正点率与顾客投诉次数的相关系数。

点击“双变量”，将正点率与投诉次数分别选入变量框，选择“Pearson”，点击“确定”即可，如图 9-7 所示。

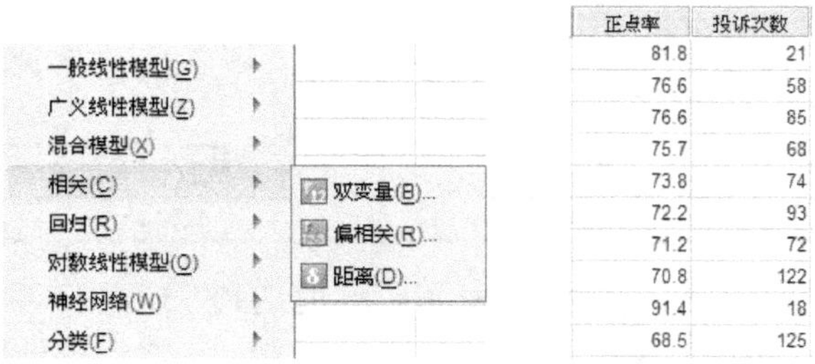

图 9-6　数据录入

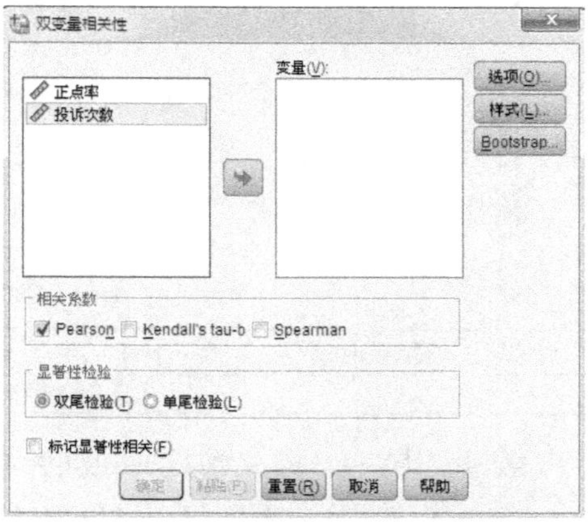

图 9-7　变量相关性的设定

输出结果见表 9-6。

表 9-6　相关系数计算结果

		正点率	投诉次数
正点率	皮尔逊（Pearson 相关系数）	1	–0.869
	显著性（双尾）		0.001
	N	10	10
投诉次数	皮尔逊（Pearson 相关系数）	–0.869	1
	显著性（双尾）	0.001	
	N	10	10

相关系数为–0.869，上述表格是交叉表，所以变量自身的相关系数为 1，变量个数为

10；另外相关系数的检验可以从这张表格得到结果，p=0.001，如果 p 值小于给定的显著性水平则相关性显著，否则相关性不显著。

2. 一元回归模型的相关计算

假定模型式（9-3）成立，对例 9-1，计算回归方程。

在主菜单下选择“分析”→“回归”→“线性回归”，弹出“线性回归”对话框（图 9-8）。

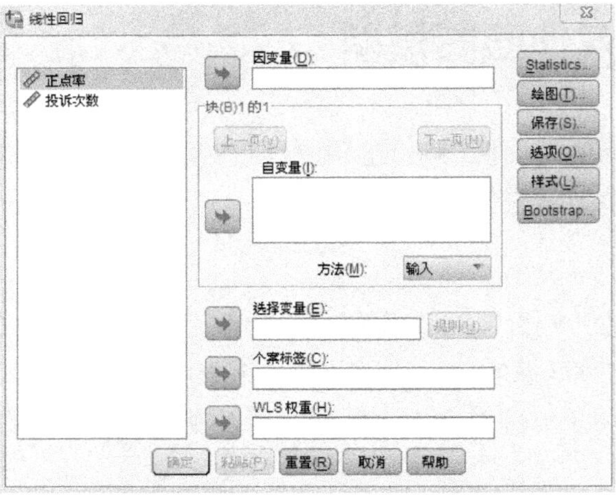

图 9-8 “线性回归”对话框

选择投诉次数为因变量，正点率为自变量，在“Statistics”中除了默认选项外，再选择“R 方变化”，其他选项默认，点击“确定”即可。

输出结果见表 9-7。

表 9-7 模型拟合优度

模型	R	R 平方	调整后 R 平方
1	0.869[a]	0.755	0.724

表 9-7 显示，相关系数 r=0.869，判定系数 $R^2=0.775$，表明拟合度达到 75.5%。

表 9-8 第二列表明 $SST=11\,626.400$，$SSE=2\,853.816$，$SSR=8\,772.584$，第二列是相应平方和的自由度，第三列是均方值，第四列是 F 统计量的值，查表得临界值，与 24.592 比较作决策；最后一列是 F 检验的 p 值，显然 p 值小于显著性水平 0.05，故拒绝零假设，所以使用软件计算的时候直接通过 p 值做检验是最简单的也是最快的。

表 9-8 回归方程的显著性检验结果

模型		平方和	df	均方	F	显著性
1	回归	8 772.584	1	8 772.584	24.592	0.001[b]
	残差	2 853.816	8	356.727		
	总计	11 626.400	9			

表 9-9 显示：常数项即截距项是 430.189，–4.701 是自变量系数即 $\hat{\beta}$；72.155 和 0.948 分别是截距和系数估计值的标准差；自变量系数检验的统计量 $t=-4.959$，给定显著性水

平下查表得到临界值，与该值作比较，从而作出统计决策；最后一列 0.001 是系数显著性检验的 p 值，显然 p 值小于显著性水平 0.05，故拒绝零假设。

表 9-9　回归方程系数 t 检验

模型		非标准化系数		标准化系数	T	显著性
		B	标准误	Beta		
1	（常数）	430.189	72.155		5.962	0.000
	正点率	-4.701	0.948	-0.869	-4.959	0.001

3. 多元线性回归模型的相关计算

对例 9-7，利用 SPSS 进行相关计算。

在主菜单下选择“分析”→“回归”→“线性回归”，弹出“线性回归”对话框（图 9-9），将奶茶价格和广告费用支出选入自变量，销售量选入因变量，在“Statistics”中除了默认选项外，再选择“R-squared”，其他默认，点击“确定”即可。

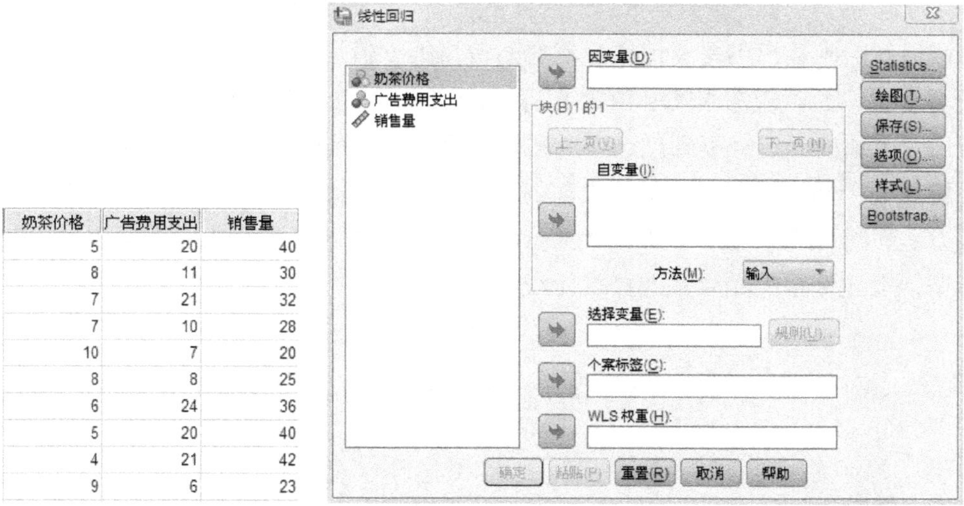

图 9-9　数据录入

输出结果见表 9-10。

表 9-10　模型拟合优度

模型	R	R 平方	调整后 R 平方
1	0.983[a]	0.966	0.956

与一元线性回归类似，输出判定系数 $R^2 = 0.956$。

表 9-11 显示，输出回归方程的显著性检验的 $F = 99.940$，可以通过查表得到临界值与 99.940 作比较，从而作决策，最后一列是 p 值，显然 p 值远远小于给定的显著性水平 0.05，所以拒绝零假设。

表 9-11　回归方程的显著性检验结果

模型		平方和	df	均方	F	显著性
1	回归	518.250	2	259.125	99.940	0.000[b]
	残差	18.150	7	2.593		
	总计	536.400	9			

表 9-12 中，输出的数据 0.265 和–3.126 分别是两个自变量的系数，49.246 是常数项，表格第五列是回归系数的 t 检验统计量的值，奶茶价格变量的 t 值为–6.126，广告费用变量的 t 值为 1.894，分别与查表后的临界值相比较再作统计决策。

表 9-12　回归方程系数 t 检验

模型		非标准化系数		标准化系数	T	显著性
		B	标准误	Beta		
1	（常数）	49.246	5.397		9.125	0.000
	广告费用支出	0.265	0.140	0.239	1.894	0.100
	奶茶价格	–3.126	0.510	–0.774	–6.126	0.000

表格最后一列输出的是 p 值，显然奶茶价格的 p 值远远小于给定的显著性水平 0.05，故拒绝零假设；而广告费用的 p 值为 0.1，大于 0.05，故不能拒绝零假设，此结论与 F 检验相矛盾。本章前面已经提到过这个问题，一般的做法是先剔除广告费用变量，将奶茶价格与销售量的一元线性回归方程与之前的二元回归方程比较，一个一元回归方程，一个二元回归方程，选择哪一个？前面给大家介绍的就是计算式（9-19），选择估计标准误差最小的模型，上述例题的结果是选择二元线性回归方程。

思考与练习

1. 什么是相关分析？什么是回归分析？两者的区别是什么？

2. 某大型超市的销售部门想要研究广告的宣传次数与产品销售收入之间是否存在某种关系，收集了下表所示观测数据。

观测数据

宣 传 次 数	产品销售收入（万元）
4	15
2	18
5	21
6	24
3	17

（1）绘制散点图；　　（2）计算相关系数；　　（3）计算判定系数。

3. 根据一组数据建立的线性回归模型为：$y=11+0.6x+\varepsilon$。

（1）解释截距的意义；（2）解释斜率的意义；

（3）计算当 $x=6$ 时的 $E(y)$。

4. 某职工医院用光电比色计检验尿汞时，得尿汞含量（mg/L）与消光系数读数的结果如下表所示。

尿汞含量 x	2	4	6	8	10
消光系数 y	64	138	205	285	360

假设 y 与 x 的线性回归，试求：

（1）回归系数 α，β 及方差 σ^2 的估计；

（2）检验假设 $H_0:\beta=0$，备择假设 $H_1:\beta\neq 0$（$\alpha=0.05$）。

5. 一家电器销售公司的管理人员认为，每月的销售额是广告费用的函数，并想通过广告费用对月销售额做出估计，下表是近 8 个月的销售额（万元）与广告费用（千元）数据。

月销售额 y	电视广告费用 x_1	报纸广告费用 x_2
96	5.0	1.5
90	2.0	2.0
95	4.0	1.5
92	2.5	2.5
95	3.0	3.3
94	3.5	2.3
94	2.5	4.2
94	3.0	2.5

（1）用电视广告费用作自变量，月销售额作因变量，建立估计的回归方程。

（2）用电视广告费用和报纸广告费用作自变量，月销售额作因变量，建立估计的回归方程。

（3）上述（1）和（2）所建立的估计方程，电视广告费用的系数是否相同？对其回归系数分别进行解释。

（4）根据问题（2）所建立的估计方程，检验回归方程的线性关系是否显著（$\alpha=0.05$）。

6. 下表是 1957 年美国旧轿车价格的调查资料，今以 x 表示轿车的使用年限，Y 表示相应的平均价格，求 Y 关于 x 的回归方程（参考模型：$Y=\alpha e^{\beta x}\cdot\varepsilon$，$\ln\varepsilon\sim N(0,\ \sigma^2)$）。

x/年	1	2	3	4	5	6	7	8	9	10
Y/美元	2 651	1 943	1 494	1 087	765	538	488	290	226	204

第 10 章 Chapter 10

时间序列分析

人们为了研究某事物的发展状况，需要对事物的变化情况作跟踪观测，记录反映某种事物随时间推移而变化的统计数据，然后运用这些数据，从时间的角度对事物发展变化的基本状态进行描述和认识，并运用这些数据建立的模型进行推断，来认识事物、预测未来，这就是时间序列分析（time series analysis）。时间序列分析是一种动态数据处理的统计方法，是一种常用的定量预测方法。时间序列分析常用在国民经济宏观控制、区域综合发展规划、企业经营管理、市场潜量预测、气象预报、水文预报、地震前兆预报、农作物病虫灾害预报、环境污染控制等方面。

本章重点与目标

1. 理解时间序列的定义、结构与分类
2. 掌握时间序列的描述性分析
3. 理解时间序列预测的概念与基本方法
4. 了解复合型序列预测原理
5. 能用统计软件进行时间序列分析

10.1 时间序列的几种类型

10.1.1 时间序列的概念

在社会经济领域，我们经常遇到按照时间先后顺序记录的反映某现象数量特征的一组数据，这就是时间序列。其中的时间可以是年份、季度、月份或日期等形式。时间序列（time series），亦称为动态数列或时间数列，就是把反映某一现象的同一指标在不同时间上的取值，按时间的先后顺序排列所形成的一个数列。也就是说，随时间记录的数据序列称为时间序列。

通常，用数学上数列的符号把时间序列记为

$$x_t\text{：}x_0,\ x_1,\ x_2,\ \cdots,\ x_n \tag{10-1}$$

简记为$\{x_t,\ t=0,1,2,\cdots,n\}$或$\{x_t\}$。其中 t 表示时间点，数据 x_t 表示在 t 时间点的序列取值，反映了现象在各个时间上达到的规模或水平，称为序列$\{x_t\}$在 t 时间（点）上的发展水平。形式上，通常把时间序列安排成表格的行或列。

任何一个时间序列都具有两个基本要素。

（1）被研究现象所属的时间范围，即序列的下标取值范围。

（2）反映该现象在一定时间点上的数值，即在不同时间点上的统计数据，也就是序列中各个项的具体取值。

时间范围的间隔可长可短，可以日为时间单位，也可以年为时间单位，甚至更长或更短，常见的有年、月、日、时、分、秒等。

在统计分析中，各时间上的发展水平按时间顺序记作 x_0，x_1，x_2，…，x_n，并规定：处于时间序列中第一期的指标值，称为最初发展水平 x_0；处于最后一期的指标值，称为最末发展水平 x_n；处于第一期指标值和最后一期指标值之间的指标值，称为中间发展水平。

在对各时间的发展水平进行比较时，把作为对比基准期的时期称为基期，相应的发展水平称为基期水平；把所研究考察的那个时期称为报告期，相对应的发展水平为报告期水平。随着研究目的的不同，基期与报告期会随之改变。

➘ 例 10-1 某企业 2008 年到 2015 年的总产值（单位：万元）依次为：

70.61，73.71，76.14，83.83，90.10，108.24，98.25，106.86

这就是一个以年为时间单位的时间序列。$n=7$，各年度的发展水平依次为 $x_0=70.61$，$x_1=73.71$，$x_2=76.14$，$x_3=83.83$，$x_4=90.10$，$x_5=108.24$，$x_6=98.25$，$x_7=106.86$。

10.1.2 时间序列的分类

在很多情况下，需要对不同种类的时间序列采用不同的分析方法。由于通常的时间序列是刻画某个统计指标随时间改变的规律，因此时间序列的分类实际上和统计指标的分类具有相似性。时间序列分为总量指标时间序列、相对数时间序列和平均数时间序列。

1. 总量指标时间序列

总量指标时间序列，又称为绝对数时间序列，是指由一系列同类的总量指标数值所构成的时间序列。它反映事物在不同时间上的规模、水平等总量特征。总量指标时间序列又分为时期序列和时点序列。

（1）时期序列：是指由反映某种社会经济现象在一段时期内发展过程累积量的总量指标所构成的总量指标时间序列。时期序列的特点：①时期序列中各项指标值反映现象在一段时期内发展过程的累积总量；②各项指标值随着现象的发展进程进行连续登记，因而各项指标值可以相加，相加后的指标值反映现象在更长时期内发展过程的总量；③每项指标值的大小与其所包括的时间长短有直接关系，时期长，指标值大，时期短，指标值小，因此其时期间隔一般应该相等。

（2）时点序列：是指由反映某种现象在一定时点（瞬间）上的发展状况的总量指标所构成的总量指标时间序列。时点序列的特点：①时点序列中各项指标值反映现象在一定时点上的发展状况；②各项指标值只能按时点所表示的瞬间进行不连续登记，相加无实际经济意义，因而不能直接相加；③各项指标值的大小，与其时点间隔的长短没有直接关系。

2. 相对数时间序列

相对数时间序列，是指由一系列同类的相对指标数值所构成的时间序列。它可以反映社会经济现象数量对比关系的发展过程。它包括：①由两个时期序列对比所形成的相对数时间序列；②由两个时点序列对比所形成的相对数时间序列；③由一个时期序列和一个时点序列对比所形成的相对数时间序列。

相对数时间序列反映事物数量关系的发展变化动态，由于各期相对数的对比基数不同，故其各项水平数值不能直接相加。

3. 平均数时间序列

平均数时间序列，是指由一系列同类的平均数指标数值所构成的时间序列。它可以反映社会经济现象一般水平的发展变化过程。这类动态序列可以揭示研究对象一般水平的发展趋势和发展规律。平均数时间序列中各项水平数值也不能直接加总。

例 10-2　某公司的产品在 2013 年到 2015 年的按月销售量如表 10-1 的列（1）（2）（3）所示，列（4）是各年份同月销量之和，这些都是总量指标（时点）序列；列（5）是各年份同月销量的平均值序列，是平均数时间序列；列（6）是相对数序列。

表 10-1　2013—2015 年各月销售量资料及季节指数计算表

月　份	各年销售量（万件）			合　计	同 月 平 均	季节比率（%）
	2013（1）	2014（2）	2015（3）	（4）=（1）+（2）+（3）	（5）=（4）÷3	（6）=（5）÷1 260.56
1 月	80	120	320	520	173.3	13.8
2 月	120	200	400	720	240	19.0

续表

月　份	各年销售量（万件）			合　计	同月平均	季节比率（%）
	2013（1）	2014（2）	2015（3）	（4）=（1）+（2）+（3）	（5）=（4）÷3	（6）=（5）÷1 260.56
3 月	200	350	700	1 250	416.7	33.1
4 月	500	850	1 500	2 850	950	75.4
5 月	800	1 500	2 400	4 700	1 566.7	124.3
6 月	2 500	4 500	6 800	13 800	4 600	364.9
7 月	2 400	6 400	7 200	16 000	5 333.3	423.1
8 月	600	900	1 500	3 000	1 000	79.3
9 月	200	400	600	1 200	400	31.7
10 月	100	250	400	750	250	19.8
11 月	60	100	200	360	120	9.5
12 月	40	80	110	230	76.7	6.1
合　计	7 600	15 650	22 130	45 380	15 126.7	1 200
平　均	633.3	1 304.2	1 844.2	3 781.67	1 260.56	100

10.1.3　时间序列的编制原则与分析工具

编制时间序列的目的，在于通过序列中各项指标值对比，说明社会经济现象的发展过程和规律性，以便对事物的未来走势进行预测，最终为管理决策提供信息依据。因此，为了保证同一时间序列中指标值的可比性，应遵守以下几个基本编制原则。

（1）时间间隔的可比性：时期序列数值的大小与时期长短成正比，时期愈长指标值愈大；反之则愈小。因此，时期序列中各项指标值所属的时期长短前后一致才能对比，如果时期长短不同，应进行必要的调整。关于时期间隔，为了便于对比分析，间隔最好相等，也可以编制间隔不等的序列。

对于时点序列来说，则不存在指标值所属时间长短问题，只要求注意时点间隔是否一致。由于时点序列指标值的大小与时点间隔的长短没有直接关系，其时点间隔虽然可以不一致，但是为了明显地反映社会经济现象发展变化的规律性，时点间隔也应力求一致。

（2）总体范围的可比性：总体范围是指时间序列指标值所包括的地区范围、隶属关系范围等。在进行时间序列分析时，要查明所依据的指标值总体范围是否前后一致。总体范围大小应该一致，只有范围一致才能对比，如有变动应进行必要调整。

（3）指标口径的可比性：指标口径是统计实践中的一种说法，它是指指标所包括的经济内容的多少。一般来说，只有同质的现象才能进行动态对比，才能表明现象发展变化的过程及趋势。在经济分析中，经常存在这样一种情况，即有些指标从指标名称上看，在不同时间上它并没有什么变化，但随着时间的推移，其经济内容却发生了很大的变化（例如工资的含义。）

（4）方法计量的可比性：指标的计算方法和计量单位也应该具有可比性。指标的计算方法和计量单位应该一致。各个指标的计算方法如果不一致，不便于动态对比。指标数值的计量单位也应该一致，否则也不可比。

时间序列分析的常用工具主要有三种：数据图、指标和模型。对时间序列的分析基本上可以分为三个层次：第一个层次就是通过计算一些基本分析指标对事物的发展过程进行一般的统计描述（10.2 节）；第二个层次就是通过对时间序列的结构分析揭示事物发展变化的基本趋势和基本规律（10.1.4 节）；第三个层次就是在对事物发展变化的趋势及其规律有所认识的基础上，通过建立时间序列模型来对事物的未来进行预测（10.3～10.5 节）。

10.1.4　时间序列的构成

社会经济现象的发展变化是由许多错综复杂的因素共同作用的结果。有些属于基本因素，它对事物的发展起决定性作用，影响事物在一段较长时间内呈现出一定的趋向，沿着一个方向（上升或下降）发展；有些属于偶然的或非基本的因素，它对事物的发展只起局部的非决定性作用，影响时间序列各期发展水平出现短期不规则的波动；还有些属于季节性因素，影响时间序列以一年为周期的季节性波动。所以，应该在概念上了解时间序列的构成。

一个时间序列通常有 4 种构成成分：趋势变动（trend fluctuation）、季节变动（seasonal fluctuation）、循环变动（cyclical fluctuation）和不规则变动（irregular variations）。

（1）趋势变动（T）：是指时间序列在一段时间里呈现出来的持续增长或持续下降的变动倾向。这是客观社会经济现象在一个相当长的时期内，由于受某种基本因素的影响所呈现出来的一种基本走势。尽管在这个时期内，事物的发展仍有波动，但基本趋势不变。如股票市场的“牛市”和“熊市”。

（2）季节变动（S）：季节变动是指时间序列因季节性因素影响而产生的变动倾向。它是由于自然条件、社会条件，诸如气候条件、生产条件、节假日或人们的风俗习惯等各种因素影响的结果。如夏季啤酒销售量会增加、节假日铁路和航空客运会迎来客流高峰。农产品收购、农业生产资料和其他季节性商品的销售以及几大节日的客运量等，就有明显的季节性，而且年复一年地呈规律性变动。

（3）循环变动（C）：也称为循环波动，是指时间序列呈现出的非固定长度的周期性变动，是指社会经济现象以若干年为周期的涨落起伏相同或基本相同的一种波浪式的变动。如股票市场由牛市到熊市的周期再到下一个牛市与熊市的周期；经济发展总是从低谷到高峰，再从高峰到低谷，循环波动，且无固定规律。虽然每一个周期可能长短不同，但盛衰起伏周而复始。循环波动的周期可能会持续一段时间，但与趋势不同，它不是朝着单一方向持续变动，而是涨落相同的交替波动。

（4）不规则变动（I）：也称为随机波动，是指时间序列中除去趋势变动、季节变动和循环波动后，由随机因素引起的时间序列波动。通常由于天灾、人祸、战乱等突发事件或偶然因素引起的客观社会经济现象是无周期性波动。不规则波动通常表现为波浪形或震荡式变动。

在统计分析中，时间序列的这四个构成部分，可能表现为乘法形式的复合，也可能表现为加法形式的复合。各个组成部分所具有的变动数值是各自独立、彼此相加的，从而整个时间序列数值与各种构成之间的数量关系应该表现为下列公式。加法模型：

$$Y_t = T_t + S_t + C_t + I \tag{10-2}$$

各个组成部分所具有的变动数值是相互依存、彼此相乘的，从而整个时间序列数值与各种构成之间的数量关系应该表现为下列公式。乘法模型：

$$Y_t = T_t \times S_t \times C_t \times I \tag{10-3}$$

在现实中，一个时间序列可能由一种成分组成，也可能同时含有几种成分。有些社会经济现象无循环变动，有的无季节变动。只含有随机波动的序列称为平稳序列（stationary series），相反地，把包含其他成分的时间序列称为非平稳序列（non-stationary series），也可以把包含多个成分的时间序列称为复合型序列（compound series）。通常，可以通过散点图观察时间序列的特征，初步判断时间序列包含哪些成分（图 10-1）。

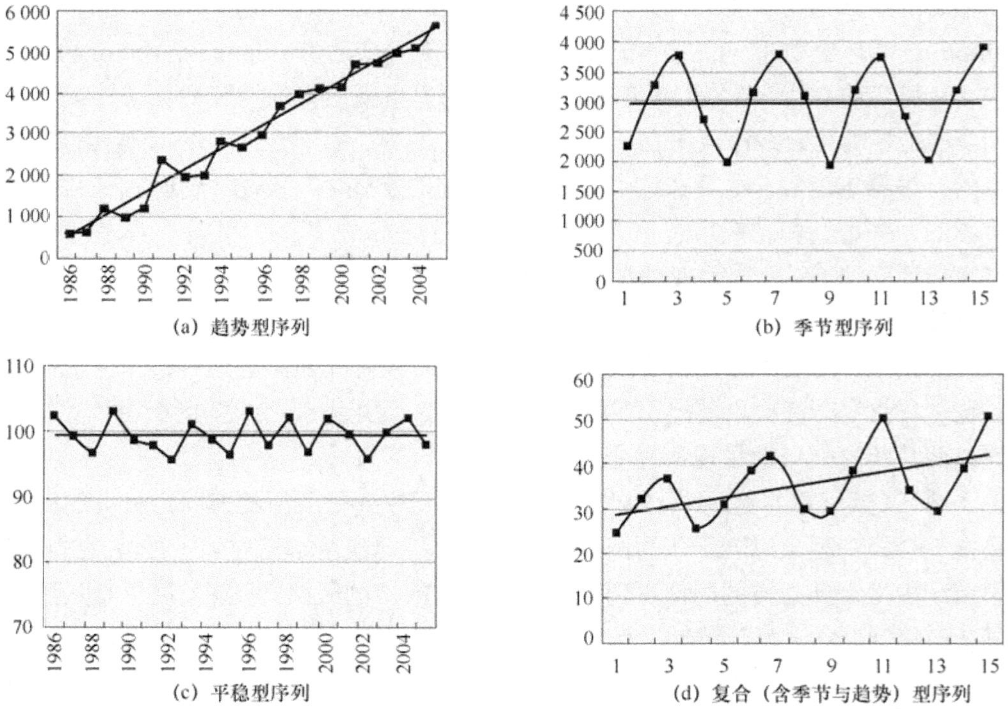

图 10-1　几个时间序列的散点图

10.2　时间序列的描述性分析

在统计学中，时间序列分析的最基本层次就是从时间的角度对事物发展变化的基本状态进行描述。这包括两个方面的基本内容：一个是回答“多少”的问题，另一个是回答“快慢”的问题。通常，将描述前者的动态分析指标称为“水平指标”；将描述后者的动态分析指标称为“速度指标”。

10.2.1　时间序列的水平分析指标

时间序列的水平分析指标除了序列发展水平数据的分析，还有三个：平均发展水平、增长量与平均增长量。

10.2.1.1　平均发展水平

1. 平均发展水平的概念

平均发展水平就是时间序列的均值，是将不同时间的发展水平加以平均而得到的平均数。由于它是不同时间的、动态上的平均，故又称为序时平均数或动态平均数。

平均发展水平（序时平均数）与一般平均数都反映现象的一般水平，但两者之间却有区别：一般平均数是根据同一时期总体标志总量与总体单位总量的对比求得的，是根据变量序列计算的，从静态上说明总体某个数量标志的一般水平；序时平均数则是根据时间序列中不同时间的指标值的总和与时间的项数对比求得的，是根据时间序列计算的，从而说明某一现象在不同时间数值的一般水平。

因时间序列中指标的性质不同，故计算平均发展水平的方法也不同。下面分别讲述各种不同时间序列的平均发展水平的计算方法。

2. 总量指标时间序列的序时平均数（平均发展水平）

1）时期序列的序时平均数

同一时期序列中各项指标值所属时期的长短相等，用简单算术平均法计算序时平均数。其计算公式为

$$\bar{x}=\frac{x_0+x_1+x_2+\cdots+x_n}{n+1}=\frac{\sum_{i=0}^{n}x_i}{n+1} \tag{10-4}$$

式中：$\bar{x}$ 为序时平均数，x_i 为各时期的发展水平，n 为时期数。

2）时点序列的序时平均数

时点序列的序时平均数，根据掌握资料的不同有不同的计算方法。

（1）根据每日时点（连续时点）资料计算序时平均数。在掌握整个研究时期中每日资料的情况下，序时平均数的计算方法与时期序列相同。其计算公式为

$$\overline{x}=\frac{\sum_{i=0}^{n}x_i}{n+1} \tag{10-5}$$

式中：x_i 是各时点发展水平，$n+1$ 是指标项数（天数）。

如果我们掌握了一段时期中每次变动的资料，则可以以每一资料所存在的日数为权数，对各时点指标值加权，用加权算术平均法来计算序时平均数。其计算公式为

$$\overline{x}=\frac{\sum x_i f_i}{\sum f_i} \tag{10-6}$$

式中，x_i 是每次变动的时点水平；f_i 是各时点水平所持续的间隔长度（天数），$\sum f_i = n+1$。

（2）根据间隔相等的时点资料计算序时平均数。在掌握间隔相等时点资料的情况下，计算序时平均数可以用简单算术平均法，先依次将相邻两个时点指标值相加除以“2”，得到两个时点指标值的序时平均数；然后再将这些序时平均数进行简单算术平均，就可以计算出整个时点序列的序时平均数。

时间间隔相等时点序列序时平均数的一般计算公式为

$$\overline{x}=\frac{\sum_{i=0}^{n-1}\frac{x_i+x_{i+1}}{2}}{n}=\frac{\frac{x_0}{2}+x_1+x_2+\cdots+x_{n-1}+\frac{x_n}{2}}{n}=\frac{\sum_{i=1}^{n-1}x_i+\frac{x_0+x_n}{2}}{n} \tag{10-7}$$

该公式又称为首尾折半法。根据时间间隔相等的时点序列计算序时平均数的方法是，假定现象在各个时点之间的变动是均匀的，但是实际上并不完全如此，所以计算的序时平均数只能是近似值。由于间隔愈短，误差愈小，因此为了使序时平均数能基本反映实际情况，时点序列的间隔不宜过长。

（3）根据间隔不等时点资料计算序时平均数。在掌握间隔不等时点资料的情况下，可用不同的时点间隔长度作为权数，用加权算术平均法计算序时平均数。其计算公式为

$$\overline{x}=\frac{\sum_{i=0}^{n-1}\frac{x_i+x_{i+1}}{2}f_i}{\sum_{i=0}^{n-1}f_i}=\frac{\frac{x_0+x_1}{2}f_1+\frac{x_1+x_2}{2}f_2+\cdots+\frac{x_{n-1}+x_n}{2}f_{n-1}}{\sum_{i=0}^{n-1}f_i} \tag{10-8}$$

式中：f_i 为各时点间隔长度（i=1，2，3，…，n）。

例 10-3 某企业 2015 年各月份记录在册的工人数如表 10-2 所示，试计算 2015 年该企业平均工人数。

表 10-2 企业 2015 年各月份记录在册工人数

日期	1月1日	2月1日	4月1日	6月1日	9月1日	12月1日	12月31日
工人数	326	330	335	408	414	412	412

解：这是不等间隔时点数列，用间隔月数进行加权的公式计算平均工人数：

$$\bar{a}=\frac{\frac{1}{2}(a_1+a_2)f_1+\frac{1}{2}(a_2+a_3)f_2+\cdots+\frac{1}{2}(a_{n-1}+a_n)f_{n-1}}{f_1+f_2+\cdots+f_{n-1}}$$

$$=\frac{\frac{326+330}{2}\times1+\frac{330+335}{2}\times2+\frac{335+408}{2}\times2+\frac{408+414}{2}\times3+\frac{414+412}{2}\times3+\frac{412+412}{2}\times1}{1+2+2+3+3+1}$$

$$=385(人)$$

3. 相对数时间序列和平均数时间序列的序时平均数

相对数和平均数时间序列的序时平均数是由两个总量指标时间序列对比形成的。由于各相对数和平均数的分母不同，不能直接将不同时间的相对数或平均数相加来计算序时平均数，而应是根据时期序列和时点序列序时平均数的求法，分别求出构成相对数和平均数时间序列的子项和母项序列的序时平均数，然后将它们对比求出相对数和平均数时间序列的序时平均数。其基本计算公式为

$$\bar{c}=\frac{\bar{b}}{\bar{a}} \qquad (10\text{-}9)$$

式中：$\bar{b}$ 为分子序列的序时平均数，$\bar{a}$ 为分母序列的序时平均数，$\bar{c}$ 为相对数或平均数时间序列的序时平均数。

例 10-4 某工厂 2016 年上半年工人数和工业总产值资料如表 10-3 所示，试计算：
（1）上半年月平均工人数；（2）上半年月平均总产值；
（3）上半年平均劳动生产率；（4）上半年劳动生产率。

表 10-3 某企业 2016 年上半年职工人数与总产值统计表

月份	1	2	3	4	5	6	7
月初工人数（人）	1 850	2 050	1 950	2 150	2 216	2 190	2 250
总产值（亿元）	2.50	2.72	2.71	3.23	3.74	3.73	

解：首先要明确劳动生产率是一个相对指标，而用每月的总产值除以相应月份的月平均职工人数所编制的月劳动生产率时间序列就属于相对指标时间序列。从计算相对数时间

序列序时平均数的角度讲，就不一定把该序列编制出来了，直接分别计算其子项序列（总产值 b_i）和母项序列（职工人数 a_i）的序时平均数，然后求其比值就可以了。此处的月初工人数是时点指标，总产值是时期指标，这里需要提醒的是，职工人数和总产值两个时间序列在各自计算序时平均数时要注意时间口径的一致性，然后采用相应的方法计算序时平均数。

（1）上半年月平均工人数

$$\overline{a}=\frac{\frac{1850}{2}+2\,050+1950+2150+2\,216+2\,190+\frac{2\,250}{2}}{7-1}=2\,101（人/月）$$

（2）上半年月平均总产值

$$\overline{b}=\frac{2.50+2.72+2.71+3.23+3.74+3.73}{6}=3.105（亿元/月）$$

（3）上半年平均劳动生产率

$$\overline{c}=\frac{\overline{b}}{\overline{a}}=\frac{3.105}{2101}=0.001\,478（亿元/人）=14.78（万元/人）$$

（4）上半年劳动生产率

$$生产率=\frac{2.50+2.72+2.71+3.23+3.74+3.73}{2101}=0.008\,867（亿元/人）=88.67（万元/人）$$

10.2.1.2 增长量与平均增长量

1. 增长量

增长量是时间序列中报告期发展水平与相比较的基期发展水平之差，反映社会经济现象报告期比基期增加或减少的数量，即增长量=报告期发展水平–基期发展水平。

一般而言，分析的目的不同，选择的基期就不同。因此，根据基期的不同，可将增长量分为逐期增长量和累计增长量。

逐期增长量是指时间序列中各期发展水平与其前期发展水平之差，说明现象逐期增加或减少的数量，用公式表示为

$$逐期增长量=报告期发展水平-报告期上期发展水平$$
$$=x_i-x_{i-1}（i=1,\ 2,\ \cdots,\ n） \qquad （10\text{-}10）$$

在实际工作中，如果利用历年各月（季）的资料编制时间序列，还可以计算一种特殊的逐期增长量——年距增长量，即用报告年的某月（季）的发展水平减去上一年同月（季）的发展水平。其意义在于消除由于季节不同对某些社会经济现象的影响。

累计增长量是指时间序列中报告期发展水平与某一固定基期发展水平之差，说明现象在一定时期内总的增加或减少的数量，用公式表示为

$$\text{累计增长量}=\text{报告期发展水平}-\text{固定基期发展水平}$$

$$=x_i-x_0\ (i=0,\ 1,\ 2,\ \cdots,\ n) \tag{10-11}$$

在同一时间序列中，各逐期增长量的代数和一定等于相应时期的累计增长量，即

$$\sum_{i=1}^{n}(x_i-x_{i-1})=x_n-x_0 \tag{10-12}$$

2. 平均增长量

平均增长量是指时间序列中各逐期增长量的序时平均数，说明某社会经济现象在一段时期内平均每期增加或减少的数量，一般用简单算术平均法计算。其计算公式为

$$\text{平均增长量}=\frac{\sum_{i=1}^{n}(x_i-x_{i-1})}{n}=\frac{x_n-x_0}{n} \tag{10-13}$$

公式中第一步可以认为是平均增长量的定义公式，而第二步是根据累计增长量和逐期增长量的关系得到的。还需要说明的一个问题是，增长量虽然有两类——累计增长量和逐期增长量，但由于累计增长量在不同时间上不具有可加性，即将累计增长量再累计没有什么经济意义，因此所谓平均增长量就是指逐期增长量的序时平均数。

例 10-5　对于例 10-1 所给出的序列 x_t: 70.61, 73.71, 76.14, 83.83, 90.10, 108.24, 98.25，106.86，求增长量和平均增长量（t=0，1，2，3，4，5，6，7）。

解：依据上述公式计算得到结果，如表 10-4 所示。

表 10-4　例 10-5 的解答

t	0	1	2	3	4	5	6	7
序列 x_t	70.61	73.71	76.14	83.83	90.10	108.24	98.25	106.86
逐期增长量		3.10	2.43	7.69	6.27	18.14	-9.99	8.61
累计增长量	0	3.10	5.53	13.22	19.49	37.63	27.64	36.25
平均增长量	36.25/7=5.179							

10.2.2　时间序列的速度分析指标

10.2.2.1　发展速度与增长速度

（1）发展速度：是反映社会经济现象发展变化快慢程度的动态相对指标，它是两个不

同时期的发展水平之比值，其计算结果一般用百分数（或倍数）表示。其公式表示为

$$发展速度=\frac{报告期水平}{基期水平} \tag{10-14}$$

根据对比的基期不同，发展速度可分为定基发展速度和环比发展速度两种。

定基发展速度：是时间序列中报告期发展水平与固定基期发展水平对比所得到的相对数，说明某种社会经济现象在较长时期内总的发展方向和速度，故亦称为总速度。它表明报告期的水平是该固定基期的百分之多少或多少倍。

$$定基发展速度=\frac{报告期水平}{固定基期水平}=\frac{x_i}{x_0}(i=0,1,2,\cdots,n) \tag{10-15}$$

环比发展速度：是时间序列中报告期发展水平与前期发展水平之比，说明某种社会经济现象的逐期发展方向和速度。即报告期是上一期的百分之多少或多少倍。其公式表示为

$$环比发展速度=\frac{报告期水平}{前一期水平}=\frac{x_i}{x_{i-1}}(i=1,2,3,\cdots,n) \tag{10-16}$$

易见，定基发展速度与环比发展速度存在如下关系。

① 相邻若干个环比发展速度的连乘积等于相应的定基发展速度：

$$\frac{x_1}{x_0}\times\frac{x_2}{x_1}\times\frac{x_3}{x_2}\times\cdots\times\frac{x_k}{x_{k-1}}=\frac{x_k}{x_0} \tag{10-17}$$

② 相邻两个定基发展速度之商等于相应的环比发展速度：

$$\frac{\frac{x_i}{x_0}}{\frac{x_{i-1}}{x_0}}=\frac{x_i}{x_{i-1}} \tag{10-18}$$

（2）增长速度：是表明社会经济现象增长程度的动态相对指标，它是将报告期增长量与基期发展水平对比求得的，用以说明报告期水平比基期水平增加了若干倍（或百分之多少），一般用倍数或百分数表示。用公式表示为

$$增长速度=\frac{报告期增长量}{基期发展水平}=\frac{报告期水平-基期水平}{基期水平}$$

$$=\frac{报告期水平}{基期水平}-1=发展速度-1 \tag{10-19}$$

可见，增长速度等于发展速度减 1。当报告期水平高于基期水平时，发展速度大

于 1 或 100%，增长速度为正值，表示现象增长的程度，亦称增长率；当计算期水平低于基期水平时，发展速度小于 1 或 100%，增长速度为负值，表示现象降低的程度，亦称降低率。增长速度为 0 等同于发展速度为 100%。可见，增长速度实际上是以相对数说明经济现象的增长程度，而前面介绍的增长量是以绝对数描述经济现象的增长程度。

同样，依基期不同，有定基增长速度和环比增长速度两种。用公式表示为

$$\begin{aligned}\text{定基增长速度} &= \frac{\text{累计增长量}}{\text{固定基期水平}} = \frac{\text{报告期水平}-\text{固定基期水平}}{\text{固定基期水平}} \\ &= \frac{\text{报告期水平}}{\text{固定基期水平}} - 1 = \text{定基发展速度} - 1 \\ &= \frac{x_i - x_0}{x_0} = \frac{x_i}{x_0} - 1\ (i = 0, 1, 2, \cdots, n)\end{aligned} \tag{10-20}$$

$$\begin{aligned}\text{环比增长速度} &= \frac{\text{逐期增长量}}{\text{前一期水平}} = \frac{\text{报告期水平}-\text{前一期水平}}{\text{前一期水平}} = \frac{\text{报告期水平}}{\text{前一期水平}} - 1 \\ &= \text{环比发展速度} - 1 = \frac{x_i - x_{i-1}}{x_{i-1}} = \frac{x_i}{x_{i-1}} - 1\ (i = 1, 2, 3, \cdots, n)\end{aligned} \tag{10-21}$$

定基增长率

$$GF_i = \frac{x_i}{x_0} - 1\ (i = 0, 1, 2, \cdots, n)$$

环比增长率

$$GL_i = \frac{x_i}{x_{i-1}} - 1\ (i = 1, 2, \cdots, n)$$

例 10-6　表 10-5 为我国居民 2001—2011 年人均消费水平的资料以及计算的发展速度与增长速度指标数据。

表 10-5　我国居民 2001～2011 年人均消费水平及速度指标

年份	全国居民人均消费水平 x_i（元）	发展速度（%）		增长速度（%）	
		定基 $\frac{x_i}{x_1}$	环比 $\frac{x_i}{x_{i-1}}$	定基 $\frac{x_i}{x_1}-1$	环比 $\frac{x_i}{x_{i-1}}-1$
2001	3 886.925	100.000	—	0.000	—
2002	4 143.749	106.607	106.607	6.607	6.607
2003	4 474.528	115.117	107.983	15.117	7.983
2004	5 031.999	129.460	112.459	29.460	12.459
2005	5 596.195	143.795	111.212	43.975	11.212
2006	6 298.565	162.045	112.551	62.045	12.551

续表

年份	全国居民人均消费水平 x_i（元）	发展速度（%）		增长速度（%）	
		定基 $\frac{x_i}{x_1}$	环比 $\frac{x_i}{x_{i-1}}$	定基 $\frac{x_i}{x_1}-1$	环比 $\frac{x_i}{x_{i-1}}-1$
2007	7 309.628	188.057	116.052	88.057	16.052
2008	8 430.150	216.885	115.329	116.885	15.329
2009	9 283.282	238.834	110.120	138.834	10.120
2010	10 522.400	270.713	113.348	170.713	13.348
2011	12 271.520	315.712	116.623	215.712	16.623

资料来源：《中国统计年鉴 2012》。

（3）计算和运用速度指标应注意的问题：

① 时间序列中的指标值为 0 或负数时，不宜计算速度；

② 速度指标与发展水平指标要结合使用。

速度是一个相对值，它与对比的基期值的大小有很大关系，大的速度背后隐含的增长绝对值可能很小；小的速度背后隐含的增长绝对值可能很大。这就是说，由于对比的基点不同，可能会造成速度数值上的较大差异，进而造成高的速度掩盖了低的增长。为了求得一个具有可比性的指标，就需要把速度指标与水平指标（增长速度和增长量）结合起来，计算增长 1%的绝对值指标。其计算公式为

$$\text{增长 1\%的绝对值=逐期增长量/环比增长速度=前期水平/100} \qquad (10-22)$$

这是由于 $\dfrac{x_i - x_{i-1}}{(\dfrac{x_i}{x_{i-1}}-1)\times 100} = \dfrac{x_i - x_{i-1}}{\dfrac{x_i - x_{i-1}}{x_{i-1}}\times 100} = \dfrac{x_{i-1}}{100}$。

增长 1%绝对值这一指标不仅可用于比较同一事物不同时期增长速度的经济意义，还可以用于比较不同国家、不同地区、不同单位之间同一事物增长速度所隐含的不同经济意义，这对我们正确评价和处理速度与效益的关系是颇有好处的。

10.2.2.2 平均发展速度与平均增长速度

1. 平均速度指标

平均速度指标就是速度的动态平均数。平均速度指标有平均发展速度和平均增长速度两种。从理论上讲，所谓平均发展速度是指时间序列中各期环比发展速度的序时平均数，它表明社会经济现象在一个较长时期内逐期发展变化的平均程度；而所谓平均增长速度也是指时间序列中各期环比增长速度的序时平均数，它表明社会经济现象在一个较长时期内逐期增长或减少的平均程度。

从计算平均速度的方法看，平均增长速度并不能根据各期环比增长速度直接计算，而是先计算平均发展速度，然后根据平均发展速度与平均增长速度的关系来计算平均增长速度。

$$平均增长速度=平均发展速度-1 \tag{10-23}$$

因此，所谓平均速度指标的计算实际上就是平均发展速度的计算。

2. 平均发展速度的计算方法

平均发展速度的计算通常采用两种方法：几何平均法与方程法。

（1）几何平均法：又称水平法，它的基本出发点是从时间序列的最初发展水平 x_0 开始，以序列的平均速度去代替各期的环比发展速度，由此推算出期末理论发展水平与期末实际发展水平相一致，即在基期发展水平 x_0 的基础上，平均每年以多快的发展速度（$\overline{x}$）发展，经过若干（季、月）后，才能达到报告期的发展水平 x_n。也可以理解为，由于现象发展的总速度等于各期环比发展速度的连乘积，所以各期环比发展速度的平均数只能用几何平均法计算。

由 $\frac{x_n}{x_0}=\frac{x_1}{x_0}\times\frac{x_2}{x_1}\times\frac{x_3}{x_2}\times\cdots\times\frac{x_n}{x_{n-1}}=\overline{x}\times\overline{x}\times\cdots\times\overline{x}=(\overline{x})^n$，$x_0\overline{x}^n=x_n$，得到

$$\overline{x}=\sqrt[n]{\frac{x_n}{x_0}} \tag{10-24}$$

$$\begin{aligned}\overline{G}&=\sqrt[n]{\frac{Y_1}{Y_0}\times\frac{Y_2}{Y_1}\times\cdots\times\frac{Y_n}{Y_{n-1}}}-1\\&=\sqrt[n]{\prod\frac{Y_i}{Y_{i-1}}}-1=\sqrt[n]{\frac{Y_n}{Y_0}}-1\ (i=1,2,\cdots,\ n)\end{aligned}$$

根据定基发展速度和环比发展速度的关系，将 $\frac{x_n}{x_0}=\prod_{i=1}^{n}\frac{x_i}{x_{i-1}}$ 代入上式得平均发展速度的“几何法”计算公式：

$$\overline{x}=\sqrt[n]{\prod_{i=1}^{n}\frac{x_i}{x_{i-1}}} \tag{10-25}$$

（2）方程法：又称累计法，它的基本出发点是从时间序列的最初发展水平 x_0 开始，以序列的平均速度去代替各期的环比发展速度，由此推算出各期理论发展水平之和与各期实际发展水平之和相一致，即

$$x_1+x_2+x_3+\cdots+x_n=\sum_{i=1}^{n}x_i$$

就是

$$x_0\overline{x}+x_0\overline{x}^2+x_0\overline{x}^3+\cdots+x_0\overline{x}^n=\sum_{i=1}^{n}x_i$$

从而得到

$$\sum_{i=1}^{n}\overline{x}^{i}=\frac{\sum_{i=1}^{n}x_i}{x_0} \tag{10-26}$$

解这个高次方程，其正根即为平均发展速度 $\overline{x}$。但是，要求解这个高次方程是非常麻烦的，因此在实际工作中，往往利用已经编好的平均增长速度查对表来计算。

由此可见，用方程法计算平均发展速度，侧重于考察中长期计划各期水平的总和，亦即计划期间的累计总量。这种方法适用于计算基本建设投资额、新增固定资产额、住宅建筑面积、造林面积等指标的平均发展速度。

应该注意的是，平均发展速度体现的是在基期水平基础上的发展状况，在运用平均发展速度时，应与基期水平联系起来分析。同时，由于平均发展速度着眼于期末水平，而不管中间变化过程如何，可能会掩盖各期特殊的发展情况，所以应当把平均发展速度与各期环比发展速度结合起来。

3. 计算和应用平均速度指标应注意的问题

（1）几何平均法和高次方程法是计算平均发展速度的基本方法，但两种方法的侧重点不同：前者是从最末水平出发来研究问题，而后者则是从各期水平的累计总和出发进行考察。因此，它们的应用条件不同，同一资料，两种方法计算的结果也不相同。例如，如果我们研究的是类似于年末人口数这样的存量现象，则利用方程法来计算其平均发展速度就没有多少意义。

（2）要根据事物的发展状态，应用分段平均发展速度来补充说明整个时期的总平均发展速度。因为总平均速度仅能笼统地反映现象在较长时期内逐期平均发展的程度，而掩盖了这种现象在不同时期的波动状况。尤其是当研究的时期较长时，更要注意这方面的问题。

（3）在应用几何平均法计算平均发展速度时，还要注意与环比发展速度结合进行分析。因为几何平均法计算的平均发展速度只考虑了最末水平与最初水平，中间各期水平无论怎样变化，对平均速度的高低都无影响。如果中间各期水平出现了特殊高低变化，或者最初、最末水平受到特殊因素的影响，就会降低或失去平均速度的意义。

（4）平均速度指标与原时间序列的发展水平、增长量、平均水平等指标结合应用，才能对研究现象做出比较确切和全面的认识。

例 10-7 某地区的社会总产值在 2005—2008 年 4 年间平均每年递增 15%，2009—2011 年 3 年间平均递增 12%，2012—2015 年 4 年间平均递增 9%，试计算：

（1）该地区 11 年来社会总产值增长了多少？

（2）年平均增长多少？

（3）若该地区 2015 年的国内生产总值为 500 亿元，以后平均每年增长 6%，则到 2017

年可达到多少？

解：（1）实际就是求该地区国内生产总值在这 11 年（2005—2015 年）间的总发展速度，有

该地 11 年社会总产值增长=$[1\times(1+0.15)^4\times(1+0.12)^3\times(1+0.09)^4-1]\times100\%$

$=2.468\ 6\times100\%=246.86\%$

（2）实际就是求该地区国内生产总值在这 11 年（2005—2015 年）间的平均增长速度，有

$$年平均增长率=[(3.468\ 6)^{(1/11)}-1]\times100\%$$

$$=0.119\ 7\times100\%=11.97\%$$

（3）$500\times(1+0.06)^2=500\times1.123\ 6=561.80$（亿元）

例 10-8　某企业计划 2015 年产量要比 2010 年增长 2 倍，问平均每年增长百分之几才能完成预计任务？

解：因为 2015 年产量比 2010 年增长 2 倍，即 2015 年产量为 2010 年的 3 倍，所以 2010 年至 2015 年产量总速度为 300%，则

$$平均增长速度=\bar{x}-1=\sqrt[n]{R}-1=\sqrt[5]{3}-1=1.25-1=0.25=25\%$$

即每年平均增长 25%，才能完成预计任务。

10.3　平稳时间序列的预测

10.3.1　时间序列预测的概念

在现实生活中，由于人们经常关注以后的事情，所以总是不自觉地对未来做出某种预测。如：明年会涨工资吗？明年房价会降吗？创业股值得购买吗？我们已经知道，时间序列是指同一变量按事件发生的先后顺序排列起来的一组观察值或记录值，它能够展示研究对象在一定时期内的发展变化趋势与规律，因而可以从时间序列中找出变量变化的特征、趋势以及发展规律，从而对变量的未来变化进行有效的预测。

时间序列预测建立在时间序列发展水平分析的基础上，运用一定的数学运算或数学方法建立预测模型，使时间趋势向外延伸，从而预测序列发展水平的未来值。时间序列预测是一种常用的定量预测方法，其基本理念：①承认事物发展的延续性，认为运用过去数据可以推测事物的发展趋势；②考虑到事物发展的随机性，认为事物的发展过程中必然会受到一些随机因素的影响；③承认数据的权威代表性，撇开了序列所代表的事物发展的因果关系。

时间序列预测的常用方法有平均数预测法和数学模型法。平均数预测是最简单的定量预测方法，其运算过程简单，常用于近期、短期预测。数学模型法相对较复杂，在更多要求高的情形中运用，可用于中长期的预测。

在 10.2.2 节中，我们已经知道平稳时间序列就是只含有随机波动的序列。也就是说平稳序列是指不含有趋势、季节和循环波动的序列，其波动主要由随机成分引起，序列围绕平均值上下波动。在数学上，对于非平稳的时间序列，可以考虑利用差分运算使其变为平稳时间序列。所以，平稳时间序列的预测就具有基础性的意义。

10.3.2 平稳时间序列预测的方法

平稳序列的预测方法有简单平均法（simple average）、移动平均法（moving average）、简单指数平滑法（simple exponential smoothing）。简单平均法就是描述性分析中的水平分析，在此不再赘述。

1. 移动平均预测

移动平均预测是指选择固定长度的移动间隔，对时间序列逐期移动求得平均数作为下一期的预测值。设移动间隔长度为 k（$1<k<t$），则 t+1 期的移动平均预测值为

$$F_{t+1}=\hat{x}_{t+1}=\frac{x_{t-k+1}+x_{t-k+2}+x_{t-k+3}+\cdots+x_{t-1}+x_t}{k} \qquad (10\text{-}27)$$

移动平均法仅利用最近 k 期的数据（预测值=最后 k 个值的算术平均值），每次计算移动平均值时移动的时间间隔为 k。

间隔长度 k 值的选取无确定规则，具体预测时可选择不同的移动步长进行预测，比较不同 k 所对应的均方差 MSE，选择均方误差最小者为最终的预测步长。一般 k 为 3～200，视序列长度和预测目标情况而定。一般对于水平型数据，k 值的选取较为随意；一般情况下，如果考虑到历史上序列中含有大量随机成分，或者序列的基本发展趋势变化不大，则 k 应取大一点。对于具有趋势性或阶跃性特点的数据，为提高预测值对数据变化的反应速度，减少预测误差，k 值取较小一些，以使移动平均值更能反映目前的发展变化趋势。一般 k 的取值为 3～15。

2. 简单指数平滑预测

简单指数平滑预测法利用了加权平均的原理，把第 t 期的实际值 x_t 与 t 期的平滑值 S_t（即 t 期的预测值）加权平均作为 t+1 期的预测值。观察值的时间距离当前期越来越远，观察值的权数呈现指数下降趋势，因而被称作指数平滑。

一次指数平滑的预测方法：t+1 期的预测值是 t 期实际值 x_t 和 t 期平滑值 S_t 的线性组合，其预测模型为

$$F_{t+1} = \alpha x_t + (1-\alpha)\ S_t \qquad (10\text{-}28)$$

即

预测值=α（上期值）+（1−α）（上次预测值）

式中：F_{t+1} 为 t+1 期的平滑预测值；x_t 为 t 期的实际值；S_t 为 t 期的平滑预测值（即 F_t）；α 为平滑系数（$0<\alpha<1$）。因第 1 期的平滑值 S_1 没有，通常设 $S_1=x_0$。

在此，关键是确定一个合适的平滑系数α。平滑系数α的选择：α的取值对平滑效果影响很大，α越小平滑效果越显著。α取值的大小决定了在平滑值中起作用的观察值的项数的多少，当α取值较大时，各观察值权数的递减速度快，因此在平滑值中起作用的观察值的项数就较少；而当α取值较小时，各观察值权数的递减速度很慢，因此在平滑值中起作用的观察值的项数就较多。

如果用移动平均数与指数平滑法相比，要使两者具有相同的灵敏程度，移动平均数 k 的取值与指数平滑法中α的取值有如下关系：

$$\frac{k-1}{2} = \frac{1-\alpha}{\alpha} \qquad (10\text{-}29)$$

当α值取 0.05～0.3 时，如果要使移动平均具有相应的灵敏程度，则 k 的取值如表 10-6 所示。

表 10-6　α 与 k 的对应值

α	0.05	0.1	0.2	0.3
k	39	19	9	5.66≈6

当α取值较小时，指数平滑法的平滑能力较强，而α取值较大时，模型对现象变化的反应速度较快。一般来说，α取值的大小应当视所预测对象的特点及预测期的长短而定。一般情况下，观测值呈较稳定的水平发展，α值取 0.1～0.3；观测值波动较大时，α值取 0.3～0.5；观测值波动很大时，α值取 0.5～0.8。

10.3.3　预测模型的选择与评估

选择什么样的方法进行时间序列预测，首先取决于历史数据的变化特征，即时间序列包含哪些具体成分。此外，时间序列包含数据的多少也决定着预测方法的选择，有些方法要求历史数据较长，有些方法则只需较短数据量即可。在选择好了预测方法并使用预测方法对数据进行预测后，还需要对所选择的方法进行评估，以确定所选择的方法是否正确。

一种预测方法的选择是否合适或合理，主要取决于预测误差的大小。预测误差是实际观察值与预测值的差距，通常以均方误差 *MSE*（mean square error）来度量。能够实现最小均方差的预测模型或方法是最合适或合理的。

$$MSE=\frac{\sum_{i=1}^{n}(x_i-F_i)^2}{n} \tag{10-30}$$

式中：x_i是第 i 期的实际值；F_i是第 i 期的预测值；n 为预测误差的个数。

除了最常用的均方误差外，还有可供选用的其他形式的误差如下。

（1）平均误差 ME（mean error）：$ME=\frac{\sum_{i=1}^{n}(x_i-F_i)}{n}$。

（2）平均绝对误差 MAD（mean absolute deviation）：$MAD=\frac{\sum_{i=1}^{n}|x_i-F_i|}{n}$。

（3）平均百分比误差 MPE（mean percentage error）：$MPE=\frac{\sum\left(\frac{x_i-F_i}{x_i}\times 100\right)}{n}$。

（4）平均绝对百分比误差 $MAPE$（mean absolute percentage error）：$MAPE=\frac{\sum_{i=1}^{n}\left(\frac{|x_i-F_i|}{x_i}\times 100\right)}{n}$。

例 10-9 我国 1981—2000 年油菜籽单位面积的产量数据如表 10-7 所示。

表 10-7 我国 1981—2000 年油菜籽单位面积产量 （单位：kg / hm^2）

年　份	单位面积产量	年　份	单位面积产量
1981	1 451	1991	1 215
1982	1 372	1992	1 281
1983	1 168	1993	1 309
1984	1 232	1994	1 296
1985	1 245	1995	1 416
1986	1 200	1996	1 367
1987	1 260	1997	1 479
1988	1 020	1998	1 272
1989	1 095	1999	1 469
1990	1 260	2000	1 519

（1）绘制时间序列图描述其形态。

（2）用 k=5 期移动平均法预测 2001 年的单位面积产量。

（3）采用指数平滑法，分别用平滑系数α=0.3 和α=0.5 预测 2001 年的单位面积产量，分析预测误差，说明用哪一个平滑系数预测更合适。

解：（1）时间序列图如图 10-2 所示。

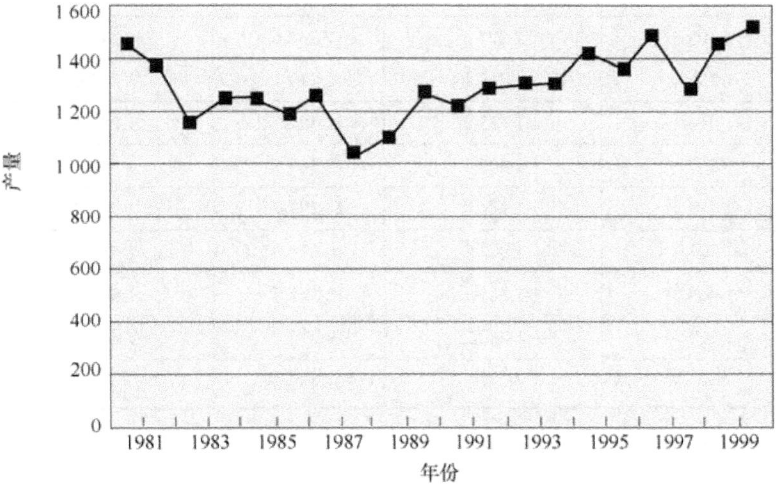

图 10-2　时间序列图

（2）2001 年的预测值为

$$F_{2001}=\frac{1\,367+1\,479+1\,272+1\,469+1\,519}{5}=\frac{7\,106}{5}=1\,421.2\text{（kg/hm}^2\text{）}$$

（3）指数平滑预测值见表 10-8。

表 10-8　例 10-9 的指数平滑预测

年　份	单位面积产量	指数平滑预测 α=0.3	误 差 平 方	指数平滑预测 α=0.5	误 差 平 方
1981	1 451				
1982	1 372	1 451.0	6 241.0	1 451.0	6 241.0
1983	1 168	1 427.3	67 236.5	1 411.5	59 292.3
1984	1 232	1 349.5	13 808.6	1 289.8	3 335.1
1985	1 245	1 314.3	4 796.5	1 260.9	252.0
1986	1 200	1 293.5	8 738.5	1 252.9	2 802.4
1987	1 260	1 265.4	29.5	1 226.5	1 124.3
1988	1 020	1 263.8	59 441.0	1 243.2	49 833.6
1989	1 095	1 190.7	9 151.5	1 131.6	1 340.8
1990	1 260	1 162.0	9 611.0	1 113.3	21 518.4
1991	1 215	1 191.4	558.1	1 186.7	803.5

续表

年　份	单位面积产量	指数平滑预测 α=0.3	误 差 平 方	指数平滑预测 α=0.5	误 差 平 方
1992	1 281	1 198.5	6 812.4	1 200.8	6 427.7
1993	1 309	1 223.2	7 357.6	1 240.9	4 635.8
1994	1 296	1 249.0	2 213.1	1 275.0	442.8
1995	1 416	1 263.1	23 387.7	1 285.5	17 035.9
1996	1 367	1 308.9	3 369.9	1 350.7	264.4
1997	1 479	1 326.4	23 297.7	1 358.9	14 431.3
1998	1 272	1 372.2	10 031.0	1 418.9	21 589.8
1999	1 469	1 342.1	16 101.5	1 345.5	15 260.3
2000	1 519	1 380.2	19 272.1	1 407.2	12 491.7
合计	—	—	291 455.2	—	239 123.0

α=0.3 时 2001 年的预测值为

$$F_{2001}=\alpha Y_t+(1-\alpha)\ F_t=0.3\times1\,519+(1-0.3)\times1\,380.2=1\,421.8\ （\mathrm{kg/hm^2}）$$

α=0.5 时 2001 年的预测值为

$$F_{2001}=\alpha Y_t+(1-\alpha)\ F_t=0.5\times1\,519+(1-0.5)\times1\,407.1=1\,463.1\ （\mathrm{kg/hm^2}）$$

比较误差平方可知，α=0.5 更合适。

10.4 时间序列的趋势预测

分析时间序列的趋势有利于：①描述社会经济现象在较长时期内发展变化的基本状态，以便进一步研究其发展变化的规律；②为预测事物未来的发展情况提供依据；③测定趋势，为研究季节变动时消除趋势的影响提供依据。时间序列的趋势预测就是测定出序列的趋势规律，然后按照这个规律进行外推得到预测值。

10.4.1 趋势预测基本原理

时间序列的趋势预测是一种典型的数学模型预测法，就是假定序列的发展会延续，依据时间序列发展形态的特点，选择一种合适的数学模型（方程）作为该序列的趋势线，再用序列数据确定出该趋势线方程的参数，得到描述这个时间序列的具体模型，然后用这个模型进行外推预测。用数学模型法进行趋势预测，具体过程如下。

（1）要科学地选择模型。简明的办法是基于对数学模型的洞悉，通过观察（在直角坐标系中以横轴为时间变量，纵轴为时序发展水平）散点图的形状，定性地判断出趋势线的数学模型 $y_t = f(t)$。也可以利用时间序列的动态分析指标来确定时间序列的趋势线的类型，数学上可以证明的基本结论是：①若时间序列的逐期增长量或环比增长量大体相等，则其趋势线近似于一条直线，即 $y_t = a + bt$；②若时间序列的二次增长量大体相等（即逐期增长量大体上呈等量递增或递减态势），则其趋势线近似于一条抛物线 $y_t = a + bt + ct^2$；③若时间序列的各期环比发展速度大体相等，则其趋势线近似于一条指数曲线 $y_t = ab^t$。抛物线、指数曲线等都属于曲线型模型。

（2）需要确定模型中的参数。最理想的方法就是通常使用的“最小二乘法”，通过最小化 $\sum_t (y_t - x_t)^2$ 而得到标准方程组，进而求解标准方程组得出模型参数。

（3）运用这个确定了参数的模型 $y_t = f(t)$，进行外推预测。

10.4.2　趋势预测技术方法

10.4.2.1　移动平均法

进行趋势预测的首要任务是发现趋势，用散点图观察简单可行但不严格。呈现趋势的一个基本方法就是移动平均法。同时，移动平均法也是一种简单易行的趋势预测方法。

移动平均法的基本思想：通过扩大原时间序列的时间间隔，并按一定间隔长度逐期移动，分别计算出一系列移动平均数，这些平均数形成的新的时间序列 y_t 对原时间序列 x_t 的波动起到一定的修匀（使季节变动和不规则变动相互抵消）作用，削弱了原时间序列中季节周期、循环周期及短期偶然因素的影响，从而使 y_t 呈现出现象发展的趋势变动。

（1）确定移动平均数的移动周期长度 k。移动周期一般以季节周期、循环变动周期长度为准而确立；如不存在明显的季节周期和循环周期，一般而言，我们在确定移动周期的时间长度时，最好取奇数项目；如根据数据资料的特点，还非取偶数项不可（例如当时间序列中包含明显的季节变动时，如果是季度资料，则需要用四期移动平均来消除季节变动；而如果是月度资料，则需要用 12 期移动平均）时，统计中的一般做法就是先进行移动平均得到 z_t，再对移动平均数时间序列 z_t 进行第二次偶数项移动平均，目的是为了“正位”，第二次移动的周期一般取 2 期，得到移动平均序列 y_t。

（2）按上述思想计算移动平均序列 y_t。

$$y_t = \begin{cases} \dfrac{x_t + x_{t+1} + x_{t+2} + \cdots + x_{t+k-1}}{k}, & k\text{为奇数；} \\ \dfrac{\dfrac{x_t}{2} + x_{t+1} + x_{t+2} + \cdots + x_{t+k-1} + \dfrac{x_{t+k}}{2}}{k}, & k\text{为偶数} \end{cases} \tag{10-31}$$

得到趋势序列 y_t。

（3）移动平均法以最近实际值的一次移动平均值为起点，以二次移动平均值估计趋势变化的斜率，建立预测模型。得到进行趋势预测的移动平均法的预测公式（预测模型）为

$$\hat{x}_{t+L} = a_t + b_t L$$

其中 L 为趋势预测期数，$a_t = 2z_t - y_t$ 是预测直线的截距，$b_t = \frac{2}{k-1}(z_t - y_t)$ 是预测直线的斜率，k 是移动平均的步长，t 是当前期数，$\hat{x}_{t+L}$ 是 $t+L$ 期预测值。

例 10-10 某煤矿某月的采煤量如表 10-9 所示，试求：

（1）按 5 日和按旬合并煤产量，编成时间数列；

（2）按 5 日和按旬计算平均日产量，编成时间数列；

（3）运用移动平均法（时距扩大为 4 天和 5 天）编制时间数列；

（4）分别以步长 4 日和 5 日预测下个月 1 号的采煤产量的预测量。

表 10-9 例 10-10 数据 （单位：吨）

日 期	1	2	3	4	5	6	7	8	9	10
产 量	301	302	304	291	298	310	305	312	315	310
日 期	11	12	13	14	15	16	17	18	19	20
产 量	308	319	320	323	296	290	328	330	334	338
日 期	21	22	23	24	25	26	27	28	29	30
产 量	336	334	338	338	339	345	342	356	350	351

解：（1）（2）按 5 日和按旬计算的采煤量与按 5 日和按旬的平均日产量编成时间数列。

某煤矿每 5 日的采煤量和每 5 日平均每日采煤量的时间数列见表 10-10。

表 10-10 例 10-10 的解答数据 （单位：吨）

日期起止	煤产量	平均日产量	日期起止	煤产量	平均日产量
1～5	1 496	299.2	16～20	1 615	323
6～10	1 552	310.4	21～25	1 685	337
11～15	1 566	313.2	26～30	1 744	348.8

某煤矿每 10 日的采煤量和每 10 日平均每日采煤量的时间数列见表 10-11。

表 10-11 例 10-10 的解答数据 （单位：吨）

日期起止	1～10	11～20	21～30
煤产量	3048	3181	3429
平均日产量	304.8	318.1	342.9

（3）运用移动平均法（时距扩大为 4 天和 5 天）编制时间数列。

5 天移动平均：第一个平均数为 $\frac{301+302+304+291+298}{5}=\frac{1\,496}{5}=299.2$，对应第三天原值。

依此类推移动平均，得出 5 天移动平均数列共 26 项。

4 天移动平均：首先进行简单移动平均，第一个平均数为 $\frac{301+302+304+291}{4}=299.5$，对应第 2 和 3 项中间。

第二个平均数为 $\frac{302+304+291+298}{4}=298.75$，对应第 3 和 4 项中间。依此类推移动平均，得出 4 天移动平均数列。

然后，进行 4 天平均的 2 项移动平均（式（10-31）中的第 2 个表达式所得的值）。

结果见表 10-12。

表 10-12　例 10-10 的（3）解答数据　　（单位：吨）

日　期	产　量	移动平均趋势值		
		k=5 天	k=4 天	
			简单移动平均	两项移动平均
1	301	—		—
			—	
2	302	—		—
			299.50	
3	304	299.2		299.13
			298.75	
4	291	301.0		299.75
			300.75	
5	298	301.6		300.88
			301.00	
6	310	303.2		303.63
			306.25	
7	305	308.0		308.38
			310.50	
8	312	310.4		310.50
			310.50	
			300.75	
9	315	310.0		310.90
			311.25	
10	310	312.8		312.13

续表

日　期	产　量	移动平均趋势值		
		k=5 天	k=4 天	
			简单移动平均	两项移动平均
			313.00	
11	308	314.4		313.63
			314.25	
12	319	316.0		315.90
			317.50	
13	320	313.2		316.00
			314.50	
14	323	309.6		310.88
			307.25	
15	296	311.4		308.25
			309.25	
16	290	313.4		310.13
			311.00	
17	328	315.6		315.25
			320.50	
18	330	323.0		325.88
			331.25	
19	334	332.2		332.25
			333.25	
20	338	333.4		333.75
			334.25	
21	336	335.1		334.75
			335.25	
22	334	335.8		335.88
			336.50	
23	338	337.0		336.88
			337.25	
24	338	338.8		338.63
			340.00	
25	339	340.4		340.50
			341.00	
26	345	344.4		343.25
			345.50	

续表

日期	产量	移动平均趋势值		
		k=5 天	k=4 天	
			简单移动平均	两项移动平均
27	342	346.4		346.88
			348.25	
28	356	348.8		349.00
			349.75	
29	350	—		—
			—	
30	351	—		—

（4）下个月 1 号的采煤产量趋势预测值。

步长 4 日的移动平均预测为

$$\hat{x}_{28+3}=349.0+\frac{2}{4-1}(349.75-349)\times 3=350.5\text{（吨）}$$

步长 5 日的移动平均预测为

$$\hat{x}_{28+3}=348.8+\frac{2}{5-1}(356-348.8)\times 3=363.2\text{（吨）}$$

10.4.2.2　数学模型法

（1）线性趋势预测模型：$y_t=a+bt$。

当我们判定选用线性模型时，其实就是第 9 章介绍过的线性回归。用最小二乘法求待定参数 a、b 取决于标准方程组

$$\begin{cases}\sum y=\sum a+b\sum t\\ \sum ty=\sum t+b\sum t^2\end{cases}$$

求解标准方程组得参数

$$\begin{cases}\hat{b}=\dfrac{n\sum ty-\sum t\sum y}{n\sum t^2-\left(\sum t\right)^2}\\ \hat{a}=\overline{y}-\hat{b}\overline{t}\end{cases}\tag{10-32}$$

得到线性模型 $y_t=\hat{a}+\hat{b}t$。

式（10-32）可以通过对时序的下标调整而得到简化，当数据个数为奇数时，令 $t=\cdots$，-3，-2，-1，0，1，2，3，…，当数据个数为偶数时，令 $t=\cdots$，-5，-3，-1，1，3，5，…，这样就必然有 $\sum t=0$。这就是“时间参数对称化技术”。

趋势预测的误差可用线性回归中的估计标准误差来衡量。其公式为

$$s_y=\sqrt{\frac{\sum_{i=1}^{n}(x_i-y_i)^2}{n-2}} \qquad (10\text{-}33)$$

（2）二次曲线趋势预测模型：$y_t=a+bt+ct^2$。

对于选定的二次曲线趋势模型，根据最小二乘法得到待定参数 a、b、c 的标准方程组

$$\begin{cases}\sum y=na+b\sum t+c\sum t^2\\ \sum ty=a\sum t+b\sum t^2+c\sum t^3\\ \sum t^2y=a\sum t^2+b\sum t^3+c\sum t^4\end{cases} \qquad (10\text{-}34)$$

求解此方程组得出参数值 $\hat{a}$，$\hat{b}$，$\hat{c}$，得到模型 $y_t=\hat{a}+\hat{b}t+\hat{c}t^2$。趋势预测的误差可用的估计标准误差来衡量，其公式为

$$s_y=\sqrt{\frac{\sum_{i=1}^{n}(x_i-y_i)^2}{n-m}}$$

式中：m 为趋势线方程中待定参数的个数，此处 $m=3$。

（3）指数曲线趋势预测模型：$y_t=ab^t$，其中 a、b 为未知数。

对于指数曲线模型，通过变量代换可以转化为线性趋势模型来求解。先同时给模型两边取对数得 $\ln y_t=\ln a+t\ln b$，令 $A=\ln a$，$B=\ln b$，$Y_t=\ln y_t$，则有 $Y_t=A+Bt$，再根据线性模型的常数确定方法，可求得 $\hat{A}=\ln a$，$\hat{B}=\ln b$，最后取反对数得到 a、b 的值。

从总体上来说，确定性时序分析刻画了序列的主要趋势，直观简单、便于计算，但是比较粗略，不能严格反映实际的变化规律。为了比较严格地反映时序的变化必须结合随机时序分析法，运用 *AR*（*p*）、*MA*（*q*）、*ARMA*（*p*，*q*）、*ARIMA*（*p*，*q*，*i*）等模型（参见有关专门的时序分析著述），进一步完善对社会经济现象的分析，以便进行决策。

例 10-11 某地区年粮食总产量如表 10-13 所示。

表 10-13 某地区年粮食总产量数据 （单位：万吨）

年 份	1	2	3	4	5	6	7	8	9	10
产 量	230	236	241	246	252	257	262	276	281	286

试完成如下分析：

（1）试检查该地区粮食生产发展趋势是否接近于直线型。

（2）如果是直线型，请用最小平方法拟合直线趋势方程。

（3）预测第 11 年的粮食生产水平。

解：（1）列表计算逐期增长量，得到表 10-14。

表 10-14　逐期增长量

年　份	1	2	3	4	5	6	7	8	9	10
产量 y	230	236	241	246	252	257	262	276	281	286
逐期增长量	—	6	5	5	6	5	5	14	5	5

从逐期增长量可以看出，各期增长量大体相同，所以变化趋势是直线型的。

（2）拟合线性（直线）趋势方程的计算如表 10-15 所示。

表 10-15　某地区年粮食总产量趋势方程拟合计算表

年　份	产量 y	时间代码 t	t^2	ty	趋势值 $y_t=a+bt$
1	230	−9	81	−2 070	228.17
2	236	−7	49	−1 652	234.51
3	241	−5	25	−1 205	240.85
4	246	−3	9	−738	247.19
5	252	−1	1	−252	253.53
6	257	1	1	252	259.87
7	262	3	9	786	266.21
8	276	5	25	1 380	272.55
9	281	7	49	1 967	278.89
10	286	9	81	2 574	285.23
总计	2 567	0	330	1 047	2 567

把表 10-15 中的数据代入简化了的标准方程组（这里采用时间参数对称化技术）：

$$\begin{cases}\sum y = na \\ \sum ty = b\sum t^2\end{cases}$$

求解得到

$$\hat{a} = \frac{\sum y}{n} = \frac{2\,567}{10} = 256.7\text{，}\quad \hat{b} = \frac{\sum ty}{\sum t^2} = \frac{1\,047}{330} = 3.17$$

则趋势线的直线方程为 $y_t = \hat{a} + \hat{b}t = 256.7 + 3.17t$。

（3）预测第 11 年（t=11）粮食产量为

$$y_{11} = 256.7 + 3.17 \times 11 = 291.57 (万吨)$$

10.5 复合型时间序列的预测

10.5.1 复合型时间序列预测基本原理

对于一般的时间序列，可能具有各种组成成分（趋势、季节、周期），我们称其为复合型时间序列。对复合型序列所表征的某现象进行预测，应从序列的构成分析出发，对时间序列进行分解，实际包含几个因素就分解和测定几个因素，然后再用相应的预测方法进行预测。

我们的基本思想是通过一定的办法分离出趋势性、季节性、周期性，从而得到平稳时序，再利用平稳时序预测方法进行预测，然后通过利用分离方法的逆运算（还原）得到原时间序列的预测。选择什么样的方法进行时间序列预测，首先取决于历史数据的变化特征，即时间序列包含哪些具体成分。此外，时间序列包含数据的多少也决定着预测方法的选择，有些方法要求历史数据较长，有些方法则只需较短数据量即可。

我们以式（10-3）模型给出的时间序列 $Y=T \times S \times C \times I$ 为例来介绍复合型时间序列预测的基本原理。一般地，首先测定长期趋势 T，以 T 除 Y，得到剔除了长期趋势影响的时间序列

$$\frac{Y}{T} = \frac{T \times S \times C \times I}{T} = S \times C \times I \quad (10\text{-}35)$$

进一步测定季节变动 S，以 S 除上一步得到的序列，得到剔除了长期趋势和季节变动影响的时间序列

$$\frac{Y}{T \times S} = \frac{T \times S \times C \times I}{T \times S} = C \times I \quad (10\text{-}36)$$

这是个只包含循环波动和不规则变动的时间序列，如果该序列不包含循环波动（实际中通常难以存在），则 $\frac{Y}{T \times S} = I$ 成为平稳序列；如果该序列包含循环波动，通过移动平均即可剔除循环波动 C。

当分离出长期趋势和季节影响后，其数值接近于 1，则时间序列受循环波动和不规则变动的影响可忽略不计；不然还需要进一步剔除循环波动和不规则变动。通常，以年为时间单位的时间序列不包含季节变动的影响，$Y=T \times C \times I$。

10.5.2 复合型时间序列的预测方法

10.5.2.1 含季节与趋势的复合型时间序列的分析方法

在现实中，季节变动是一种极为普遍的现象。例如：商业经营中时令商品的销售量；农业生产中的蔬菜、水果、禽蛋的生产量；工业生产中的服装、水力发电等，都受生产条件和气候变化等因素的影响而形成有规则的周期性重复变动。季节变动有三个特征：①季节变动按照一定的周期进行，是一种有规律的变动；②季节变动每年重复进行；③每个周期变化的强度大体相同。季节变动分析的原理和方法是分析其他周期性变动的基础。

1. 思想方法分析

在长期趋势的分析中，构成时间序列的 4 个因素，除了长期趋势外，其他 3 个因素，即季节变动、循环变动和不规则变动，要么是周期性的，要么是随机性的，而不管是周期性的，还是随机性的，我们都可以通过平均的方法使它们相互抵消，抵消的结果就是长期趋势。

在测定季节变动的时候，我们要消除的是构成时间序列的 4 个因素中除了季节变动的其他 3 个因素（长期趋势、循环变动和不规则变动）。如果说，平均的方法消除循环变动和不规则变动比较理想的话，则对长期趋势的消除就不那么理想了，这时就需要采用新的方法以消除季节变动以外的 3 个因素。

2. 测定季节变动的方法

分两种情况：①在现象不存在长期趋势或长期趋势不明显的情况下，一般是直接用“同期平均法”通过消除循环变动和不规则变动来测定季节变动；②当现象具有明显的长期趋势时，一般是用“移动平均趋势剔除法”，先消除长期趋势，然后再用平均的方法消除循环变动和不规则变动。

1）同期平均法

实际上，同期平均法就是一种特殊的“移动平均法”：一方面它是平均；另一方面这种平均的范围仅仅局限在不同年份的相同季节中，季节不同，平均数的范围也就随之而“移动”。因此，所谓“同期平均”就是在同季（月）内“平均”，而在不同季（月）之间“移动”的一种移动平均法。“平均”是为了消除非季节因素的影响，而“移动”则是为了测定季节因素的影响程度。用同期平均法来测定其季节变动。步骤如下。

（1）计算各年同季（月）的平均数，目的是要消除非季节因素的影响。

（2）计算各年同季（或同月）平均数的平均数，也即时间序列的序时平均数，目的是计算季节比率。平均数大，表明是旺季，越大越旺；平均数小，表明是淡季，越小越淡。

但是，这种大与小是与其他季节相对的，因此，就需要将“各年同季的平均数”进行相对化变换，即计算季节指数，对比的标准就应该是时间序列的序时平均数。

（3）计算季节指数。将各年同季的平均数分别和时间序列的序时平均数进行对比。一般用百分数表示，用公式表示为

$$季节指数（S）=\frac{同月（或季）平均数}{总月（或季）平均数}\times 100\% \tag{10-37}$$

同期平均法计算简单、易于理解。当序列的长期趋势和循环波动不明显或影响不重要，可忽略不计时，应用该方法比较合适。

2）移动平均长期趋势剔除法

测定季节变动的一种基本方法就是移动平均趋势剔除法。基本思路是先从时间序列中将长期趋势剔除掉，然后再应用“同期平均法”剔除循环变动和不规则变动，最后通过计算季节比率来测定季节变动的程度。这实际就是趋势测定方法“移动平均法”和季节变动测定方法“同期平均法”的结合运用。其基本步骤如下。

（1）先根据各年的季度（或月度）资料（Y）计算四季（或 12 个月）的移动平均数，然后为了“正位”，再计算二季（月）移动平均数，作为各期的长期趋势值（T）。

（2）将实际数值（Y）除以相应的移动平均数（T），得到各期的 Y/T。这就是消除了长期趋势影响的时间序列，它是一个相对数，称为季节指数。

（3）将 Y/T 重新按“同期平均法”计算季节比率的方式排列。然后，按照该方法要求，先计算“异年同季平均数”，再计算“异年同季平均数的平均数”，即消除长期趋势变动后，新序列的序时平均数；最后，计算季节比率并画图显示。

3. 建立模型进行预测

对消除了季节成分的序列，建立适当的预测模型，并进行预测。然后，用预测值乘以相应的季节指数，得到复合序列的最终预测值。选择预测模型的一般流程图如图 10-3 所示。

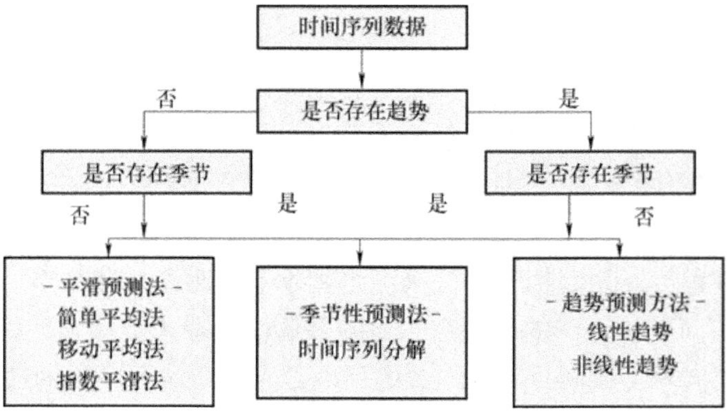

图 10-3　复合时间序列预测模型选择流程图

10.5.2.2　周期变动的分析方法

（1）循环变动：在整个时间序列中，环绕着长期趋势周而复始的一种上下波动。最为典型的是国民经济的循环波动，它所表现的并不是朝着某一单一方向持续上升或下降，而是涨落相间地波浪式发展。循环波动不同于季节变动。季节变动一般是以年、季或月等为周期，它们都在一年以内，可以预见；而循环变动没有固定的循环周期，一般在数年以上，并且也没有固定的变动期限或规律，很难事先预知；季节变动在各年的波动强度大致相同，无明显差异，循环波动在不同时期的振幅有明显的差异，其产生的机制在经济过程内部。

（2）循环变动的测定方法有剩余法、直接法、循环平均法等，常用的方法是剩余法。剩余法的基本原理：在影响时间序列的基本因素中，通过分解法逐步消除长期趋势及季节波动，然后再用平均法消除不规则变动，剩余部分大致能反映循环变动。

首先，测定时间序列的长期趋势值 T 与季节变动 S。其次，从时间序列中剔除长期趋势值 T 和季节变动 S，求得 $C\times I$，即

$$C\times I=\frac{T\times S\times C\times I}{S\times T}=\frac{Y}{S\times T} \tag{10-38}$$

需要说明的是，若已经将季节变动从时间序列中分离了出来，就可能直接从时间序列中将长期趋势和季节变动一次剔除掉。如果季节变动不知道，则应该按照季节变动测定的第二种方法，即先从序列中剔除长期趋势，得到 $S\times C\times I$；然后再用“同期移动平均法”计算季节比率，得到 S；最后再从 $S\times C\times I$ 中剔除 S，得到 $C\times I$。然后，对 $C\times I$ 进行移动平均，消除 I，最后得到循环变动 C。

在此，以既含有趋势又含有季节变动的复合型时间序列为例，复合型时间序列预测的方法步骤如下：

（1）描述时间序列的散点图，观察变动模式；

（2）选择构成分析模型（如式（10-3））；

（3）计算季节指数；

（4）进行季节成分剔除；

（5）剔除趋势成分；

（6）用残差分析进行模型评估；

（7）进行预测（把趋势值和季节值做乘积后，进行时间外推得到模型值）。

➘ 例 10-12　某服装公司 1998—2000 年各月销售量资料如表 10-16 所示。试进行 2001 年 1 月的预测。

解：（1）根据上述步骤，销售量季节指数计算过程见表 10-16。

表 10-16 1998—2000 年各月销售量资料及季节指数计算表

月份	各年销售量（万件）			合计	同月平均	季节指数（%）
	1998 （1）	1999 （2）	2000 （3）	（4）=（1） +（2）+（3）	（5）=（4）÷（3）	（6）=（5）÷1 260.56
1 月	80	120	320	520	173.3	13.8
2 月	120	200	400	720	240	19.0
3 月	200	350	700	1 250	416.7	33.1
4 月	500	850	1 500	2 850	950	75.4
5 月	800	1 500	2 400	4 700	1 566.7	124.3
6 月	2 500	4 500	6 800	13 800	4 600	364.9
7 月	2 400	6 400	7 200	16 000	5 333.3	423.1
8 月	600	900	1 500	3 000	1 000	79.3
9 月	200	400	600	1 200	400	31.7
10 月	100	250	400	750	250	19.8
11 月	60	100	200	360	120	9.5
12 月	40	80	110	230	76.7	6.1
合计	7 600	15 650	22 130	45 380	15 126.7	1 200
平均	633.3	1 304.2	1 844.2	3 781.67	1 260.56	100

表 10-16 中的季节指数一栏，是以指数形式表现的典型销售量。每个指数代表 1998—2000 年间每个月份的平均销售量。比如，1 月份的季节指数为 13.8%，表示该月份销售量为全年平均销售量的 13.8%，全年平均销售量为 100%。这样各月的季节指数序列，可以清楚地表明该服装公司销售量的季节变动趋势，即 1、2、3、4 月份是销售淡季，5、6、7 月份为销售旺季，7 月份比全年平均销售量高 323.1%（423.1%-100%），8 月份开始下降，到 12 月份降到最低点，比全年平均销售量低 93.9%（6.1%-100%）。

（2）根据表 10-6 的资料，按移动平均趋势剔除法计算销售量的季节指数。

首先求出 12 个月移动平均趋势值 T，并求得 Y/T，计算结果如表 10-17 所示。然后将表 10-17 中的 Y/T 重新排列，见表 10-18，求出各年同月平均数，使不规则变动消除，已是季节指数，但由于 12 个月的总和不等于 1 200%，需进行调整。其调整系数$=\dfrac{1\,200\%}{1\,213.045}=0.989\,2\%$，用调整系数乘以同月平均数，即得季节指数，见表 10-18 的最后一栏。

（3）季节变动的调整。

将原时间序列除以相应的季节指数，即 $\dfrac{Y}{S}=\dfrac{T\times C\times S\times I}{S}=T\times C\times I$，结果即为调整后

的时间序列，反映了在没有季节因素影响的情况下，时间序列的变化形态。

根据表 10-16 的资料，对 1998—2000 年各月的销售量作季节调整。根据表 10-18 中的季节指数可得计算结果（表 10-19）。

（4）根据调整后的序列拟合得到的趋势线为

$$\hat{Y}_t = 287.67 + 57t$$

各月调整后的趋势值见表 10-19，随着时间的外推就得到了相应的预测值。2001 年 1 月对应的趋势值为 $\hat{Y}_{37} = 287.67 + 57 \times 37 = 2\,396.67$，再乘以 1 月的季节指数 13.8%，得到 $2\,396.67 \times 0.138 = 330.74$。

表 10-17　销售量季节指数计算表（Ⅰ）　（单位：万件）

年/月	销售量 Y	12 月移动平均	趋势值 T	Y/T（%）
Jan-1998	80	—	—	—
2	120	—	—	—
3	200	—	—	—
4	500	—	—	—
5	800	—	—	—
6	2 500	—	—	—
7	2 400	633.33	635.00	377.95
8	600	636.67	640.00	93.75
9	200	643.33	649.48	30.79
10	100	655.63	670.32	14.92
11	60	685.00	714.17	8.40
12	40	743.33	826.67	4.84
Jan-1999	120	910.00	1 076.67	11.15
2	200	1 243.33	1 255.83	15.93
3	350	1 268.33	1 276.67	27.42
4	850	1 285.00	1 291.25	65.83
5	1 500	1 297.50	1 299.17	115.46
6	4 500	1 300.83	1 302.50	345.49
7	6 400	1 304.16	1 312.50	489.62
8	900	1320.83	1 329.17	67.71
9	400	1 337.50	1 352.09	29.58
10	250	1 366.67	1 393.75	17.94

续表

年/月	销售量 Y	12 月移动平均	趋势值 T	Y/T（%）
11	100	1 420.83	1 458.33	6.86
12	80	1 495.83	1 591.67	5.02
Jan-2000	320	1 687.50	1 720.84	18.60
2	400	1 754.17	1 779.17	22.48
3	700	1 804.17	1 812.50	38.62
4	1 500	1 820.83	1 827.08	82.10
5	2 400	1 833.33	1 837.00	130.65
6	6 800	1 841.67	1 842.92	368.98
7	7 200	1 844.17		
8	1 500			
9	600			
10	400			
11	200			
12	110			

表 10-18　销售量季节指数计算表（Ⅱ）

月　份	1998 年	1999 年	2000 年	合　计	同月平均	季节指数（%）
1		11.15	18.60	29.75	14.875	14.72
2		15.93	22.48	38.41	19.205	19.00
3		27.42	38.62	66.24	33.020	32.66
4		65.83	82.10	147.93	73.965	73.17
5		115.46	130.65	246.11	123.055	121.72
6		345.49	368.98	714.47	357.235	353.38
7	377.95	489.62		867.57	433.785	429.10
8	93.75	67.61		161.46	80.730	79.86
9	30.79	29.58		60.37	30.185	29.86
10	14.92	17.94		32.86	16.430	16.25
11	8.40	6.86		15.26	7.630	7.55
12	4.84	5.02		9.86	4.930	4.88
合计	—			2 390.29	1 213.045	1 200.00

表 10-19　销售量的季节变动调整

年/月	销售量 Y（万件）	季节指数 S（%）	调整后的销售量 Y/S（万件）	调整后的趋势值 $\hat{Y}$（万件）
Jan-1998	80	14.72	543.48	344.66
2	120	19.00	631.58	401.65
3	200	32.66	612.37	458.64
4	500	73.17	683.34	515.63
5	800	121.72	657.25	572.62
6	2 500	353.38	707.45	629.61
7	2 400	429.10	559.31	686.60
8	600	79.86	751.31	743.59
9	200	29.86	669.79	800.58
10	100	16.25	615.38	857.57
11	60	7.55	794.70	914.56
12	40	4.88	719.67	971.55
Jan-1999	120	14.72	815.22	1 028.55
2	200	19.00	1 052.63	1 085.54
3	350	32.66	1 071.65	1 142.53
4	850	73.17	1 161.68	1 199.52
5	1 500	121.72	1 232.34	1 256.51
6	4 500	353.38	1 273.42	1 313.50
7	6 400	429.10	1 491.49	1 370.49
8	900	79.86	1 126.97	1 427.48
9	400	29.86	1 339.58	1 484.47
10	250	16.25	1 538.46	1 541.46
11	100	7.55	1 324.5	1 598.45
12	80	4.88	1 639.34	1 655.44
Jan-2000	320	14.72	2 173.91	1 712.43
2	400	19.00	2 105.26	1 769.42
3	700	32.66	2 143.29	1 826.41
4	1 500	73.17	2 050.02	1 883.40
5	2 400	127.72	1 971.33	1 940.39
6	6 800	353.38	1 924.27	1 997.38
7	7 200	429.10	1 677.93	2 054.37
8	1 500	79.86	1 878.29	2 111.36
9	600	29.86	2 009.38	2 168.34
10	400	10.25	2 461.54	2 275.33
11	200	7.55	2 649.01	2 282.33
12	110	4.58	2 254.09	2 339.32

10.6 时间序列分析的软件实现

SPSS 的时间序列分析没有自成一体的单独模块，而是分散在数据（Data）、转换（Transform）、分析（Analyze）、图形（Graph）四个功能菜单当中。在 Data 和 Transform 中实现对时间序列数据的定义和必要处理，以适应各种分析方法的要求；在 Analyze 的 Time Series 中主要提供了四种时间序列的分析方法，包括指数平滑法、自回归法、ARIMA 模型和季节调整方法；在 Graph 中提供了时间序列分析的图形工具，包括序列图（Sequence）等。

时间序列分析的一般步骤如下。

（1）数据的准备阶段：数据的观察及检验阶段，总体把握时间序列发展变化的特征，以便选择恰当的模型进行分析，包括图形方法和统计检验方法。

（2）数据的预处理阶段：一方面能够使序列的特征体现得更加明显，利于分析模型的选择；另一方面使数据满足模型的要求。

（3）数据分析和建模阶段：根据时间序列的特征和分析的要求，选择恰当的模型进行数据建模和分析。

（4）模型的评价阶段：与模型分析的目标相结合，评价是否达到了分析的目的以及效果如何；评估预测结果并修正模型。

（5）模型的实施阶段：预测、应用。

例 10-13 某地 2012 至 2015 年度衬衫的零售量数据如表 10-20 所示，试根据这些数据对衬衫零售量进行季节分析，并对 2016 年 1 至 3 月的销售量进行预测。

表 10-20 某地衬衫零售量一览表 （单位：万件）

月份	年度			
	2012	2013	2014	2015
1	23	30	18	22
2	33	37	20	32
3	69	59	92	102
4	91	120	139	155
5	192	311	324	372
6	348	334	343	324
7	254	270	271	290
8	122	122	193	153
9	95	70	62	77
10	34	33	27	17
11	19	23	17	37
12	27	16	13	46

解：（1）数据准备。首先在数据视图定义变量“衬衫销售量”“月份”，录入数据；然后选择菜单“数据”→“定义日期和时间”，在对话框填入第一个个案 2012 年 1 月到 12 月，然后点击“确定”，得到如图 10-4 右图所示的数据视图。

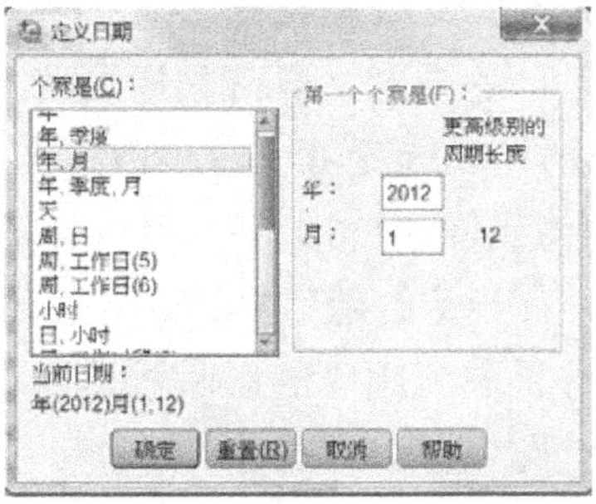

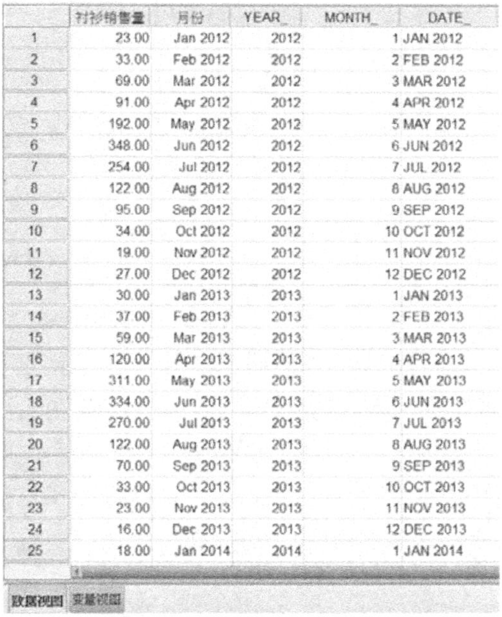

	衬衫销售量	月份	YEAR_	MONTH_	DATE_
1	23.00	Jan 2012	2012		1 JAN 2012
2	33.00	Feb 2012	2012		2 FEB 2012
3	69.00	Mar 2012	2012		3 MAR 2012
4	91.00	Apr 2012	2012		4 APR 2012
5	192.00	May 2012	2012		5 MAY 2012
6	348.00	Jun 2012	2012		6 JUN 2012
7	254.00	Jul 2012	2012		7 JUL 2012
8	122.00	Aug 2012	2012		8 AUG 2012
9	95.00	Sep 2012	2012		9 SEP 2012
10	34.00	Oct 2012	2012		10 OCT 2012
11	19.00	Nov 2012	2012		11 NOV 2012
12	27.00	Dec 2012	2012		12 DEC 2012
13	30.00	Jan 2013	2013		1 JAN 2013
14	37.00	Feb 2013	2013		2 FEB 2013
15	59.00	Mar 2013	2013		3 MAR 2013
16	120.00	Apr 2013	2013		4 APR 2013
17	311.00	May 2013	2013		5 MAY 2013
18	334.00	Jun 2013	2013		6 JUN 2013
19	270.00	Jul 2013	2013		7 JUL 2013
20	122.00	Aug 2013	2013		8 AUG 2013
21	70.00	Sep 2013	2013		9 SEP 2013
22	33.00	Oct 2013	2013		10 OCT 2013
23	23.00	Nov 2013	2013		11 NOV 2013
24	16.00	Dec 2013	2013		12 DEC 2013
25	18.00	Jan 2014	2014		1 JAN 2014

数据视图　变量视图

图 10-4　例 10-13 的数据准备

（2）数据预处理。选择菜单“转换”→“创建时间序列”，选“衬衫销售量”入变量框，单击“确定”，生成“衬衫销售量_1”。数据视图变为图 10-5（下图）。“衬衫销售量_1”就是“衬衫销售量”的 1 阶差分时间序列，反映了衬衫销售量序列的逐期增长量。

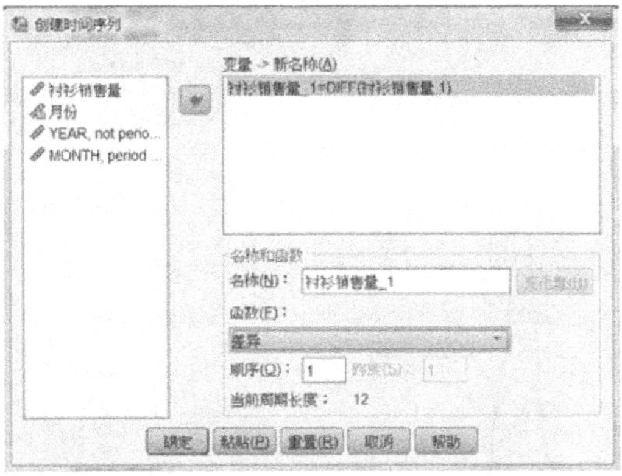

创建的序列

	序列名称	非缺失值的个案编号		有效个案数	创建函数
		第一个	最后一个		
1	衬衫销售量_1	2	48	47	DIFF(衬衫销售量,1)

图 10-5　衬衫销售量_1 的生成

	衬衫销售量	月份	YEAR_	MONTH_	DATE_	衬衫销售量_1
1	23.00	Jan 2012	2012		1 JAN 2012	
2	33.00	Feb 2012	2012		2 FEB 2012	10.00
3	69.00	Mar 2012	2012		3 MAR 2012	36.00
4	91.00	Apr 2012	2012		4 APR 2012	22.00
5	192.00	May 2012	2012		5 MAY 2012	101.00
6	348.00	Jun 2012	2012		6 JUN 2012	156.00
7	254.00	Jul 2012	2012		7 JUL 2012	-94.00
8	122.00	Aug 2012	2012		8 AUG 2012	-132.00
9	95.00	Sep 2012	2012		9 SEP 2012	-27.00
10	34.00	Oct 2012	2012		10 OCT 2012	-61.00
11	19.00	Nov 2012	2012		11 NOV 2012	-15.00
12	27.00	Dec 2012	2012		12 DEC 2012	8.00
13	30.00	Jan 2013	2013		1 JAN 2013	3.00
14	37.00	Feb 2013	2013		2 FEB 2013	7.00
15	59.00	Mar 2013	2013		3 MAR 2013	22.00
16	120.00	Apr 2013	2013		4 APR 2013	61.00
17	311.00	May 2013	2013		5 MAY 2013	191.00
18	334.00	Jun 2013	2013		6 JUN 2013	23.00
19	270.00	Jul 2013	2013		7 JUL 2013	-64.00
20	122.00	Aug 2013	2013		8 AUG 2013	-146.00
21	70.00	Sep 2013	2013		9 SEP 2013	-52.00
22	33.00	Oct 2013	2013		10 OCT 2013	-37.00
23	23.00	Nov 2013	2013		11 NOV 2013	-10.00
24	16.00	Dec 2013	2013		12 DEC 2013	-7.00
25	18.00	Jan 2014	2014		1 JAN 2014	2.00

图 10-5　衬衫销售量_1 的生成（续）

我们可以绘制“衬衫销售量”和“衬衫销售量_1”的图形，以观察序列的变化规律。选择“分析”→“时间序列预测”→“序列图”，分别先后选变量“衬衫销售量”“衬衫销售量_1”，“月份”为“时间轴标签”，然后各自确定得到图 10-6。可以看出，该时间序列不是平稳的时间序列，时间序列具有很强的季节性，有一定的趋势性，因此可以根据时间序列的变动趋势和季节性的特点进行季节性分解，分析季节因素的影响程度。

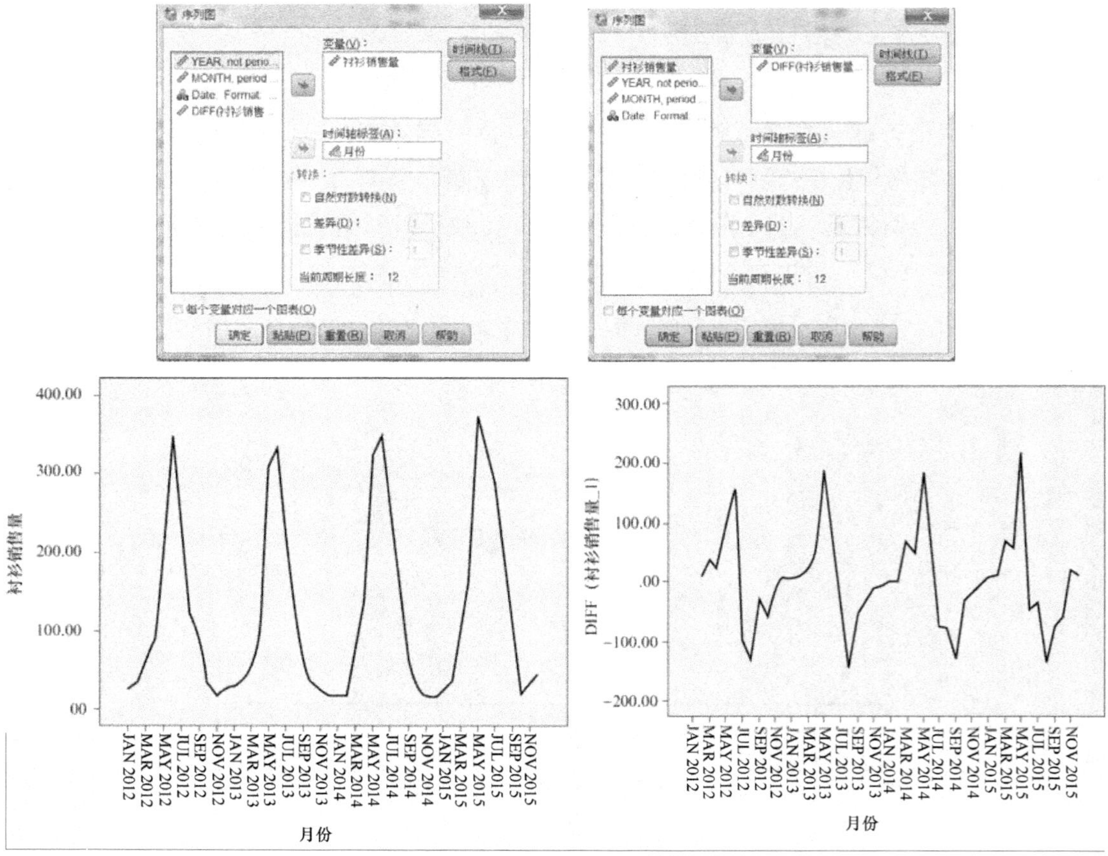

图 10-6　衬衫销售量和衬衫销售量_1 的折线图

（3）季节性分析（数据分析—季节性分解）。选择“分析”→“时间序列预测”→“季节性分解”，在“季节性分解”对话框中将“衬衫销售量”选入变量表内，选择“乘性”模型，“移动平均值权重”选择“端点按 0.5 加权”，并点击“确定”，得到提示将保存 4 个新的变量（图 10-7 的上图），再“确定”后便得到季节性分解的结果（图 10-8）和新的数据视图（图 10-7 的下图）。季节性分解的结果给出的季节性因子的意义：本月平均销售量与月平均销售量总和的比值，如 16.4%表示 2012 年到 2015 年的 4 个 1 月份销售量的平均值占每个月份平均销售量总和的 16.4%。从得到的季节性因子的数据可以看出，衬衫销售在 1 至 3 月从淡销逐渐启动，从 4 月份开始旺销，5、6、7 月为旺季，8 月与 4 月基本持平，9 至 12 月逐渐淡销。

	衬衫销售量	月份	YEAR_	MONTH_	DATE_	衬衫销售量_1	ERR_1	SAS_1	SAF_1	STC_1
1	23.00	Jan 2012	2012		1 JAN 2012		1.04226	140.32052	.16391	134.6313
2	33.00	Feb 2012	2012		2 FEB 2012	10.00	1.10116	137.50537	.23999	124.8733
3	69.00	Mar 2012	2012		3 MAR 2012	36.00	.91872	96.79421	.71285	105.3574
4	91.00	Apr 2012	2012		4 APR 2012	22.00	.87872	84.10728	1.08195	95.7159
5	192.00	May 2012	2012		5 MAY 2012	101.00	.77853	74.28853	2.58452	95.4213
6	348.00	Jun 2012	2012		6 JUN 2012	156.00	1.21931	129.45038	2.68829	106.1666
7	254.00	Jul 2012	2012		7 JUL 2012	-94.00	.95927	112.01705	2.26751	116.7733
8	122.00	Aug 2012	2012		8 AUG 2012	-132.00	.87886	110.43016	1.10477	125.6511
9	95.00	Sep 2012	2012		9 SEP 2012	-27.00	1.22546	160.85917	.59058	131.2638
10	34.00	Oct 2012	2012		10 OCT 2012	-61.00	.89750	124.36742	.27338	138.5713
11	19.00	Nov 2012	2012		11 NOV 2012	-15.00	.77594	117.18519	.16214	151.0241
12	27.00	Dec 2012	2012		12 DEC 2012	8.00	1.24386	207.52069	.13011	166.8362
13	30.00	Jan 2013	2013		1 JAN 2013	3.00	1.11873	183.02677	.16391	163.6020
14	37.00	Feb 2013	2013		2 FEB 2013	7.00	1.05716	154.17269	.23999	145.8372
15	59.00	Mar 2013	2013		3 MAR 2013	22.00	.68855	82.76607	.71285	120.2026
16	120.00	Apr 2013	2013		4 APR 2013	61.00	.98118	110.91070	1.08195	113.0381
17	311.00	May 2013	2013		5 MAY 2013	191.00	1.04825	120.33195	2.58452	114.7935
18	334.00	Jun 2013	2013		6 JUN 2013	23.00	1.04223	124.24261	2.68829	119.2087
19	270.00	Jul 2013	2013		7 JUL 2013	-64.00	1.00585	119.07324	2.26751	118.3805
20	122.00	Aug 2013	2013		8 AUG 2013	-148.00	.94524	110.43016	1.10477	116.8271
21	70.00	Sep 2013	2013		9 SEP 2013	-52.00	.98884	118.52781	.59058	119.8657
22	33.00	Oct 2013	2013		10 OCT 2013	-37.00	.97320	120.70956	.27338	124.0334
23	23.00	Nov 2013	2013		11 NOV 2013	-10.00	1.11866	141.85576	.16214	126.8089
24	16.00	Dec 2013	2013		12 DEC 2013	-7.00	1.02830	122.97522	.13011	119.5906
25	18.00	Jan 2014	2014		1 JAN 2014	2.00	.97587	109.81606	.16391	112.5540

图 10-7　季节性分解得到的数据视图

季节性分解过程中创建的四个新变量（序列）分别是：SAF_1—季节性调整因子（seasonal factor），这个值表示每个周期对序列水平的影响；SAS_1—季节性调整序列

（seasonal adjusted series），这些值是在剔除序列的季节性变化之后获得的序列；STC_1—平滑的趋势循环成分（trend cycle series），这些值显示序列中剔除季节和随机扰动后出现的趋势和循环行为；ERR_1—残差或“误差”值（error），这些值是在从序列中剔除季节性、趋势和循环成分之后保留的残差序列（随机扰动序列）。

周期性分解

模型描述

模型名称	MOD_3
模型类型	乘性
序列名称　1	衬衫销售量
季节性周期长度	12
移动平均值的计算方法	跨度等于周期长度加1，且端点按0.5加权

正在应用来自MOS_3的模型指定项

季节因子

序列名称：衬衫销售量

周期	季节因子（%）
1	16.4
2	24.0
3	71.3
4	108.2
5	258.5
6	268.8
7	226.8
8	110.5
9	59.1
10	27.3
11	16.2
12	13.0

图 10-8　季节性分解的结果

（4）创建模型及模型考核评价。利用时间序列建模器进行建模。选择“分析”→“时间序列预测”→“创建传统模型”，在“变量”按钮下选“衬衫销售量”为因变量，“月份”为自变量，在“统计”“保存”按钮下按图 10-9 勾选，并要注意“导出模型文件”（XML 文件）时要选择自己预定的存储位置（文件夹）并给文件命名（exa10-13），后面会用到这个模型文件。然后点击“确定”，得到建模结果（图 10-10）。

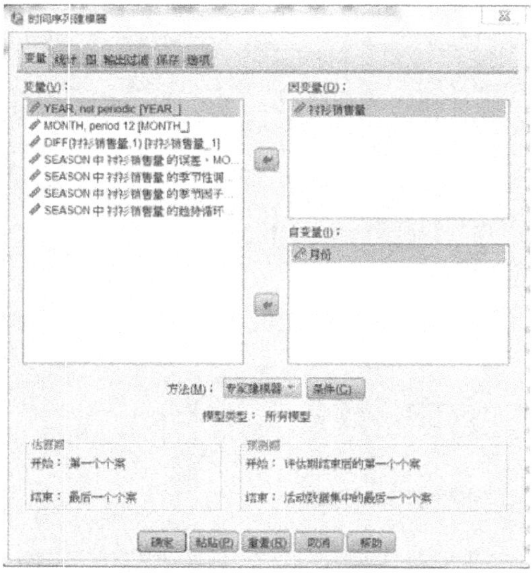

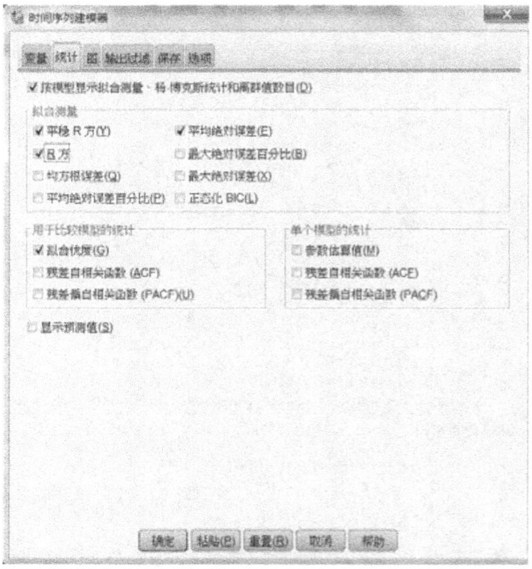

图 10-9　创建传统模型的相关面板选择

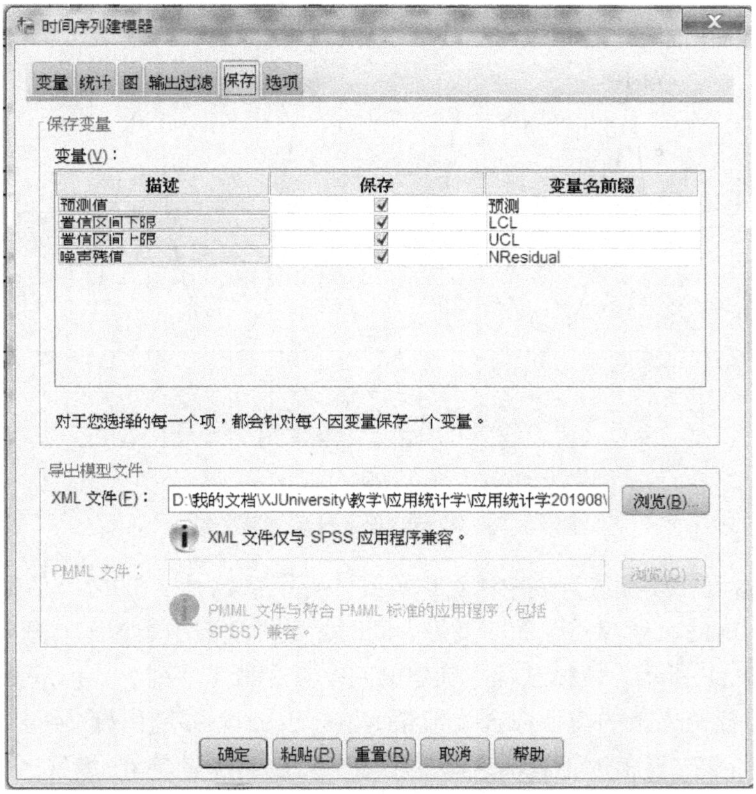

图 10-9　创建传统模型的相关面板选择（续）

模型描述

			模型类型
模型ID	衬衫销售量	模型_1	温特斯加性

模型摘要

模型拟合度

拟合统计	平均值	标准误差	最小值	最大值	百分位数						
					5	10	25	50	75	90	95
平稳R方	.816	.	.816	.816	.816	.816	.816	.816	.816	.816	.816
R方	.962	.	.962	.962	.962	.962	.962	.962	.962	.962	.962
RMSE	23.193	.	23.193	23.193	23.193	23.193	23.193	23.193	23.193	23.193	23.193
MAPE	29.617	.	29.617	29.617	29.617	29.617	29.617	29.617	29.617	29.617	29.617
MaxAPE	142.412	.	142.412	142.412	142.412	142.412	142.412	142.412	142.412	142.412	142.412
MAE	15.739	.	15.739	15.739	15.739	15.739	15.739	15.739	15.739	15.739	15.739
MaxAE	91.896	.	91.896	91.896	91.896	91.896	91.896	91.896	91.896	91.896	91.896
正态化BIC	6.530	.	6.530	6.530	6.530	6.530	6.530	6.530	6.530	6.530	6.530

模型统计

模型	预测变量数	模型拟合度统计			杨-博克斯Q(18)			离群值数
		平稳R方	R方	MAE	统计	DF	显著性	
衬衫销售量-模型_1	0	.816	.962	15.739	8.891	15	.883	0

图 10-10　模型结果及模型考核

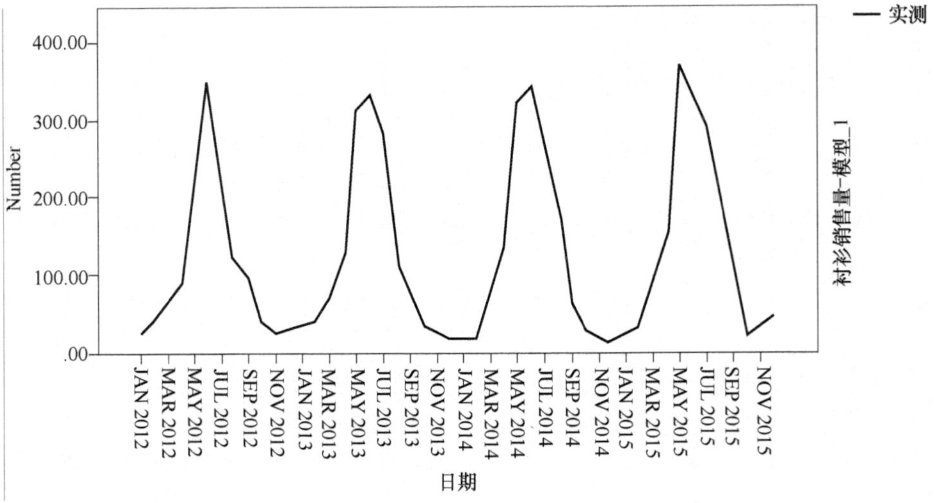

图 10-10　模型结果及模型考核（续）

在模型拟合度和模型统计表中都可以看到，判别系数 $R^2 = 0.962$，平稳 $R^2 = 0.816$，模型显著性达到 0.883，说明模型优度良好。同时，数据视图中增加了与预测值相关的 4 个变量，如图 10-11 所示。建模过程中创建的四个新变量（序列）分别是：预测_衬衫销售量_模型_1—衬衫销售量的模型拟合（预测）值；LCL_衬衫销售量_模型_1—衬衫销售量的模型拟合值的 95%置信度下置信区间的下限；UCL_衬衫销售量_模型_1—衬衫销售量的模型拟合值的 95%置信度下置信区间的上限；NResidual_衬衫销售量_模型_1—衬衫销售量的模型拟合值与原始值的误差=原始值-拟合值。

	预测_衬衫销售量_模型_1	LCL_衬衫销售量_模型_1	UCL_衬衫销售量_模型_1	NResidual_衬衫销售量_模型_1
53133	6.20	-40.51	52.92	16.80
37337	14.59	-32.12	61.31	18.41
35744	65.84	19.13	112.56	3.16
71590	111.81	65.09	158.52	-20.81
42135	283.90	237.18	330.61	-91.90
16664	315.16	268.45	361.87	32.84
77333	251.39	204.68	298.10	2.61
55119	127.82	81.10	174.53	-5.82
26388	55.92	9.21	102.64	39.08
57131	10.33	-36.39	57.04	23.67
02419	8.18	-38.53	54.90	10.82
33623	10.42	-36.30	57.13	16.58
30203	18.07	-28.64	64.79	11.93
33723	26.13	-20.58	72.85	10.87
20263	76.87	30.15	123.58	-17.87
03816	121.40	74.69	168.12	-1.40
79353	294.80	248.09	341.52	16.20
20878	333.41	286.70	380.13	.59
38056	267.45	220.74	314.17	2.55
32719	143.87	97.16	190.59	-21.87
36576	70.89	24.18	117.61	-.89
03346	22.58	-24.13	69.30	10.42
30897	19.54	-27.17	66.25	3.46

图 10-11　预测输出的 4 个新变量

（5）模型应用—预测。选择菜单“分析”→“时间序列预测”→“应用传统模型”，在面板的“模型”按钮选择模型文件为我们前面导出的模型文件 exa10-13.xml，在“统计”按钮下勾选“显示预测值”，在“保存”按钮下按图 10-12 勾选，点击“确定”即可得到如图 10-13 所示的时间序列预测结果（同时这些数据也会添加记录到数据视图中）。

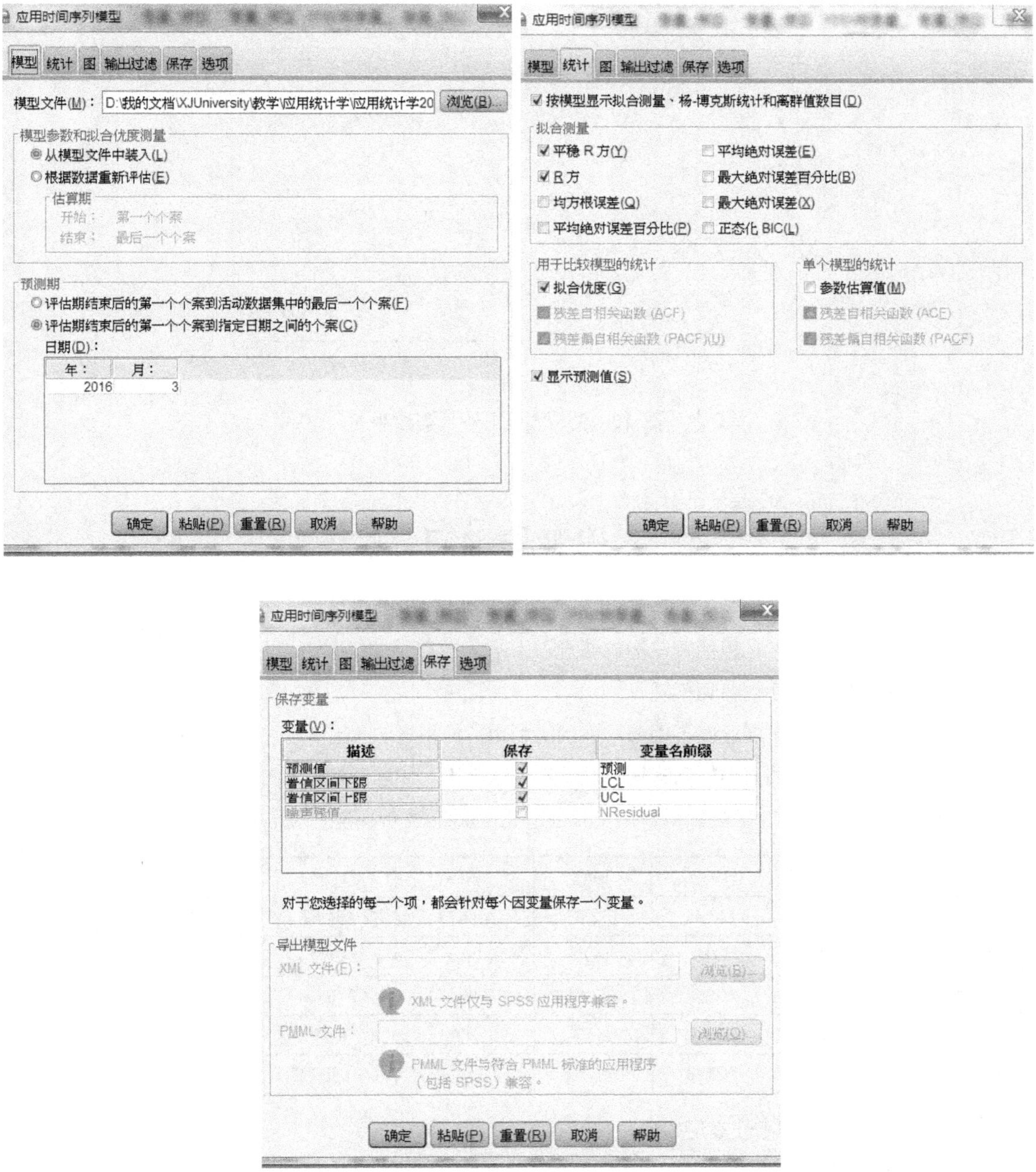

图 10-12　模型应用（预测）的相关面板选择

预测

模型		一月2016	二月2016	三月2016
衬衫销售量-模型_1	预测	44.51	51.76	101.76
	UCL	91.22	98.58	148.69
	LCL	−2.21	4.94	54.83

对于每个模型，预测在所应用模型估算中使用的最后一个历史周期之后开始，并结束于最后一个所有预测变量都有可用的非缺失值的周期，或者在所请求预测期的结束日期结束，以较早者为准。

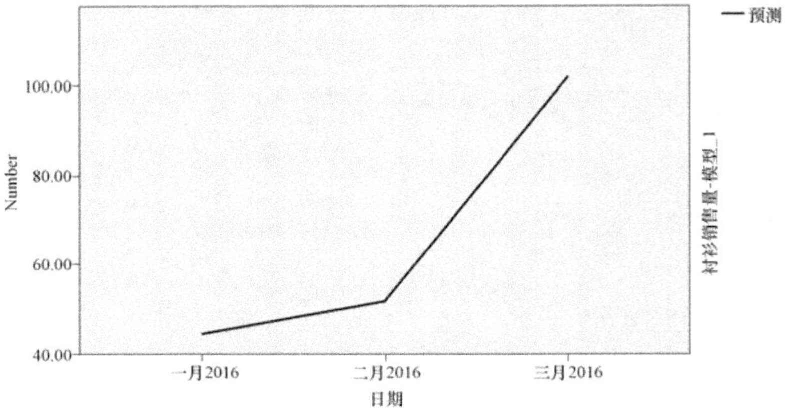

图 10-13　时间序列预测结果

思考与练习

1. 什么是时间序列？它包括哪些构成要素？
2. 时期序列与时点序列有何不同？
3. 为什么计算平均发展速度不用算术平均法而用几何平均法？
4. 给你一个时间序列，你如何将其主要因素测定出来？你准备如何完成这一工作？
5. 下表是 1981—1999 年国家财政用于农业的支出额数据（单位：亿元）。

年　份	1981	1982	1983	1984	1985	1986	1987
支 出 额	110.21	120.49	132.87	141.29	153.62	184.2	195.72
年　份	1988	1989	1990	1991	1992	1993	1994
支 出 额	214.07	265.94	307.84	347.57	376.02	440.45	532.98
年　份	1995	1996	1997	1998	1999		
支 出 额	574.93	700.43	766.39	1 154.76	1 085.76		

（1）绘制时间序列图描述其形态。

（2）计算年平均增长率。

（3）根据年平均增长率预测 2000 年的支出额。

6. 我国 1964—1999 年的纱产量数据如下表所示（单位：万吨）。

年份	纱产量	年份	纱产量	年份	纱产量
1964	97.0	1976	196.0	1988	465.7
1965	130.0	1977	223.0	1989	476.7
1966	156.5	1978	238.2	1990	462.6
1967	135.2	1979	263.5	1991	460.8
1968	137.7	1980	292.6	1992	501.8
1969	180.5	1981	317.0	1993	501.5
1970	205.2	1982	335.4	1994	489.5
1971	190.0	1983	327.0	1995	542.3
1972	188.6	1984	321.9	1996	512.2
1973	196.7	1985	353.5	1997	559.8
1974	180.3	1986	397.8	1998	542.0
1975	210.8	1987	436.8	1999	567.0

（1）绘制时间序列图描述其趋势。

（2）选择一条适合的趋势线拟合数据，并根据趋势线预测 2000 年的产量。

第 11 章

Chapter 11

社会经济统计概述

社会经济统计是对社会经济现象的一种调查研究活动。它密切联系社会经济活动的质的方面，调查研究社会经济现象的数量方面，并用数字语言尽可能精确地表述出来。在社会经济统计长期实践中，逐步明确了社会经济统计具有信息、服务和监督三大职能，这是对社会经济统计的职能作用最全面、最完整和最科学的概括，是对社会经济统计工作的发展和拓广。

本章重点与目标

1. 了解社会经济统计的常见指标及其简单分类
2. 理解国内生产总值的概念及核算原理
3. 理解指数的概念与分类
4. 掌握常见指数的计算方法
5. 了解常见指数的概念及其意义

11.1 常用社会经济统计指标

11.1.1 社会经济统计的概念

社会经济统计是以国民经济为总体，反映和研究国民经济总体运行状况的数量关系，即从总体上说明社会再生产过程的全貌和在再生产过程中由各种纵横交错的复杂经济联系所形成的各项比例关系的状况与变化，特别是国民经济运行供求总量和结构的状况与变化，为国民经济宏观调控及决策提供系统、完整的资料。简单地说，社会经济统计就是以国民经济为整体的统计核算，从数量角度研究国民经济运行的条件、过程、结果及其内在联系。国民经济统计是宏观经济管理与调控的重要基础之一。

现行国民经济统计主要有以下几个方面的内容。

（1）生产和使用统计：以国内生产总值为中心，阐述国民经济生产统计的内容以及生产与使用（包括消费和积累）的平衡关系，最终形成国内生产总值核算表。

（2）收入分配和财政金融统计：一方面介绍财政统计、金融统计的基本内容，另一方面按照资金流量表原理说明收入分配统计原理。

（3）贸易活动及价格统计：一方面着眼于商品市场介绍贸易活动统计的内容，另一方面针对价格和价格指数的统计方法做系统说明。

（4）对外经济统计：阐述对外贸易统计，利用外资统计以及外债统计的内容，同时对反映一国对外经济活动整体状况的国际收支平衡表做简单介绍。

（5）国民资产负债统计：针对一国所拥有的国民财产介绍统计范围、统计指标和国民资产负债表。

（6）自然资源和环境统计：说明如何针对一国所拥有的自然资源及其环境进行统计。

（7）人口和劳动力统计：针对一国人口和劳动力状况的统计描述。

为了充分发挥其作为宏观经济管理工具的重要职能，国民（社会）经济统计必须遵循系统分析的原则，具体表现为以下三个方面的要求。

（1）“整体性”要求：国民经济是一个有机整体，相应地，国民经济统计就必须从整体上考虑问题，形成一个相对完整的核算体系。这一体系的内容应该能够全面反映国民经济循环的主要数量方面。

（2）“层次性”要求：国民经济是一个多部门、多环节、多层次的有序整体，相应地，国民经济核算就必须对其进行分门别类的研究。为此，需要充分运用各种统计分类和统计标准去组织大量、丰富的核算资料，形成不同层次的核算子系统。在此基础上，构造出层次井然、组织有序、完整的国民经济核算体系。

（3）“关联性”要求：国民经济是一个内部联系错综复杂的整体，相应地，国民经济核算就必须充分考虑这些联系，通过具体的核算反映国民经济各部门、各环节、各要素、各方面的数量关系。同时，还要适当地反映出国民经济系统与社会人口、资源环境以及科技教育等系统的交叉关系和相互影响。

11.1.2 社会经济部门分类

由于社会经济的整体性、层次性和关联性，相应地在进行社会经济统计工作中，就必然需要明确相关的产业、部门、机构的分类和结构联系。通常有如下的概念。

（1）三次产业的分类：依据社会经济活动的不同发展阶段，或者说人类生产活动的发展顺序和人类需要程度依次排序所作的分类。第一类产业部门，又称第一次产业或初级生产，是以农业为主包括农、林、牧、渔、猎等业；第二类产业部门，又称第二次产业或次级生产，是以制造业为主包括采矿、建筑等业；第三类产业部门，又称第三次产业或第三级生产，是以服务业为主包括商业、交通运输、教育、卫生以及政府的行政管理等。这种三次产业的分类通常用于研究不同产业的发展变化，三次产业之间的衔接及其协调发展关系。

（2）产业部门（活动部门）分类：按照从事经济活动的同质性，对产业活动单位所作的部门分类，把凡是主要产品或主要成果相同的经济活动单位，就归入同一个产业部门。这里的所谓产业活动单位，就是以生产技术差别为依据所划分的生产单位。联合国等国际组织以及我国有关部门，都制定有标准产业（行业）分类目录。在标准产业（行业）分类目录中，排列部门次序的原则是：物质生产在前，非物质生产在后；反映社会生产发展的历史过程，即按农、牧、林、渔、采掘、制造、建筑、商业、运输、邮电、金融、保险、教育、科研、文化、卫生等行业排列；有的沿用过去习惯的次序。

（3）机构部门分类：按照经济职能、行为和目的对机构单位所进行的分类归纳。这里的机构单位是指能够独立地拥有资产、发生负债，并与其他实体进行交易的经济单位（即能独立地编制资产负债表，拥有财务决策和资金收支的单位）。一般分为居民部门、（非金融）企业部门、金融企业部门、政府部门、国外部门等。

11.1.3　常用社会经济统计指标

社会经济统计指标是描述客观经济现象数量特征状况的，表明某种经济现象的特征数量水平，是人们了解和分析经济状况的最基本的工具（手段）。

经济统计指标体系中的所有指标，按功能可以分为以下三种类型。

（1）描述型指标：这类指标对经济现象的表层特征做出最直接（直观）的描述，其显著特点是写实性。就官方经济统计指标体系中指标数量而言，描述型指标数量最多，它们将一国经济现象的方方面面原原本本地反映出来。就经济统计指标的构造而言，描述型指标是基础指标，其他两类指标必须以其为基础而衍生。

（2）分析型指标：分析型统计指标是根据某种分析主题，将描述型指标进一步加工而构成的，譬如经济效益评价指标、经济增长衡量指标等。加工统计的方法有很多种，这是在统计学原理中讲述的。

（3）监控型指标：经济统计指标的基本功能是描述现实，进行事后反映和分析。前述两种类型的指标都属对已发生或已出现经济现实的写照，只是分别侧重状况描述和分析评价而已。在经济管理实践中，人们除了要求统计指标能对已然现实给予有效反映评价外，也希望统计指标能对未来将会发生和出现，或可能发生和出现的事情给予指示。

当然，对未来的预示（预测）并不能脱离现实，而且也不可能绝对准确，但它可以为人们提供一种选择未来的参考依据。于是便产生了监控指标，即预示未来经济格局动向的统计指标。

不同的统计指标所反映的内容不同，根据其内容的不同统计指标可分为基础指标和特征指标。特征指标是反映某方面特性的统计指标，基础指标是反映总体基本状况的指标，由总量指标和相对指标构成。总量指标是反映某种社会经济现象在一定时间、空间和条件下的总规模、总水平或工作总量的综合指标。相对指标又称“相对数”，是用两个有联系的指标进行对比的比值来反映社会经济现象数量特征和数量关系的综合指标。

常见的总量指标有以下几个。

（1）国内生产总值（Gross Domestic Product，GDP）和国内生产净值（Net Domestic Product，NDP）：GDP 是由本国常住生产者在一定时期内，所创造的社会最终产品的价值总量；NDP 是国内生产总值减去固定资产折旧，是一个没有任何重复计算的社会最终生产成果指标。二者综合反映了国民经济生产成果。

（2）国民总收入（Gross National Income，GNI）和国民净收入（Net National Income，NNI）：GNI=GDP+得自国外的要素收入净额，NNI=NDP+得自国外的要素收入净额。二者综合反映了国民经济收入。狭义的“国民收入（NI）”指标：NI = NNI–生产税（间接税）净额，是指一个国家在一定时期（通常为一年）内物质资料生产部门的劳动者新创造的价值的总和，社会总产品的价值扣除用于补偿消耗掉的生产资料价值的余额。

（3）国民可支配总收入（Gross National Disposable Income，GNDI）和国民可支配净收入（Net National Disposable Income，NNDI）：国民可支配总收入（GNDI）=GNI+得自国外的经常转移收入净额；国民可支配净收入（NNDI）=GNDI–固定资产折旧。国民可支配总收入=GNI+来自国外经常转移收支净额=总消费+总储畜。

（4）国民总储蓄和国民净储蓄：国民总储蓄 = GNDI–国民总消费；国民净储蓄 = 国民总储蓄–固定资产折旧。

（5）国民财富和国民财产：国民财富=全部非金融资产+（全部金融资产 – 全部金融负债）=全部非金融资产+（对外金融债权–对外金融负债）+货币黄金和特别提款权；MPS 的国民财产=国民财富–自然资源。二者反映国民财富。

（6）总投资与总消费：总投资是指常住单位在核算期内对固定资产和存货增量的投资支出合计；总消费是指常住单位在一定时期内对于货物和服务的全部最终消费，即常住单位为满足人们物质、文化和精神生活的需要，从本国经济领土或外国净购买的货物和服务。总投资=固定资产形成+存货增加，其中固定资产形成是指固定资产在生产过程中生产的、反复使用一年以上的有形和无形资产；存货增加即存货变动，是指常住单位在核算期内库存实物量变动的市场价值。总消费=居民消费+社会消费，其中居民消费包括用货币购买的生活消费品和各种服务支出；社会消费即指由政府部门购买并提供给全社会享用的消费品和劳务。

常见的相对指标有以下几个。

（1）GDP 增长率：也叫经济增长率，是报告期与基期 GDP 的增长量值与基期 GDP 值的比率。

$$经济（GDP）增长率（\%）=(\frac{报告期可比价格计算的国内生产总值}{基期可比价格计算的国内生产总值}-1)\times 100\%$$

（2）国内生产总值价格平减指数（GDP Deflator）：是按当年不变价格计算的国内生产总值与按基年不变价格计算的国内生产总值的比率。

（3）投资率：通常是指一定时期（年度）内总投资占国内生产总值的比率。但国内生产总值由于受进出口的影响，又有生产额和使用额的区别，因此投资率也可以从以下两个不同的角度进行观察。

$$投资率=\frac{总投资额}{GDP生产额}\times 100\%$$

或

$$投资率=\frac{总投资额}{GDP使用额}\times 100\%$$

国内生产总值生产额反映一个国家或地区的经济实力和经济发展水平，而国内生产总值使用额则反映国内生产总值实际使用于国内投资与消费的总规模。因此，前者可以观察投资与国家经济实力的关系，从中看出投资规模的经济承受能力，后者可以观察可供国内使用的国内生产总值在投资与消费之间的分配，从中可以看出投资与消费之间的比例关系。投资率能确切地观察建设与生产、建设与消费之间的关系。

（4）消费率和储蓄率：对于国民可支配总收入，最终消费剩余形成总储蓄。为反映国民可支配总收入的使用总体结构，可依据国民可支配总收入计算消费率和储蓄率。

$$消费率=\frac{最终消费支出额}{国民可支配总收入}\times 100\%$$

$$储蓄率=\frac{储蓄总额}{国民可支配总收入}\times 100\%$$

消费率反映国民的一般消费水平或一般消费需求水平，储蓄率反映国民收入的一般积累水平。从国民可支配总收入的最终使用来看，储蓄率与消费率两者有此消彼长的关系。对于一个封闭经济的国家或地区，消费率如果高，那么储蓄率就低。在开放经济的情况下，消费率和储蓄率的关系比较复杂，可能是双高，可能是双低，其中利用外资和进出口是重要的因素。一般来说，储蓄率在 25%以上的就称为高储蓄的国家或地区。高储蓄的国家或地区就意味着投资需求可能较大。

（5）消费者价格指数（CPI）：在经济学上，消费者价格指数（Consumer Price Index，CPI）亦称居民消费价格指数，是考察城市工薪居民购买的特定系列商品价格平均值的一个统计指标，它是衡量通货膨胀的主要指标之一。

（6）生产者物价指数（PPI）：生产者物价指数（Producer Price Index，PPI）主要的目的是衡量各种商品在不同的生产阶段的价格变化情形。PPI 是衡量工业企业产品出厂价格变动趋势和变动程度的指数，是反映某一时期生产领域价格变动情况的重要经济指标，也是制定有关经济政策和国民经济核算的重要依据。

（7）采购经理指数（Purchase Management Index，PMI）：是一套月度发布的、综合性的经济监测指标体系，分为制造业 PMI、服务业 PMI，也有一些国家建立了建筑业 PMI。目前，全球已有 20 多个国家建立了 PMI 体系，世界制造业和服务业 PMI 已经建立。PMI 是通过对采购经理的月度调查汇总出来的指数，反映了经济的变化趋势。

（8）恩格尔系数（Engel's Coefficient，EC）：是食品支出总额占个人消费支出总额的比重，即食物支出金额÷总支出金额×100%=恩格尔系数。19 世纪德国统计学家恩格尔根据统计资料，对消费结构的变化得出一个定律：一个家庭收入越少，家庭收入中（或总支出中）用来购买食物的支出所占的比例就越大，随着家庭收入的增加，家庭收入中（或总支出中）用来购买食物的支出比例则会下降。推而广之，一个国家越穷，每个国民的平均收入中（或平均支出中）用于购买食物的支出所占比例就越大，随着国家的富裕，这个比例呈下降趋势。恩格尔系数就是根据恩格尔定律而得出的比例数。恩格尔系数是国际上通用的衡量一个家庭或一个国家富裕程度的主要标准之一。一般来说，在其他条件相同的情况下，恩格尔系数较高，作为家庭来说则表明收入较低，作为国家来说则表明该国较穷；反之，恩格尔系数较低，作为家庭来说则表明收入较高，作为国家来说则表明该国较富裕。恩格尔系数达 59%以上为贫困，50%～59%为温饱，40%～50%为小康，30%～40%为富裕，低于 30%为最富裕。改革开放以来，我国城镇和农村居民家庭恩格尔系数已由 1978 年的 57.5%和 67.7%分别下降到 2010 年的 35.7%和 41.1%。恩格尔系数也叫恩格尔指数，有时也以指数形式（见表 11-1）表示。

（9）基尼系数（Gini Coefficient，GC），或译为坚尼系数，是国际上用来综合考察居民内部收入分配差异状况的一个重要分析指标。GC 是 20 世纪初意大利经济学家基尼，根据洛伦兹曲线所定义的判断收入分配公平程度的指标，是比例数值，取值为 0～1。通行算法：（如图 11-1）所示，设实际收入分配曲线和收入分配绝对平等曲线之间的面积为 A，实际收入分配曲线右下方的面积为 B。用 A 除以（$A+B$）的商表示不平等程度。这个数值被称为基尼系数或洛伦兹系数。如果 A 为零，则 GC=0，表示收入分配完全平等，居民之间的收入分配绝对平均；如果 B 为零，则 GC=1，收入分配绝对不平等，即 100%的收入被一个单位的人全部占有了。收入分配越是趋向平等，洛伦兹曲线的弧度越小，基尼系数也越小；反之，收入分配越是趋向不平等，洛伦兹曲线的弧度越大，那么基尼系数也越大。通常把 0.4 作为贫富差距的警戒线，大于这一数值容易出现社会动荡。2010 年中国家庭的基尼系数为 0.61，大大高于 0.44 的全球平均水平。2013 年国家统计局公布了过去十年中国基尼系数，2012 年中国为 0.474，2013 年中国基尼系数为 0.473。

表 11-1　恩格尔指数表（1978—2013）

年　份	城镇居民人均可支配收入		农村居民人均纯收入	
	绝对数（元）	指数（1978 年为 100）	绝对数（元）	指数（1978 年为 100）
1978	343.4	100.0	133.6	100.0
1980	477.6	127.0	191.3	139.0
1985	739.1	160.4	397.6	268.9
1990	1 510.2	198.1	686.3	311.2
1991	1 700.6	212.4	708.6	317.4
1992	2 026.6	232.9	784.0	336.2
1993	2 577.4	255.1	921.6	346.9
1994	3 496.2	276.8	1 221.0	364.3
1995	4 283.0	290.3	1 577.7	383.6
1996	4 838.9	301.6	1 926.1	418.1
1997	5 160.3	311.9	2 090.1	437.3
1998	5 425.1	329.9	2 162.0	456.1
1999	5 854.0	360.6	2 210.3	473.5
2000	6 280.0	383.7	2 253.4	483.4
2001	6 859.6	416.3	2 366.4	503.7
2002	7 702.8	472.1	2 475.6	527.9
2003	8 472.2	514.6	2 622.2	650.6
2004	9 421.6	554.2	2 936.4	588.0
2005	10 493.0	607.4	3 254.9	624.5
2006	11 759.5	670.7	3 587.0	670.7
2007	13 785.8	752.5	4 140.4	734.4
2008	15 780.8	815.7	4 760.6	793.2
2009	17 174.7	895.4	5 153.2	860.6
2010	19 109.4	965.2	5 919.0	954.4
2011	21 809.8	1 046.3	6 977.3	1 063.2
2012	24 564.7	1 146.7	7 916.6	1 176.9
2013	26 955.1	1 227.0	8 895.9	1 286.4

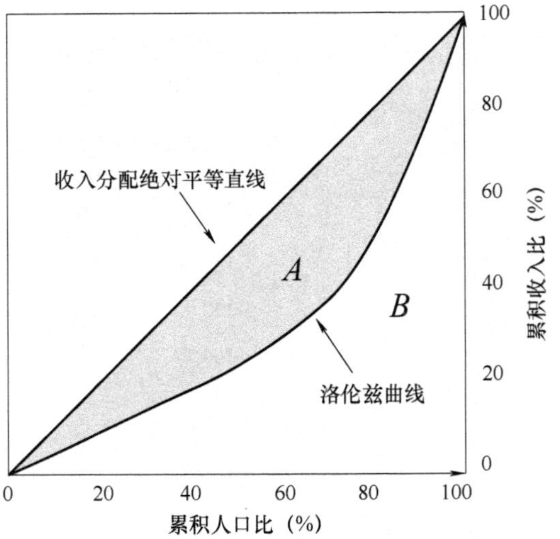

图 11-1　洛伦兹曲线

11.2　国内生产总值

国内生产总值是宏观经济中最受关注的经济统计数字，是衡量国民经济发展情况最基本、最常用的一个总量型社会经济统计指标。在经济学中，常用 GDP 和 GNI 共同来衡量一个国家或地区的经济发展综合水平。这也是各个国家和地区常采用的衡量手段。

11.2.1　国内生产总值的概念

1. 基本含义

国内生产总值反映的是国民经济各部门的增加值的总额。国内生产总值是指在一定时期（一个季度或一年）内，一个国家或地区的经济中所生产出的全部最终产品和劳务的市场价值的总值，常被公认为衡量国家经济发展情况最重要的一个指标。它反映一国（或地区）的经济实力和市场规模。《中国国民经济核算体系（2002）》采纳了联合国 1993 年《国民经济核算体系》（SNA）的基本核算原则、内容和方法，因而 GDP 数据具有国际可比性。2015 年我国 GDP 达 676 708 亿元，同比增长 6.9%。

一般来说，国内生产总值有三种表现形态，即价值形态、收入形态和产品形态。从价值形态看，它是所有常住单位在一定时期内生产的全部货物和服务价值与同期投入的全部非固定资产货物和服务价值的差额，即所有常住单位的增加值之和；从收入形态看，它是所有常住单位在一定时期内直接创造的收入之和；从产品形态看，它是货物和服务最终使用减去货物和服务进口。GDP 反映的是国民经济各部门的增加值的总额。

对于 GDP 的概念需要注意如下五点。

（1）国内生产总值是用最终产品和服务来计量的，即最终产品和服务在该时期的最终出售价值。一般根据产品的实际用途，可以把产品分为中间产品和最终产品。所谓最终产品，是指在一定时期内生产的可供人们直接消费或者使用的物品和服务。这部分产品已经到达生产的最后阶段，不能再作为原料或半成品投入其他产品和劳务的生产过程中去，如消费品、资本品等，一般在最终消费品市场上进行销售。中间产品是指为了再加工或者转卖用于供别种产品生产使用的物品和劳务，如原材料、燃料等。GDP 必须按当期最终产品计算，中间产品不能计入，否则会造成重复计算。

（2）国内生产总值是一个市场价值的概念。各种最终产品的市场价值是在市场上达成交换的价值，都是用货币来加以衡量的，通过市场交换体现出来。一种产品的市场价值就是用这种最终产品的单价乘以其产量获得的。

（3）国内生产总值一般仅指市场活动导致的价值。那些非生产性活动以及地下交易、黑市交易等不计入 GDP 中，如家务劳动、自给自足性生产、赌博和毒品的非法交易等。

（4）GDP 是计算期内生产的最终产品价值，因而是流量而不是存量。

（5）GDP 不是实实在在流通的财富，它只是用标准的货币平均值来表示财富的多少。但是生产出来的东西能不能完全地转化成流通的财富，这个是不一定的。

GDP 的局限性如下。

（1）由于 GDP 用市场价格来评价物品与劳务，所以它没有把几乎所有在市场之外进行的活动的价值包括进来。特别是，GDP 漏掉了在家庭中生产的物品与劳务的价值。

（2）GDP 没有包括环境质量。设想政府废除了所有环境管制，那么企业就可以不考虑其所引起的污染而生产物品与劳务。在这种情况下，GDP 会增加，但福利很可能会下降。空气和水质量的恶化要大于更多生产所带来的福利利益。

（3）GDP 没有涉及收入与分配。人均 GDP 告诉我们平均每个人的情况，但平均量的背后是个人经济的巨大差异。

（4）GDP 概念是源自交换产生财富的原理。这个原理的基本条件：一是交换必须自愿，二是交换必须不妨碍第三人，三是交换必须在两个清晰的产权主体之间真正发生。假定不符合这三个条件，那么所得出的 GDP 数值的准确性恐怕就得大打折扣，或者说 GDP 的数据就会有瑕疵。如强制交易的 GDP、妨碍他人的 GDP、出口创造的 GDP、投资产生的 GDP、消费带来的 GDP 等都会影响 GDP 的总有效积累。

GDP 数据在国内的主要用户是政府部门、研究机构、大学、行业协会、媒体以及社会公众。在国际上，联合国、国际货币基金组织、经济合作与发展组织、亚洲开发银行等国际组织都需要连续不断的 GDP 数据。所以，对于主要统计指标的发布，国家统计局会在年初发布的《经济统计信息发布日程表》中说明发布日期，GDP 数据将按规定日程发布。

2. 名义 GDP 和实际 GDP

由于 GDP 通常是用当时当地的市场价格计算的，为了进行对不同地区、不同时期的 GDP 比较，我们需要引入名义 GDP 和实际 GDP 的概念。名义国内生产总值（nominal GDP）是指以现行市场价格计算的既定时期国内总产品和服务的价格总和。实际国内生产总值

（real GDP）是指在相同的价格或货币值保持不变的条件下，不同时期所生产的全部产出的实际值，即实际 GDP 是扣除了价格变动因素的产值，以某一基准年的价格计算得到的 GDP。我们通常所说的 GDP 一般都是名义 GDP。

联系实际与名义产值的就是 GDP 价格平减物价指数（以基期为 100 的本期的指数），该指数是正式的通货膨胀指标之一。实际 GDP 和名义 GDP 通常是不等的（只有计算实际 GDP 的固定价格的基数年相等），它们之间的关系是：

$$实际GDP = \frac{名义GDP}{本地生产总值平减物价指数} \tag{11-1}$$

可见，名义 GDP 有很大的不确定性（尤其在通货膨胀时期），这时人们引入实际 GDP 的含义。经济学上的实际 GDP 也不是完全舍弃了价格水平，而是用基年的价格水平。举例说，2005 年的名义 GDP 是用 2005 年的价格水平算出的，而实际 GDP 则是用 2000 年的价格水平得出的（如果选 2000 年作为基年）。有了实际 GDP，可以很方便地算出 GDP 平减指数。实际 GDP 是指用从前某一年作为基期的价格计算出来的全部最终产品的市场价值。实际 GDP 的变动仅仅是由于实际产量的变动所引起的。这也就是说，实际 GDP 的变动仅仅反映了实际产量变动的情况。若实际产出不变，但价格持续上升，名义 GDP 亦会上升。

实际 GDP 是国际上公认的反映一个国家或地区一定时期（年）内国民产品总量的最好的综合指标。用绝对值表述时，一般用名义 GDP；反映增长速度时，一般用实际 GDP。

3. 人均 GDP 和绿色 GDP

人均国内生产总值（GDP per capita），也称作“人均 GDP”，是将一个国家核算期内（通常是一年）实现的国内生产总值除以这个国家的常住人口（目前使用户籍人口）数所得的商。

$$人均GDP = \frac{GDP}{本地常住人口数} \tag{11-2}$$

人均国内生产总值（人均 GDP）是反映一个国家或地区在一定时期经济社会发展水平和所处阶段的重要指标。有的专家用人均 GDP 把不同国家和地区划分为发达国家和地区、发展中国家和地区、落后国家和地区。

绿色 GDP 是在原有 GDP 核算的基础上考虑到资源与环境因素的影响，对 GDP 指标作某些调整后产生的一个新的总量指标。它能准确反映一国的真实经济收入和社会福利水平。

$$绿色\ GDP=GDP-自然资源损耗-环境资产损耗 \tag{11-3}$$

自然资源环境是人类活动的基础，但人类活动（不管是人类的生产行为还是生活行为）又对自然资源环境产生一定的影响。考虑把人类活动对自然资源环境造成的损害从 GDP 中扣除，使 GDP 能正确地反映一国的真实经济收入和社会福利水平，就是绿色 GDP。在经济可持续发展观念下，把现有 GDP 转化为绿色 GDP 是必然趋势。

表 11-2 列出了 1978—2014 年的国内生产总值。

表 11-2　1978—2014 年国内生产总值（本表按当年价格计算）（单位：亿元）

年份	国民总收入	国内生产总值	第一产业	第二产业	第三产业	农林牧渔业	工业	建筑业	批发和零售业	交通运输、仓储和邮政业	住宿和餐饮业	金融业	房地产业	其他	人均国内生产总值（元）
1978	3650.2	3650.2	1018.4	1736.0	895.8	1027.4	1602.9	138.2	242.3	182.0	44.6	76.5	79.9	256.3	382
1979	4067.7	4067.7	1258.9	1903.3	905.4	1270.1	1765.2	143.8	200.9	193.7	44.0	75.9	86.3	287.8	420
1980	4551.6	4551.6	1359.4	2180.5	1011.6	1371.5	1991.4	195.5	193.8	213.4	47.4	85.7	96.4	356.5	464
1981	4896.0	4898.1	1545.6	2243.7	1108.8	1559.3	2043.2	207.1	231.1	220.7	54.1	91.6	99.9	391.0	493
1982	5340.2	5333.0	1761.6	2370.6	1200.9	1777.2	2156.8	220.7	171.4	246.9	62.3	130.6	110.8	456.3	529
1983	5998.5	5975.6	1960.8	2632.6	1382.2	1978.2	2369.6	270.6	198.7	274.9	72.5	168.9	121.8	520.4	584
1984	7262.0	7226.3	2295.5	3089.7	1841.1	2315.9	2781.9	316.7	363.5	338.5	96.8	230.5	162.3	620.2	697
1985	9064.6	9039.9	2541.6	3846.8	2651.6	2564.2	3439.9	417.9	802.4	421.7	136.3	293.8	215.2	746.5	860
1986	10308.0	10308.8	2763.9	4469.9	3074.9	2788.4	3956.9	525.7	852.6	498.8	163.2	401.0	298.1	823.9	966
1987	12094.2	12102.2	3204.3	5225.3	3672.6	3232.8	4574.1	665.8	1059.6	568.3	187.1	506.0	382.6	925.9	1116
1988	15095.1	15101.1	3831.0	6554.0	4716.0	3865.0	5762.5	810.0	1483.4	685.7	241.4	658.6	473.8	1120.6	1371
1989	17098.9	17090.3	4228.0	7240.8	5621.6	4265.5	6467.5	794.0	1536.2	812.7	277.4	1079.6	566.2	1291.1	1528
1990	18824.8	18774.3	5017.0	7678.0	6079.3	5061.6	6840.6	859.4	1268.9	1167.0	301.9	1143.7	562.2	1469.0	1654
1991	21940.2	21895.5	5288.6	9055.8	7551.2	5341.7	8066.5	1015.1	1834.6	1420.3	442.3	1194.7	763.7	1816.7	1903
1992	27082.0	27068.3	5800.0	11640.4	9627.9	5865.9	10258.4	1415.0	2405.0	1689.0	584.6	1481.5	1101.3	2267.7	2324
1993	35450.4	35524.3	6887.3	16373.0	12264.1	6963.0	14151.9	2266.5	2816.6	2174.0	712.1	1902.6	1379.6	3158.2	3015
1994	48370.3	48459.6	9471.4	22333.5	16654.7	9571.7	19431.2	2964.7	3773.4	2787.9	1008.5	2556.5	1909.3	4456.5	4066
1995	60146.5	61129.8	12020.0	28536.2	20573.6	12134.7	24887.2	3728.8	4778.6	3244.3	1200.1	3209.6	2354.0	5592.4	5074
1996	70538.3	71572.3	13877.8	33665.8	24028.7	14014.1	29372.7	4387.4	5599.7	3782.2	1336.8	3698.2	2617.6	6763.7	5878
1997	78517.3	79429.5	14264.6	37353.9	27810.9	14440.1	32837.7	4621.6	6327.4	4148.6	1561.3	4176.1	2921.1	8395.6	6457
1998	83505.7	84883.7	14618.0	38808.8	31456.8	14815.6	33931.9	4985.8	6913.2	4660.9	1786.9	4314.3	3434.5	10040.6	6835
1999	88989.8	90187.7	14548.1	40827.6	34812.0	14767.8	35770.3	5172.1	7491.1	5175.2	1941.2	4484.8	3681.8	11703.4	7199
2000	98562.2	99776.3	14716.2	45326.0	39734.1	14942.4	39931.8	5522.3	8158.6	6161.0	2146.3	4836.1	4149.1	13928.7	7902
2001	108683.4	110270.4	15501.2	49262.0	45507.2	15778.6	43469.8	5931.7	9119.4	6870.3	2400.1	5195.1	4715.1	16790.2	8670
2002	119765.0	121002.0	16188.6	53624.4	51189.0	16534.0	47310.7	6465.5	9995.4	7492.9	2724.8	5546.5	5346.4	19585.9	9450
2003	135718.9	136564.6	16968.3	62120.8	57475.6	17378.6	54805.8	7490.8	11169.5	7913.2	3126.1	6034.6	6172.7	22473.5	10600
2004	160289.7	160714.4	20901.8	73529.8	66282.8	21408.1	65044.2	8694.3	12453.8	9304.4	3664.8	6586.6	7174.1	26384.1	12400
2005	184575.8	185895.8	21803.5	87127.3	76964.9	22412.9	77034.4	10376.3	13966.2	10666.2	4195.7	7469.3	8516.4	31267.3	14259
2006	217246.6	217656.6	23313.0	103163.5	91180.1	24032.2	91078.8	12408.6	16530.7	12183.0	4792.6	9951.4	10370.5	36308.8	16602
2007	268631.0	268019.4	27783.0	125145.4	115090.9	28618.6	110253.9	15296.5	20937.8	14601.0	5548.1	15173.3	13809.7	43780.4	20337
2008	318736.7	316751.7	32747.0	148097.9	135906.9	33692.7	129929.1	18743.2	26182.3	16362.5	6616.1	18312.9	14738.7	52174.3	23912
2009	345046.4	345629.2	34154.0	157850.1	153625.1	35215.3	135849.0	22601.1	29001.5	16516.1	6957.0	21797.4	18966.9	58724.9	25963
2010	407137.8	408903.0	39354.6	188804.9	180743.4	40521.8	162376.4	27177.6	35904.4	18777.0	7712.0	25679.7	23569.9	67184.1	30567
2011	479576.1	484123.5	46153.3	223390.3	214579.9	47472.9	191570.8	32840.0	43730.5	21834.1	8565.4	30678.2	28167.6	79264.0	36018
2012	532872.1	534123.0	50892.7	240200.4	243030.0	52358.8	204539.5	36804.8	49831.0	23754.7	9536.9	35187.7	31248.3	90861.2	39544
2013	583196.7	588018.8	55321.7	256810.0	275887.0	56966.0	217263.9	40807.3	56284.1	26036.3	10228.3	41190.5	35987.6	103254.8	43320
2014	634043.4	636138.7	58336.1	271764.5	306038.2	60158.0	228122.9	44789.6	62215.6	28750.0	11198.8	46572.7	38166.6	116164.6	46629

注：1. 1980 年以后国民总收入（原称国民生产总值）与国内生产总值的差额为国外净要素收入。

2. 2013 年及以前年度的 GDP 数据在第三次经济普查后作了系统修订。

3. 2014 年为初步核实数据。

资料来源：《中国统计年鉴 2015》。

11.2.2 国内生产总值 GDP 的核算

对应 GDP 的三种表现形态，GDP 核算有三种计算方法，即生产法、收入法和支出法。相应的计算结果分别称为生产法 GDP、收入法 GDP 或分配法 GDP、支出法 GDP。按三种方法计算的 GDP 反映的是同一经济总体在同一时期的生产活动成果，因此从理论上讲，三种计算方法所得到的结果应该是一致的。但在实践中，由于受资料来源、口径范围、计算方法等因素的影响，这三种方法的计算结果往往存在差异即存在统计误差。

生产法是从生产的角度衡量常住单位在核算期内新创造价值的一种方法，即从国民经济各个部门在核算期内生产的总产品价值中，扣除生产过程中投入的中间产品价值，得到增加值。核算公式为：增加值=总产出–中间投入。收入法是从生产过程创造收入的角度，根据生产要素在生产过程中应得的收入份额反映最终成果的一种核算方法。按照这种核算方法，增加值=劳动者报酬+生产税净额+固定资产折旧+营业盈余。支出法是从最终使用的角度衡量核算期内产品和服务的最终去向，包括最终消费支出、资本形成总额和货物与服务净出口三个部分。

在实际中，由于生产法和收入法都是对各产业部门的增加值进行核算，为了就每一产业部门取得一致的增加值数据，根据资料来源情况，有的产业部门如农业、工业部门，增加值主要以生产法计算的结果为准，有的产业部门如一些服务部门，增加值主要以收入法的计算结果为准。国家规定一般以生产法 GDP 和收入法 GDP 数据为准，并将支出法 GDP 与生产法 GDP 的统计误差控制在一定范围内（一般是 2%）。各种公开发表的 GDP 总量和增长速度数据均是生产法和收入法的计算结果。

1. 生产法

用生产法核算 GDP，就是从生产角度计算 GDP，指按提供物质产品与劳务的各个部门的产值来计算国内生产总值。这种计算方法反映了国内生产总值的来源，故又叫部门法。

$$\text{GDP}=\Sigma（各部门的总产出–该部门的中间消耗）=\Sigma 各部门的增加值 \quad (11\text{–}4)$$

运用生产法进行计算时，各生产部门要把使用的中间产品的产值扣除，只计算所增加的价值。商业和服务等部门按增值法计算，卫生、教育、行政、家庭服务等部门无法计算其增值，就按工资收入来计算其服务的价值。

按生产法核算国内生产总值，可以分为下列部门：农林渔业，矿业，建筑业，制造业，运输业，邮电和公用事业，电、煤气、自来水业，批发、零售商业，金融、保险、不动产，服务业，政府服务和政府企业。把以上部门生产的国内生产总值加总，再与国外要素净收入相加，考虑统计误差项，就可以得到用生产法计算的 GDP 了。在中国的统计实践中，生产法计算 GDP 分为四项：

GDP=劳动者报酬+生产税净额+固定资产折旧+营业盈余

第一项为劳动者报酬，是指劳动者因从事生产活动所获得的全部报酬，包括劳动者获得的各种形式的工资、奖金和津贴，既包括货币形式的，也包括实物形式的；还包括劳动者所享受的公费医疗和医药卫生费、上下班交通补贴和单位支付的社会保险费等。第二项为生产税净额，指生产税减生产补贴后的余额。生产税指政府对生产单位生产、销售和从事经营活动以及因从事生产活动使用某些生产要素（如固定资产、土地、劳动力）所征收的各种税、附加费和规划费。生产补贴与生产税相反，是指政府对生产单位的单方面的收入转移，因此视为负生产税，包括政策亏损补贴、粮食系统价格补贴、外贸企业出口退税等。第三项为固定资产折旧，是指一定时期内为弥补固定资产损耗按照核定的固定资产折旧率提取的固定资产折旧。它反映了固定资产在当期生产中的转移价值。第四项为营业盈余，是指常住单位创造的增加值扣除劳动报酬、生产税净额和固定资产折旧后的余额。它相当于企业的营业利润加上生产补贴。

2. 收入法

收入法核算 GDP，就是从收入的角度，把生产要素在生产中所得到的各种收入相加来计算的 GDP，即把劳动所得到的工资、土地所有者得到的地租、资本所得到的利息以及企业家能得到的利润相加来计算 GDP。这种方法又叫要素支付法、要素成本法。

$$\begin{aligned}\text{GDP}=&\sum\text{各产业部门劳动者报酬}+\sum\text{各产业部门固定资产折旧}+\\&\sum\text{各产业部门生产税净额}+\sum\text{各产业部门营业利润}\end{aligned}\qquad(11\text{-}5)$$

在没有政府的简单经济中，企业的增加值即其创造的国内生产总值，就等于要素收入加上折旧，但当政府介入后，政府往往征收间接税，这时的 GDP 还应包括间接税和企业转移支付。间接税是对产品销售征收的税，它包括货物税、周转税。这种税收名义上是对企业征收，但企业可以把它打入生产成本之中，最终转嫁到消费者身上，故也应视为成本。同样，还有企业转移支付（即企业对非营利组织的社会慈善捐款和消费者呆账），它也不是生产要素创造的收入，但要通过产品价格转移给消费者，故也应看作成本。资本折旧也应计入 GDP。因为它虽不是要素收入，但包括在应回收的投资成本中。还有，非公司企业主收入也应计入 GDP 中。非公司企业主收入，是指医生、律师、小店铺主、农民等的收入。他们使用自己的资金，自我雇用，其工资、利息、租金很难像公司的账目那样，分成其自己经营应得的工资、自有资金的利息、自有房子的租金等，其工资、利息、利润、租金常混在一起作为非公司企业主收入。这样，按收入法计算的公式就是

GDP=工资+利息+利润+租金+间接税和企业转移支付+折旧

也可看成

GDP=生产要素的收入+非生产要素的收入

3. 支出法

支出法核算 GDP，就是从使用角度计算 GDP，从产品的使用出发，把一年内购买的

各项最终产品的支出加总而计算出的该年内生产的最终产品的市场价值。这种方法又称最终产品法、产品流动法。从支出法来看，国内生产总值包括一个国家（或地区）所有常住单位在一定时期内用于最终消费、资本形成总额以及货物和服务的净出口总额，它反映本期生产的国内生产总值的使用及构成。

$$GDP=总消费+总投资+（出口-进口） \quad (11-6)$$

如果用 Q_1，Q_2，…，Q_n 代表各种最终产品的产量，P_1，P_2，…，P_n 代表各种最终产品的价格，则使用支出法核算 GDP 的公式是

$$GDP=P_1Q_1+P_2Q_2+\cdots+P_nQ_n=\sum_{i=1}^{n}P_iQ_i$$

在现实生活中，产品和劳务的最后使用，主要是居民消费、企业投资、政府购买和出口。因此，用支出法核算 GDP，就是核算一个国家或地区在一定时期内居民消费、企业投资、政府购买和净出口这几方面支出的总和。

（1）居民消费（用字母 C 表示），包括购买冰箱、彩电、洗衣机、小汽车等耐用消费品的支出和服装、食品等非耐用消费品的支出以及用于医疗保健、旅游、理发等劳务的支出。建造住宅的支出不属于消费。

（2）企业投资（用字母 I 表示），是指增加或更新资本资产（包括厂房、机器设备、住宅及存货）的支出。计入 GDP 中的投资是指总投资，即重置投资与净投资之和，重置投资也就是折旧。投资和消费的划分不是绝对的，具体的分类取决于实际统计中的规定。

（3）政府购买（用字母 G 来表示），是指各级政府购买物品和劳务的支出，它包括政府购买军火、军队和警察的服务、政府机关办公用品与办公设施、修建道路等公共工程、开办学校等方面的支出。政府支付给政府雇员的工资也属于政府购买。

（4）净出口（用字母 $X-M$ 表示，X 表示出口，M 表示进口）是指进出口的差额。进口应从本国总购买中减去，因为进口表示收入流到国外，同时也不是用于购买本国产品的支出；出口则应加进本国总购买量之中，因为出口表示收入从外国流入，是用于购买本国产品的支出，因此净出口应计入总支出。净出口可能是正值，也可能是负值。

把上述四个项目加起来，就是用支出法计算 GDP 的公式：

$$GDP=C+I+G+（X-M）$$

在中国的统计实践中，支出法计算的是国内生产总值，划分为最终消费、资本形成总额及货物和服务的净出口总额，它反映了本期生产的国内生产总值的使用及构成。

通过支出法计算的 GDP，我们可以计算出消费率和投资率。所谓消费率就是最终消费占 GDP 的比率，所谓投资率就是资本形成总额占 GDP 的比率。按照有关统计资料，最近几年以来，中国的消费率出现了比较明显的下降趋势，2005 年中国的消费率为 52.1%，投资率为 43.4%，同世界水平相比中国的消费率明显偏低。因此，当前和今后一段时期，宏观经济调控的一个重要内容就是要调整投资和消费的比例关系，扩大消费需求是扩大内需

的重点。

国家统计局每年公布 GDP 数据计算需要经过以下几个过程：初步估计过程、初步核实过程和最终核实过程。初步估计过程一般在每年年终和次年年初进行，它得到的年度 GDP 数据只是一个初步数，这个数据有待于获得较充分的资料后进行核实。初步核实过程一般在次年的第二季度进行，初步核实所获得的 GDP 数据更准确些，但因仍缺少 GDP 核算所需要的许多重要资料，而使相应的数据尚需要进一步核实。最终核实过程一般在次年的第四季度进行，这时 GDP 核算所需要的和所能收集到的各种统计资料、会计决算资料和行政管理资料基本齐备，与前一个步骤相比，它运用了更全面、更细致的资料，所以这个 GDP 数据显得就更准确些。

每个时段公布的 GDP 都有其特定阶段的含义和特定的价值，不能因为在不同时间公布的数据不同，而怀疑统计数据存在问题。其实，在 GDP 的核算中还应该包括对基础数据的评估、对核算方法的评估、对核算结果的评估、对数据的修订、对方法的改进、对程序的改进等。这些都是建立以国民经济核算为核心的评估制度。

11.2.3　国内生产总值的增长率

由于 GDP 反映着一个国家或地区的经济总体状况，所以通常把 GDP 增长率也称为经济增长率或经济增长速度。经济（GDP）增长率是反映一个国家或地区经济增长快慢的一个重要指标。它是指经济社会（一国或一地区）在一定时期内运用生产要素所生产的全部最终产品（物品和劳务）的市场价值与某一年之比的增长幅度。其计算公式为

$$\text{经济（GDP）增长率（\%）} = \left(\frac{\text{报告期可比价格计算的国内生产总值}}{\text{基期可比价格计算的国内生产总值}} - 1\right) \times 100\% \qquad (11\text{-}7)$$

它是反映一定时期经济发展水平变化程度的动态指标，也是反映一个国家经济是否具有活力的基本指标。一个国家或地区的经济究竟处于增长抑或衰退阶段，从这个数字的变化便可以观察到。一般而言，GDP 公布的形式不外乎两种，以总额和百分比率为计算单位。当 GDP 的增长数字为正数时，即显示该地区经济处于扩张阶段；反之，如果为负数，即表示该地区的经济进入衰退时期。

一般来说，高经济增长率会推动本国货币汇率的上涨，而低经济增长率则会造成该国货币汇率下跌。例如，1995—1999 年，美国 GDP 的年平均增长率为 4.1%，而欧元区 11 国中除爱尔兰（9.0%）较高外，法、德、意等主要国家的 GDP 增长率仅为 2.2%、1.5%和 1.2%，大大低于美国的水平。这促使欧元自 1999 年 1 月 1 日以来，对美元汇率一路下滑，在不到两年的时间里贬值了 30%。

表 11-3 列出了 2014 年和 2015 年中国各省市区 GDP 前 16 强。

表 11-3　2014 年和 2015 年中国各省市区 GDP 前 16 强

	2015 年 GDP 总量（亿元）	2015 年实际 GDP 增速	2014 年 GDP 总量（亿元）	2014 年实际 GDP 增速
广东	72 812.55	8%	67 809.85	7.80%
江苏	70 116.4	8.50%	65 088.32	8.70%
山东	63 002.3	8%	59 426.59	8.70%
浙江	42 886	8%	40 173.03	7.60%
河南	37 010.25	8.30%	34 938.24	8.90%
四川	30 103.1	7.90%	28 536.66	8.50%
河北	29 806.1	6.80%	29 421.15	6.50%
湖北	29 550.19	8.90%	27 379.22	9.70%
湖南	29 047.2	8.60%	27 037.32	9.50%
辽宁	28 700	3.00%	28 626.58	5.80%
福建	25 979.82	9%	24 055.76	9.90%
上海	24 964.99	6.90%	23 567.7	7.00%
北京	22 968.6	6.90%	21 330.83	7.30%
安徽	22 005.6	8.70%	20 848.75	9.20%
陕西	18 171.86	8%	17 689.94	9.70%
内蒙古	18 032.79	7.70%	17 770.19	7.80%

在美国，国内生产总值由商务部负责分析统计，惯例是每季估计及统计一次。每次在发表初步预估数据后，还会有两次的修订公布，发表时间为每个月的第三个星期。国内生产总值通常用来跟上一年同期作比较，如有增加，就代表经济较快，有利于其货币升值；如减少，则表示经济放缓，其货币便有贬值的压力。以美国来说，国内生产总值能有 3% 的增长，便是理想水平，表明经济发展是健康的，高于此水平表示有通胀压力；低于 1.5% 的增长，就显示经济放缓和有步入衰退的迹象。

2015 年 10 月 19 日，我们国家统计局公布前三季度宏观经济数据，数据显示，三季度国内生产总值同比增 6.9%，这是 2009 年以来 GDP 增速首次跌破 7%。2016 年 1 月 19 日，初步核算，全年国内生产总值 676 708 亿元，按可比价格计算，比上年增长 6.9%。2016 年 3 月 5 日公布的政府工作报告明确了 2016 年经济增长预期目标（6.5%～7%），标志着我国为经济增长预期目标划定了明确区间。

对于名义 GDP 增长率与实际 GDP 增长率有

$$\text{实际GDP增长率}=\left(\frac{1+\text{名义GDP增长率}}{1+\text{本地生产总值平减物价指数}}-1\right)\times 100\% \qquad (11\text{-}8)$$

$$\text{名义GDP增长率}=\left[(1+\text{实际GDP增长率})\times(1+\text{本地生产总值平减物价指数})-1\right]\times 100\%$$

经济增长率（RGDP）是末期国民生产总值与基期国民生产总值的比较，以末期现行价格计算末期 GDP，得出的增长率是名义经济增长率，以不变价格（即基期价格）计算末期

GDP，得出的增长率是实际经济增长率。在量度经济增长时，一般都采用实际经济增长率。

11.3 指数

统计指数简称指数，是经济统计的一种特殊的相对指标，于 1650 年由英国人沃汉（Rice Youghan）首创物价指数，用于度量物价的变化状况。其后指数的应用范围不断扩大，其含义和内容也随之发生了变化。

11.3.1 指数的概念与分类

11.3.1.1 指数的概念与性质

从形式上讲，指数有广义和狭义之分。从广义上讲，任何两个数值对比形成的相对数都可以称为指数；从狭义上讲，指数是用于测定总体各变量在不同场合下综合变动的一种特殊相对数。从指数理论和方法上看，指数所研究的主要是狭义的指数。因此，我们所讨论的主要是狭义的指数。

从内容上看，指数由单纯反映一种现象的相对变动到反映多种现象的综合变动；从对比的场合上看，指数由单纯的不同时间的对比分析到不同空间的对比分析，等等。指数可以用于度量一个变量在不同时间或不同空间的相对变化，如一种商品的价格指数或数量指数，这种指数称为个体指数；它也可用于反映一组变量的综合变动，如消费价格指数反映了一组指定商品和服务的价格变动水平，这种指数称为综合指数。总体变量在不同时间上对比形成的指数称为时间性指数，在不同空间上对比形成的指数称为区域性指数。目前，时间性指数应用得比较广泛，我们所讲内容也均以时间性指数为例。

指数的性质：①相对性，指数是总体各变量在不同场合下对比形成的相对数，具有相对比较性；②综合性，指数反映一组变量在不同场合下的综合变动水平，这是就狭义的指数而言的，它也是指数理论和方法的核心问题；③平均性，指数是总体水平的一个代表性数值。平均性的含义有二：一是指数进行比较的综合数量是作为个别量的一个代表，这本身就具有平均的性质；二是两个综合量对比形成的指数反映了个别量的平均变动水平。

需要说明的是，没有综合性，指数就不可能发展成为一种独立的理论和方法论体系。

11.3.1.2 指数的作用

指数对于分析社会经济现象的发展变化和发展变化中各因素的影响程度具有重要作用。一般地讲，统计指数主要有以下三个方面的作用。

（1）指数能够综合反映事物的变动方向与变动程度：指数是用百分比表示的相对数。百分比大于或小于 100%，反映现象变动方向是正还是负；而比 100%大多少或小多少则反映现象变动程度的大小。例如，商品零售物价指数为 125%，则说明多种商品零售物价总的变动情况，具体到某种商品价格可能有涨有落，但从总体上看零售物价仍然上涨了 25%。

（2）指数能够对复杂的社会经济现象进行因素分析：复杂现象变动中，往往受到两个以上因素的影响，例如商品销售额的变动（报告期同基期比较），取决于很多因素（经济、政治、社会文化、消费心理等），从可以测度的因素来考察，商品销售额的变动受销售量和价格两个因素的共同影响，而职工平均工资的变动受工资水平与职工人数构成两个因素的影响。这些都是现象的总量指标，是若干因素的乘积。

产品总成本=产品生产量×单位产品成本（1 总量指标受 2 因素影响）

原材料费用总额=产量×单位产品原材料消耗量×原材料单价（1 总量指标受 3 因素影响）

（3）指数可以研究事物在长时间内的变动趋势：由于用指数进行变动比较可以解决不同性质数列之间不能对比的问题，因此指数法适用于有联系而又性质不同的时间数列之间的对比，通过对指数数列的分析还可以反映事物的发展变化趋势。

11.3.1.3 指数的分类

（1）按表征内容分，指数可分为数量指数（quantity index number）和质量指数（quality index number）。数量指数是反映物量变动水平的，如产量指数、商品销售量指数等；质量指数是反映事物内涵数量变动水平的，如价格指数、产品成本指数等。

（2）按计入项目分，指数可分为个体指数（individual index number）、综合指数（aggregative index number）和总指数（total index number）。个体指数是反映某一项目或变量变动的相对数，如一种商品的价格或销售量的变动水平；综合指数是反映多个项目或变量综合变动的相对数，如多种商品的价格或销售量的综合变动水平；总指数是反映整个总体现象的数量水平的对比关系的相对数，如反映各种工业品产量总的变动情况的工业生产指数等。

（3）按计算形式分，指数可分为简单指数（simple index number）和加权指数（weighted index number）。简单指数又称不加权指数，它把计入指数的各个项目的重要性视为相同；加权指数则对计入指数的项目依据重要程度赋予不同的权数，而后再进行计算。目前应用的主要是加权指数。

（4）按对比性质分，指数可分为动态指数（dynamic index number）和静态指数（static index number）。动态指数又称为时间指数，它是将不同时间上的同类现象水平进行比较的结果，反映现象在时间上的变化过程和程度，如物价指数、股票价格指数、工业生产指数等。静态指数包括空间指数和计划完成情况指数两种。空间指数是将不同空间的同类现象水平进行比较的结果，反映现象在空间上的差异程度。计划完成情况指数则是将某种现象的实际水平与计划任务对比的结果，反映计划的执行情况或完成与未完成的程度。

11.3.2　总指数的编制方法

11.3.2.1　总指数的概念

1. 概念与特征

总指数（total index number）是反映由许多个别事物构成的复杂现象总体数量综合变动的相对数。如工业生产指数反映各种工业品产量总的变动情况，股票价格指数反映股票市场的总体趋势等。对于总指数可以根据研究侧面的不同分为综合指数与平均指数，它们也有不同的编制方法，先综合后对比的加权综合指数法得到加权综合指数（11.3.2.2 节），而先对比后平均的加权平均指数法得到加权平均数指数（11.3.2.3 节）。

作为总指数的一种，反映所有项目或变量综合变动的相对数的综合指数，通常是通过加权来测定能够表达总体的一组项目综合变动的指数，称为加权综合指数（weighted aggregative index number）。在所研究的总量指标中，包含两个或两个以上的因素，它们有不同的含义与度量，不能对比，不能实现加总运算。为此，需要引入一个媒介因素（权数），使原本不能直接相加、不能直接对比的现象变成能够直接相加、能够直接对比的现象，这个因素称为同度量因素。简单而常用的做法就是将其中一个或一个以上的因素指标固定下来，仅观察其中一个因素的变动，这样编制出来的总指数就是综合指数。

综合指数从编制方法来看，具有以下特点。

（1）先综合后对比。即先解决总体中各个个体由于使用价值、经济用途、计量单位、规格、型号等不同不能直接简单相加对比的问题，利用同度量因素来解决。

（2）把总量指标中的同度量因素加以固定，以测定所要研究的因素，即指数化指标的影响程度。例如，若要观察两个时期多种商品销售总额中的销售量的影响，需要把两个时期各种商品的价格作为权数固定在同一时期，以测定两个时期各种商品销售量的影响。

（3）分子与分母所研究对象的范围原则上必须一致。

（4）综合指数的计算对资料要求较高，需要使用全面资料。

2. 权数的确定

确定权数时，需要考虑以下几个方面的问题。

（1）要根据现象之间的内在联系来确定权数。比如，为了反映多种产品数量的综合变动状况，需要把它们综合后进行对比，但由于不同产品具有不同的使用价值和计量单位，无法直接进行加总，因此需要找到一种共同的尺度将各种不同产品综合到一起。我们知道，不同使用价值的产品可以通过产品价格或生产成本等转化成可比的价值量。这里的产品价格或生产成本就成了不同产品的共同计量尺度，它一方面使不能直接加总的产品转化成可以加总的量，另一方面也对所计算的产品项目起到一种加权作用。在此，产品价格或产品成本也就是我们所寻找的计算物量指数的权数。同样，为了反映多种产品价格或生产成本的综合变动状况，也需要首先解决加总的问题。表面上看，不同产品的价格或生产成本都是货币量，似乎可以直接相加，但它们只是产品价值的一种货币表现，不同产品之间往往有着较大差异，相加后通常没有实际意义，因为计入指数的并不是一个数量单位的产品，这就需要把它们转化成可比的价值量。为此，我们需要以不同产品的物量为尺度，使不同产品的价格或成本转化成可比的价值量，同时也起到一种加权作用。由此可见，在计算数量指数时，应以相应的质量（反映事物内涵的数量）指标为权数，比如商品零售量指数应以零售价格为权数，产品产量指数应以生产价格或生产成本为权数，等等；而计算质量指数时，应以相应的物量指标为权数，如零售价格指数应以销售量为权数，生产价格或生产成本指数应以生产量为权数，等等。

（2）确定权数的所属时期。无论是计算数量指数，还是计算质量指数，都要求指数中分子和分母必须是同一时期的。这里的同一时期，既可以都是基期，也可以都是报告期或某一个固定时期等。但是用不同时期的权数，会产生不同的计算结果，而且指数的实际意义也会不同。权数应确定在哪一个时期，通常取决于计算指数的预期目的和所研究现象的特点。

（3）确定权数的具体形式。权数可以是一组不同产品的价格、成本、生产量或销售量等形式，也可以是一组产品的价值量或其他总量形式。此外，权数也可以采取比重形式，比如用某一类商品销售额占总销售额的比重，对各类商品价格进行加权计算物价指数。采用哪种形式的权数，主要取决于计算指数时所依据的数据形式和所选择的计算方法。

11.3.2.2 加权综合指数的编制

对于加权综合指数，若所测定的是一组项目的物量变动状况，则称为数量指数，如产品产量指数、商品销售量指数等；若所测定的是一组项目的质量变动状况，则称为质量指数，如价格指数、产品成本指数等。但由于权数可以固定在不同时期，因而加权综合指数有不同的计算公式，较为常用的是拉氏指数和帕氏指数两种形式。

1. 拉氏指数

拉氏指数：同度量因素固定在基期的综合指数。

若要反映多种商品价格的综合变动情况，不能简单地直接加总，但可以找到与之对应的商品销售量，由于

$$\text{商品价格}\times\text{商品销售量}=\text{商品销售额}$$

$$p \times q = pq$$

商品销售额具有可加性，如果直接将报告期和基期的商品销售总额对比，得到如下公式：

$$I=\frac{\sum p_1q_1}{\sum p_0q_0} \tag{11-9}$$

式中：p、q 分别表示商品的价格和销售量；0、1 分别表示基期和报告期；I 表示总指数。总指数 I 是商品价格和销售量两种因素共同变动作用的结果，反映的是商品销售总额的变

动程度。如果只想反映商品价格的变动程度，可将商品销售量作为同度量因素固定起来，若固定在基期的 q_0 水平上，就得到（拉氏）物价指数公式

$$I_p = \frac{\sum p_1 q_0}{\sum p_0 q_0} \tag{11-10}$$

同理，如果只想反映商品销售量的变动程度，可将商品价格作为同度量因素固定起来，若固定在基期的 p_0 水平上，就得到（拉氏）物量指数公式

$$I_q = \frac{\sum p_0 q_1}{\sum p_0 q_0} \tag{11-11}$$

式（11-10）和式（11-11）是由德国统计学家拉斯贝尔（Laspeyre）于 1864 年提出的，故被称为拉氏公式。

例 11-1　某商店三种商品的销售情况如表 11-4 所示。试对该商店的销售状况进行分析。

表 11-4　商品销售量和商品价格资料

商品名称	计量单位	销售量		价格（元）		销售额			
		基期 q_0	报告期 q_1	基期 p_0	报告期 p_1	p_0q_0	p_1q_1	p_0q_1	p_1q_0
甲	支	400	600	0.25	0.2	100	120	150	80
乙	件	500	600	0.4	0.36	200	216	240	180
丙	个	200	180	0.5	0.6	100	108	90	120
合计	—	—	—	—	—	400	444	480	380

解：据表 11-4 资料，可得拉氏物价指数

$$I_p = \frac{\sum p_1 q_0}{\sum p_0 q_0} = \frac{380}{400} = 95\%$$

$$\sum p_1 q_0 - \sum p_0 q_0 = 380 - 400 = -20 \text{（元）}$$

计算结果表明，三种商品的价格水平平均下降 5%，由于价格下跌，使商品销售额减少 20 元，从消费者一方看，使居民少支出 20 元。

拉氏物量指数

$$I_q = \frac{\sum p_0 q_1}{\sum p_0 q_0} = \frac{480}{400} = 120\%$$

$$\sum p_0 q_1 - \sum p_0 q_0 = 480 - 400 = 80 \text{（元）}$$

计算结果表明，三种商品的销售量平均增长 20%，由于销售量增长使商店增加销售额 80 元，或居民由于多购买商品而增加支出 80 元。

2. 帕氏指数

帕氏指数：同度量因素固定在报告期的综合指数。

该方法是由另外一位德国统计学家帕煦（Paashe）于 1874 年提出的，故又称为帕氏指数，具体公式如下。

帕氏物价指数

$$I_p = \frac{\sum p_1 q_1}{\sum p_0 q_1} \tag{11-12}$$

帕氏物量指数

$$I_q = \frac{\sum p_1 q_1}{\sum p_1 q_0} \tag{11-13}$$

例 11-2 利用表 11-4 资料计算帕氏指数。

解： 帕氏物价指数

$$I_p = \frac{\sum p_1 q_1}{\sum p_0 q_1} = \frac{444}{480} = 92.5\%$$

$$\sum p_1 q_1 - \sum p_0 q_1 = 444 - 480 = -36 \text{（元）}$$

计算结果说明，三种商品的价格水平平均下降了 7.5%，由于价格下跌，使商店减少销售额 36 元，或居民少支出 36 元。

帕氏物量指数

$$I_q = \frac{\sum p_1 q_1}{\sum p_1 q_0} = \frac{444}{380} = 116.8\%$$

$$\sum p_1 q_1 - \sum p_1 q_0 = 444 - 380 = 64 \text{（元）}$$

计算结果说明，三种商品的销售量平均增长 16.8%，由于销售量增长而使商店增加销售额 64 元。

从以上计算和分析中看到，同一个资料，帕氏指数与拉氏指数的结果是不同的。为什么会出现这种现象？现以价格指数为例进行讨论。从包含的因素看，帕氏价格指数用报告期的销售量 q_1 作为同度量因素，以基期作为比较标准，销售量从 q_0 变到 q_1，所以帕氏价格指数在反映零售商品价格变动的同时，也包含销售量变动的因素在内，这意味着帕氏指数并没有完全排除同度量因素的干扰。用公式表示为

$$\sum p_1 q_1 = \sum p_1 (q_1 - q_0 + q_0)$$

$$\sum p_0 q_1 = \sum p_0 (q_1 - q_0 + q_0) = \sum p_0 (q_1 - q_0) + \sum p_0 q_0$$

因此，公式 $I_p = \frac{\sum p_1 q_1}{\sum p_0 q_1}$ 中包含有 $(q_1 - q_0)$ 的影响。从绝对数来看

$$\sum p_1q_1-\sum p_0q_1=\sum p_1q_0-\sum p_0q_0+\sum(p_1-p_0)(q_1-q_0)$$

式中：$\sum(p_1-p_0)(q_1-q_0)$ 被称为价格与销售量的共变影响额。

计算价格指数的目的是测定商品价格的波动情况，以说明市场物价变动对人民生活的影响程度。在计算质量指标指数时，应采用报告期的数量指标作为同度量因素；在计算数量指标指数时，应采用基期质量指标作为同度量因素。这是编制综合指数的一般原则。

3. 杨格指数

杨格指数：同度量因素固定在某一特定时期的综合指数。

将同度量因素固定在某一特定时期的水平上，这种方法是英国学者杨格（Young）于 1818 年首先采用的，故又称之为杨格公式，具体公式如下。

杨格物价指数

$$I_p=\frac{\sum p_1q}{\sum p_0q} \tag{11-14}$$

杨格物量指数

$$I_q=\frac{\sum pq_1}{\sum pq_0} \tag{11-15}$$

该指数的同度量因素不是基期水平，也不是报告期水平，而是某一典型水平或若干期的平均水平，因此这里的指数时期和同度量因素的时期是不同的。选择固定的同度量因素，不仅简化了指数计算，而且可以避免某些非正常情况所造成的不可比性，从而便于观察现象长期变化发展的趋势。因此，杨格公式在实践中经常采用。当然，同度量因素在间隔一定时期后，随着情况的变化应及时加以修正和调整。

11.3.2.3　加权平均数指数的编制

加权平均数指数是计算总指数的另一种形式。它是以某一时期的总量为权数对个体指数加权平均计算出来的。先计算出各个单项事物的个体指数，然后再对这些个体指数进行加权平均以求得总指数。加权的目的是为了衡量不同商品价格（或物量）的变动对总指数造成的不同影响。

加权平均数指数因权数所属时期的不同，分为基期总量加权指数、报告期总量加权指数以及固定权数加权指数。

（1）加权算术平均数指数：算术平均数指数按采用权数的形式不同可以分为基期权数的算术平均数指数和固定权数的算术平均数指数。

基期权数的算术平均数指数是采用基期总量指标价值总额作为权数，对个体指数进行加权平均计算的指数。其公式如下：

$$I_p=\frac{\sum \frac{p_1}{p_0}p_0q_0}{\sum p_0q_0}=\frac{\sum k_p p_0q_0}{\sum p_0q_0} \quad (11\text{-}16)$$

$$I_q=\frac{\sum \frac{q_1}{q_0}p_0q_0}{\sum p_0q_0}=\frac{\sum k_q p_0q_0}{\sum p_0q_0} \quad (11\text{-}17)$$

例 11-3 根据表 11-4 所示资料，整理后得资料如表 11-5 所示。求加权算术平均数指数。

表 11-5 某商店三种商品的销售额计算表

商品名称	计量单位	个体指数（%）		销售额（元）		
		销售量 k_q	价格 k_p	p_0q_0	$k_qp_0q_0$	$k_pp_0q_0$
甲	支	150	80	100	150	80
乙	件	120	90	200	240	180
丙	个	90	120	100	90	120
合计	—	—	—	400	480	380

解： 将表 11-5 的资料代入基期权数形式的加权算术平均数指数的两个计算公式得

$$I_p=\frac{\sum k_p p_0q_0}{\sum p_0q_0}=\frac{380}{400}=95\%$$

$$I_q=\frac{\sum k_q p_0q_0}{\sum p_0q_0}=\frac{480}{400}=120\%$$

上述计算结果与拉氏综合指数的计算结果完全一致，这说明基期权数形式的加权算术平均数指数可以看作拉氏综合指数的变形。但必须具备一个特定的条件，即以基期总值 p_0q_0 为权数，并且两种形式指数包括的计算范围要完全一致。因此，当掌握了各种个体指数（ k_p 或 k_q ）以及各物品的基期价值 p_0q_0 资料时，就可以运用基期加权算术平均数公式来计算拉氏综合指数。采用基期价值 p_0q_0 这个特定权数加权，加权算术平均数指数与拉氏综合指数的联系如下：

$$I_p=\frac{\sum k_p p_0q_0}{\sum p_0q_0}=\frac{\sum \frac{p_1}{p_0}p_0q_0}{\sum p_0q_0}=\frac{\sum p_1q_0}{\sum p_0q_0} \quad (11\text{-}18)$$

$$I_q=\frac{\sum k_q p_0q_0}{\sum p_0q_0}=\frac{\sum \frac{q_1}{q_0}p_0q_0}{\sum p_0q_0}=\frac{\sum p_0q_1}{\sum p_0q_0} \quad (11\text{-}19)$$

在我国统计实践中，数量指标指数一般采用基期权数形式的加权算术平均数指数公式计算。在国内外广泛使用的加权算术平均数指数中，所用的权数并不是基期或报告期的价值指标（p_0q_0 或 p_1q_1），而是采用某种固定权数（w）。这就得到了固定权数的算术平均数指数。固定权数是指某一个固定时期的权数，既可以根据全面调查资料，也可以采用各种有关抽样调查资料，用相对数（比重）的形式固定下来，在相当长的时期内一直使用，相当方便。如资本主义国家编制的工业生产指数，多采用工业部门增加值所占的比重资料作为权数。固定权数加权算术平均数指数的公式为

$$I_p = \frac{\sum k_p w}{\sum w} \tag{11-20}$$

$$I_q = \frac{\sum k_q w}{\sum w} \tag{11-21}$$

式中：w 代表某一固定时期的权数。

（2）加权调和平均数指数：调和平均数指数按采用权数形式的不同也可以分为两种，即报告期权数的调和平均数指数和固定权数的调和平均数指数。

报告期权数的调和平均数指数是采用报告期价值量作为权数，对个体指数进行加权平均计算的指数。其公式如下：

$$I_p = \frac{\sum p_1q_1}{\sum p_1q_1\frac{p_0}{p_1}} = \frac{\sum p_1q_1}{\sum p_1q_1\frac{1}{k_p}} \tag{11-22}$$

$$I_q = \frac{\sum p_1q_1}{\sum p_1q_1\frac{q_0}{q_1}} = \frac{\sum p_1q_1}{\sum p_1q_1\frac{1}{k_q}} \tag{11-23}$$

例 11-4　根据表 11-4 所示资料，整理后得资料如表 11-6 所示。求加权调和平均数指数。

表 11-6　某商店三种商品的销售额计算表

商品名称	计量单位	个体指数（%）		报告期销售额 p_1q_1	$p_1q_1\frac{1}{k_q}$	$p_1q_1\frac{1}{k_p}$
		销售量 k_q	价格 k_p			
甲	支	150	80	120	80	150
乙	件	120	90	216	180	240
丙	个	90	120	108	120	90
合计	—	—	—	444	380	480

解：将表 11-6 的资料代入报告期权数形式的加权调和平均数指数的两个计算公式得

$$I_q = \frac{\sum p_1q_1}{\sum p_1q_1\frac{1}{k_q}} = \frac{444}{380} = 116.8\%$$

$$I_p=\frac{\sum p_1q_1}{\sum p_1q_1\dfrac{1}{k_p}}=\frac{444}{480}=92.5\%$$

上述计算结果与帕氏综合指数的计算结果完全相同，并不说明这两种指数在方法上没有实质的区别。只有在这两种形式指数包括的计算范围完全一致时，它们的计算结果才相同。也只有在这种条件下报告期权数形式的加权调和平均数指数才是帕氏综合指数的变形。因此，当掌握了各种个体指数和各物品的报告期价值资料时，就可以运用报告期加权调和平均数指数公式计算帕氏综合指数。采用报告期价值（ p_1q_1 ）这个特定权数加权，加权调和平均数指数与帕氏综合指数的联系如下：

$$I_q=\frac{\sum p_1q_1}{\sum p_1q_1\dfrac{1}{k_q}}=\frac{\sum p_1q_1}{\sum p_1q_1\dfrac{q_0}{q_1}}=\frac{\sum p_1q_1}{\sum p_1q_0} \tag{11-24}$$

$$I_p=\frac{\sum p_1q_1}{\sum p_1q_1\dfrac{1}{k_p}}=\frac{\sum p_1q_1}{\sum p_1q_1\dfrac{p_0}{p_1}}=\frac{\sum p_1q_1}{\sum p_0q_1} \tag{11-25}$$

在我国统计实践中，质量指标指数一般采用报告期权数形式的加权调和平均数指数公式计算。

固定权数的调和平均数指数在实际工作中应用较少。其计算公式如下：

$$I_q=\frac{\sum w}{\sum\dfrac{1}{k_q}w}，\quad I_p=\frac{\sum w}{\sum\dfrac{1}{k_p}w} \tag{11-26}$$

11.3.3 几种常用的经济指数

指数作为一种重要的经济分析指标和方法，在实践中获得了广泛的应用。在此，仅简单介绍国内外常见的几个主要经济指数及其意义。

1. 工业生产指数（IPI）

工业生产指数（Industrial Production Index，IPI）概括反映一个国家或地区各种工业产品产量的综合变动程度，它是衡量经济增长水平的重要指标之一。世界各国都非常重视工业生产指数的编制，但采用的编制方法却不完全相同。

我们国家的工业生产指数是通过计算各种工业产品的不变价格产值来计算的。基本过程是：首先，对各种工业产品分别制定相应的不变价格标准（记为 p_c ）；然后，逐项计算各种产品的不变价格产值，加总起来就得到全部工业产品的不变价格总值；将不同时期的不变价格总值加以对比，就得到相应时期的工业生产指数。

记 t 时期的不变价格总产值为 $\sum q_tp_c$ （ t=1, 2, … ），则该时期的工业生产指数就是固定加权综合指数的形式：

$$I_q = \frac{\sum q_1 p_c}{\sum q_0 p_c} \quad 或 \quad I_q = \frac{\sum q_t p_c}{\sum q_{t-1} p_c} \tag{11-27}$$

采用不变价格法编制工业生产指数的特点是，只要具备了完整的不变价格产值资料，就能够很容易地计算出有关的生产指数；而且可以在不同层次上（如各地区、各部门、各企业等）进行编制，满足各方面的分析需要。

在国外，较为普遍地采用平均指数形式来编制工业生产指数。其计算公式为

$$I_q = \frac{\sum k_q q_0 p_0}{\sum q_0 p_0} \tag{11-28}$$

式中：k_q 为各种工业品的个体产量指数，$q_0 p_0$ 则为相应产品的基期增加值。编制这种工业生产指数的目的是为了说明工业增加值中物量因素的综合变动程度，其分析意义与一般的工业总产量指数是有所不同的。

在实践中，为了简化指数的编制工作，常常以各种工业品的增加值比重作为权数，并且将这种比重权数相对固定起来，连续地编制各个时期的工业生产指数：

$$I_q = \frac{\sum k_q w}{\sum w} \tag{11-29}$$

这里运用了“固定加权算术平均指数”。

2. 零售价格指数（RPI）

零售价格指数（Retail Price Index，RPI）是反映一定时期内商品零售价格变动趋势和变动程度的相对数。它的变动直接影响到城乡居民的生活支出和国家财政收入，影响居民购买力和市场供需平衡以及消费和积累的比例。零售价格指数是观察和分析经济活动的重要工具之一，根据不同需要，可以编制不同的零售价格指数。比如，可就城乡分别编制零售价格指数，也可以编制地区零售价格指数以及零售商品分类价格指数。商品零售价格指数分为食品、饮料烟酒、服装鞋帽、纺织品、中西药品、化妆品、书报杂志、文化体育用品、日用品、家用电器、首饰、燃料、建筑装潢材料、机电产品等 14 个大类，国家规定了 304 种必报商品，需要予以特别说明的是，从 1994 年起，国家、各省（区）和县编制的商品零售价格指数不再包括农业生产资料。我国零售商品价格指数编制中需要注意的主要问题有以下几个。

（1）代表规格品的选择：全社会零售商品的种类多达上百种，要编制包括全部商品的零售价格指数显然是不可能的。因此，在编制价格指数时，只能选择部分具有代表性的商品。首先应对商品进行科学的分类，在此基础上分别选择能代表各类别的代表规格品。例如，我国目前对消费品分为食品类、饮料和烟酒类、服装和鞋帽类、纺织品类、中西药品类、化妆品类、书报杂志类、文化体育用品类、日用品类、家用电器类、首饰类、燃料类、建筑装潢材料类、机电产品类等 14 个大类。大类下又分小类，

小类下分若干商品细目。

（2）典型地区的选择：全国零售价格总指数用于反映全社会零售商品价格的总体变动水平，但要包括所有的地区是不可能的，一般选择部分具有代表性的地区编制价格指数。典型地区的选择既要考虑其代表性，也要注意类型上的多样性以及地区分布上的合理性和稳定性。例如，1992 年全国共选取 146 个市 80 个县作为取得数据的基层填报单位。

（3）商品价格的确定：全社会零售价格总指数包括了商品牌价、议价和市价等因素。对所选代表性商品使用的是全社会综合平均价。一种商品的综合平均价是该商品在一定时期内的牌价、议价、市价的加权平均，其权数是各种价格形式的商品零售量或零售额。根据每种代表品基期和报告期的综合平均价，计算每种商品的价格指数，以此作为计算类指数的依据。

（4）权数的确定：我国目前的零售价格总指数是采用加权算术平均形式计算的，其权数是根据上年商品零售额资料，并根据当年住户调查资料予以调整后确定的。在确定权数时，先确定各大类权数，然后确定小类权数，最后确定商品权数。权数均以百分比表示，各层权数之和等于 100。为便于计算权数一律取整数。

（5）指数的计算：从 1985 年起，我国开始采用部分商品平均价格法计算全社会商品零售价格总指数。其计算公式为

$$I_p = \frac{\sum k_p w}{\sum w} \tag{11-30}$$

式中：k_p 为个体指数或各层的类指数；w 为各层零售额比重权数。

具体计算过程是，先分别计算出各代表规格品基期和报告期的全社会综合平均价，并计算出相应的价格指数，然后分层逐级计算小类、中类、大类和总指数。

例 11-8 现以部分资料（见表 11-7）说明价格总指数的编制和计算过程。

表 11-7 零售价格总指数计算表

商品类别及名称	代表规格品	计量单位	平均价格（元）		权数（w）（%）	指数（k）（%）	kw
			p_0	p_1			
总指数					100	115.1	1 151.4
一、食品类					51	117.5	5 992.5
1. 粮食					35	105.3	3 685.5
细粮					65	105.6	6 864.0
面粉		kg	2.40	2.52	40	105.0	4 200.0
大米	标准 粳米标一	kg	3.50	3.71	60	106.0	6 360.0
粗粮					35	104.8	3 668.0
2. 副食品					45	125.4	5 643.0
3. 烟酒茶					11	126.0	1 368.0
4. 其他食品					9	114.8	1 033.2
二、衣着类					20	115.2	2 304.0
三、日用品类					11	109.5	1 204.5
四、文化娱乐类					5	110.4	552.0
五、书报杂志类					2	108.6	217.2
六、药及医疗用品类					6	116.4	698.4
七、建筑装潢材料类					2	114.5	229.0
八、燃料类					3	105.6	316.8

解：（1）计算出各代表规格品的价格指数。如面粉价格指数为

$$k=\frac{p_1}{p_0}=\frac{2.52}{2.40}=105.0\%$$

（2）根据各代表规格品的价格指数及给出的相应权数，加权算术平均计算小类指数。如细粮类价格指数为

$$I_p=\frac{\sum kw}{\sum w}=\frac{105\%\times 40+106\%\times 60}{100}=105.6\%$$

（3）根据各小类指数及相应的权数，加权算术平均计算中类指数。如粮食类价格指数为

$$I_p=\frac{\sum kw}{\sum w}=\frac{105.6\%\times 65+104.8\%\times 35}{100}=105.3\%$$

（4）根据各中类指数及相应的权数，加权算术平均计算大类指数。如食品类价格指数为

$$I_p=\frac{\sum kw}{\sum w}=\frac{105.3\%\times 35+125.4\%\times 45+126.0\%\times 11+114.8\%\times 9}{100}=117.5\%$$

（5）根据各大类指数及相应的权数，加权算术平均计算总指数，即

$$\begin{aligned}I_p&=\frac{\sum kw}{\sum w}\\&=(117.5\%\times 51+115.2\%\times 20+109.5\%\times 11+110.4\%\times 5+108.6\%\times 2+116.4\%\times 6+\\&\quad 114.5\%\times 2+105.6\%\times 3)\div 100\\&=115.1\%\end{aligned}$$

3. 消费者价格指数（CPI）

消费者价格指数（Consumer Price Index，CPI）是世界各国普遍编制的一种指数，但不同国家对这一指数赋予的名称各有不同。CPI 是反映与居民生活有关的产品及劳务价格的物价变动指标，故我国称之为居民消费价格指数。

CPI 是从消费者角度衡量消费商品和服务项目价格水平变化的一种价格指标，是衡量经济是否出现通货膨胀或通货紧缩的最重要指标。CPI 是度量一组代表性消费商品和服务项目价格水平随时间变化的指标，是说明两个时期城乡居民生活费用价格变动程度和趋势的相对指标。也可以说是反映两个时期市场消费品与服务项目价格综合变动程度与趋势的相对指标。其计算公式为

$$I_p=\frac{\sum kw}{\sum w} \tag{11-31}$$

式中：k 为类指数，w 为权数，分别为消费品零售额和服务项目营业额占二者总和的比重。

当 CPI 比较平稳（上升或下降幅度不大）时，意味着市场供求关系比较平衡，相应的经济形势也比较稳定。当 CPI 上升过快时，则意味着市场供求关系出现严重的求大于供的失衡现象，显示通货膨胀，经济出现过热的苗头。反之，如果 CPI 持续下降，则说明整个社会的需求相对不足，显示通货紧缩，经济增长乏力，甚至可能出现衰退。一般说来，当 CPI>3%时，我们称之为通货膨胀；而当 CPI>5%时，我们称之为严重通货膨胀。

居民消费价格指数除了能反映城乡居民所购买的生活消费品和服务项目价格的变动趋势和程度外，还有以下几个方面的作用。

（1）反映通货膨胀状况。通货膨胀的严重程度是用通货膨胀率来反映的，它说明了一定时期内商品价格持续上升的幅度。通货膨胀率一般以居民消费价格指数来表示。其计算公式为

$$\text{通货膨胀率}=\frac{\text{报告期居民消费价格指数}-\text{基期居民消费价格指数}}{\text{基期居民消费价格指数}}\times 100\% \qquad (11\text{-}32)$$

（2）反映货币购买力变动。货币购买力是指单位货币能够购买到的消费品和服务的数量。居民消费价格指数上涨，货币购买力下降；反之则上升。因此，居民消费价格指数的倒数就是货币购买力指数，其计算公式为

$$\text{货币购买力指数}=\frac{1}{\text{居民消费价格指数}}\times 100\% \qquad (11\text{-}33)$$

（3）反映对职工实际工资的影响。消费价格指数的提高意味着实际工资的减少，消费价格指数下降则意味着实际工资的提高。因此，利用消费价格指数可以将名义工资转化为实际工资。其计算公式为

$$\text{实际工资}=\frac{\text{名义工资}}{\text{消费价格指数}} \qquad (11\text{-}34)$$

4. 生产者物价指数（PPI）

生产者物价指数（Producer Price Index，PPI）是衡量工业企业产品出厂价格变动趋势和变动程度的指数，是反映某一时期生产领域价格变动情况的重要经济指标。PPI 与 CPI 不同，主要的目的是衡量企业购买的一篮子物品和劳务的总费用。目前，我国 PPI 的调查产品有 4 000 多种（含规格品 950 多种），覆盖全部 39 个工业行业大类，涉及调查种类 186 个。由于企业最终要把它们的费用以更高的消费价格的形式转移给消费者，所以通常认为 PPI 的变动对预测 CPI 的变动是有用的。

生产者物价指数主要用于衡量各种商品在不同的生产阶段的价格变化情形。一般而言，商品的生产分为三个阶段：①完成阶段，商品至此不再做任何加工手续；②中间阶段，商品尚需作进一步的加工；③原始阶段，商品尚未做任何的加工。

根据价格传导规律，PPI 对 CPI 有一定的影响。PPI 反映生产环节的价格水平，CPI 反映消费环节的价格水平。整体价格水平的波动一般首先出现在生产领域，然后通过产业链向下游产业扩散，最后波及消费品。产业链可以分为两条：一条是以工业品为原材料的生产，存在原材料→生产资料→生活资料的传导；另一条是以农产品为原料的生产，存在农业生产资料→农产品→食品的传导。在中国，就以上两个传导路径来看，目前第二条，即农产品向食品的传导较为充分，2006 年以来粮价上涨是拉动 CPI 上涨的主要因素。但第一条，即工业品向 CPI 的传导基本是失效的。

由于 CPI 不仅包括消费品价格，还包括服务价格，CPI 与 PPI 在统计口径上并非严格的对应关系，因此 CPI 与 PPI 的变化出现不一致的情况是可能的。CPI 与 PPI 持续处于背离状态，这不符合价格传导规律。价格传导出现断裂的主要原因在于工业品市场处于买方市场以及政府对公共产品价格的人为控制。

价格指数中还有批发物价指数 WPI（Wholesale Price Index），是根据大宗物资批发价格的加权平均价格编制而得的物价指数，这些物资包括原料、中间产品、最终产品与进出口品，但不包括各类劳务。

需要注意的是，CPI、PPI、WPI、RPI 之间的联系与区别。价格传导的次序为：PPI→WPI→RPI→CPI。讨论通货膨胀时，最常提及的三种物价指数就是 CPI、RPI、WPI。CPI 简单说就是衣食住行消费的涨幅，是最下游的指数。PPI 就是原材料的涨幅，是上游指数，最终会传导到 CPI。WPI 位于 PPI、RPI 之间，为通货膨胀的征兆。RPI 是指以现金或信用卡形式支付的零售商品的价格指数，凡现金或信用卡形式支付的零售商品均作为调查对象，包括家具、电器、超市销售的商品和药品等，不包括服务业的消费。如果经济发展迅速，个人消费就会增加。供不应求，导致物价上升，这个指数就会上升，将为以后带来通货膨胀的压力。

5. 采购经理指数（PMI）

采购经理指数（Purchasing Managers' Index，PMI）是监测经济运行的及时、可靠的先行指标，是通过对采购经理的月度调查汇总出来的指数，反映了经济的变化趋势。

计算 PMI 时，依据对经济的先行影响程度分配给 5 个扩散指数的权重分别是：订单 30%，生产 25%，雇员 20%，配送 15%，存货 10%。其计算公式如下：

$$\text{PMI}=\text{订单}\times30\%+\text{生产}\times25\%+\text{雇员}\times20\%+\text{配送}\times15\%+\text{存货}\times10\%$$

除了对整体指数的关注外，采购经理指数中的支付物价指数及收取物价指数也被视为物价指标的一种，而其中的就业指数更常被用来预测失业率及非农业就业人口的表现。

PMI 计算出来之后，可以与上月进行比较。PMI 指数 50%为荣枯分水线。当 PMI>50%时，说明经济在发展；当 PMI<50%时，说明经济在衰退。一般来说，汇总后的制造业综合指数高于 50%表示整个制造业经济在增长，低于 50%表示制造业经济在下降。

6. 股票价格指数（SPI）

股票价格指数（Stock Price Index，SPI），简称股价指数，是综合反映股票市场涨跌波动的幅度与发展趋势的一种相对数，被人们看作“经济晴雨表”“政治风云录”。它反映某一股票市场上多种股票的价格变动趋势，单位是“点”(point)。

股票价格指数的计算方法很多，但一般以发行量为权数进行加权综合。其计算公式为

$$I_p = \frac{\sum p_{1i} q_i}{\sum p_{0i} q_i} \tag{11-35}$$

式中：p_{1i} 为第 i 种样本股票报告期价格；p_{0i} 为第 i 种样本股票基期价格；q_i 为第 i 种股票的发行量，可以确定为基期，也可以确定为报告期，但大多数股价指数是以报告期发行量为权数计算的。通常，将基期指数作为 100，指数每上升或下降一个单位称为涨 1 点或降 1 点。

这其中会涉及计算股票价格和股价平均数有

$$\text{股票价格} = \frac{\text{票面价值} \times \text{预期股利}}{\text{存款利息率}} \tag{11-36}$$

$$\text{股价平均数} = \frac{1}{n}\sum_{i=1}^{n} p_i \tag{11-37}$$

式中：p_i 为第 i 种股票的收盘价；n 为样本股票数。

例 11-9 设有三种股票的价格和发行量资料如表 11-8 所示，试计算股票价格指数。

表 11-8 三种股票的价格和发行量资料

股 票 名 称	基期价格（元）	本日收盘价（元）	报告期发行量（万股）
A	25	26.5	3 500
B	8	7.8	8 000
C	12	12.6	4 500

解： 根据表 11-8 资料得股价指数为

$$I_p = \frac{\sum p_{1i} q_i}{\sum p_{0i} q_i} = \frac{26.5 \times 3\,500 + 7.8 \times 8\,000 + 12.6 \times 4\,500}{25 \times 3\,500 + 8 \times 8\,000 + 12 \times 4\,500} = 103.09\%$$

即股价指数上涨了 3.09 点。

目前，世界各国的主要证券交易所都有自己的股票价格指数，比如美国的道琼斯股票价格指数（DJA）和标准普尔股票价格指数（S&PI）、伦敦金融时报 FT 指数、法兰克福 DAX 指数、巴黎 CAC 指数、瑞士的苏黎世 SMI 指数、日本的日京指数、香港的恒生指数，等等。我国的上海和深圳两个证券交易所也编制了自己的股票价格指数，如上交所的综合指数和 30 指数、深交所的成分股指数和综合指数等。

7. 农副产品收购价格指数

农副产品收购价格指数（Purchasing Price Index of Agricultural and Sideline Products）是反映商业部门、外贸部门、国家机关、社会团体等经济类型的商业企业和有关部门收购农产品价格的变动趋势和程度的相对数，旨在反映各种农副产品收购价格的综合变动程

度，由此可以考察收购价格变化对农业生产者收入和商业部门支出的影响。

我国的农副产品收购价格指数的编制方法：从 11 类农副产品中选择 276 种主要产品，以它们各自的报告期收购额作为权数，加权调和平均得到各类别的农副产品收购价格指数和农副产品收购价格总指数，其计算公式为

$$I_p = \frac{\sum p_1 q_1}{\sum \frac{1}{k_p} p_1 q_1} \tag{11-38}$$

式中：k_p 为入编指数的各种农副产品的个体价格指数。

采用加权调和平均法的原因在于，农副产品的收购季节性强，时间比较集中，产品品种相对较少，在期末能够较迅速地取得各种农副产品收购额和代表规格品的价格资料。

8. 产品成本指数（PCI）

产品成本指数（Product Cost Index，PCI）概括反映生产各种产品的单位成本水平的综合变动程度，它是企业或部门内部进行成本分析的一个有用工具。记各种产品的产量为 q，单位成本为 p，则全部可比产品（即基期实际生产过且计算期仍在生产的产品）的综合成本指数通常采用帕氏指数来编制：

$$I_p = \frac{\sum p_1 q_1}{\sum p_0 q_1} \tag{11-39}$$

该指数的分子与分母之差可以表示由于单位成本水平的降低（或提高），使得计算期所生产的那些产品的成本总额节约（或超支）了多少。

类似地，在对成本水平实施计划管理的场合，还可以编制相应的成本计划完成情况指数，用于检查有关成本计划的执行情况。其编制方法可以采用帕氏公式：

$$I_p = \frac{\sum p_1 q_1}{\sum p_n q_1} \tag{11-40}$$

式中：p_n 为计划规定的单位成本水平。该分子与分母之差，可以说明计划执行过程中所节约或超支的成本总额。

在同时制订了产量计划的条件下，应该采用拉氏公式编制成本计划完成情况指数：

$$I_p = \frac{\sum p_1 q_n}{\sum p_n q_n} \tag{11-41}$$

式中：q_n 为计划规定的产量水平。该指数可以在兼顾产量计划的前提下检查成本计划执行情况，以期避免由于片面追求完成成本计划而破坏了产量计划。但在企业按照市场需求组织生产，没有制订产量计划，或不要求恪守产量计划指标的情况下，这样的拉氏指数就没有意义。

思考与练习

1. 什么是社会经济统计？包含哪些基本内容？

2. 略述 GDP 的具体含义与意义。

3. 什么是统计指数？它有哪些作用？

4. 简述综合指数与平均数指数的内在关系。

5. 什么是指数体系？指数体系的作用有哪些？

6. 给出某市场上四种蔬菜的销售资料如下表所示。

品　种	销售量（千克）		销售价格（元/千克）	
	基　期	计 算 期	基　期	计 算 期
白菜	550	560	1.60	1.80
黄瓜	224	250	2.00	1.90
萝卜	308	320	1.00	0.90
西红柿	168	170	2.40	3.00
合计	1 250	1 300	—	—

（1）用拉氏公式编制四种蔬菜的销售量总指数和价格总指数。

（2）用帕氏公式编制四种蔬菜的销售量总指数和价格总指数。

（3）比较两种公式编制出来的销售量总指数和价格总指数的差异。

7. 某企业共生产三种不同的产品，有关的产量、成本和销售价格资料如下表所示。

产品种类	计量单位	基期产量	计 算 期		
			产　量	单位成本	销售价格
A 产品	件	270	340	50	65
B 产品	台	32	35	800	1 000
C 产品	吨	190	150	330	400

（1）分别以单位产品成本和销售价格为同度量因素，编制该企业的帕氏产量指数。

（2）试比较说明两种产量指数的不同经济分析意义。

8. 已知某地区 2014 年的农副产品收购总额为 360 亿元，2015 年比上年的收购总额增长 12%，农副产品收购价格总指数为 105% 。试考虑，2015 年与 2014 年对比：

（1）农民因交售农副产品共增加多少收入；

（2）农副产品收购量增加了百分之几，农民因此增加了多少收入；

（3）由于农副产品收购价格提高 5%，农民又增加了多少收入；

（4）验证以上三方面的分析结论能否保持协调一致。

附：思考与练习参考解答或提示

第 1 章　导论（略）

第 2 章　数据的收集

1. 答：从使用者的角度看，统计数据资料的来源主要有两种渠道：一种是通过直接调查获得的原始数据，这是统计数据的直接来源，一般称为第一手或直接的统计数据，包括通过统计调查得到的观测数据和通过实验得到的实验数据；另一种是别人调查的数据，对这些数据进行加工和汇总后得到的数据，通常称为次级或间接的统计数据，主要来源是公开出版的统计数据和尚未公开发表的统计数据，公开出版的有官方的统计部门和政府、组织、学校、科研机构发布的数据，而尚未公开发表的统计数据，如各企业的经营报表数据、专业调查咨询机构未公开发布的调查结果数据等。一切间接的统计数据都是从直接的、第一手数据过渡而来的。

2. 答：通常统计调查误差可分为非抽样误差和抽样误差。非抽样误差是由调查过程中各环节的工作失误造成的，从理论上讲，这类误差是可以避免的。抽样误差是利用样本推断总体时所产生的误差，它是不可避免的，但可以控制。

3. 略

第 3 章　数据的图表展示

1. 答：数据的预处理包括数据的审核和数据的筛选。数据的审核主要包括完整性审核、准确性审核、适用性审核、时效性审核以及确认是否需要做进一步的加工整理。数据的筛选主要是将某些不符合要求的数据或有明显错误的数据予以剔除，将符合某种特定条件的数据筛选出来，剔除不符合特定条件的数据。

2. 答：统计学上的定性数据包括分类数据和顺序数据，它是一组表示事物性质、规定事物类别的文字表述型数据，不能将其量化，只能对其定性。分类数据的整理主要采用次数分布表的方法，分类数据的图示用条形图、饼状图、环形图等方法。顺序数据的整理主要用累积次数表的方法，顺序数据的图示采用累积次数分布图。

定量数据也称数量数据，它说明的是事物的数量特征，能够用一个有统一单位的数值（即使用计量器具经检测而出具的数据）表示。在整理定量数据时通常要进行数据分组（统计分组），分组后再计算出各组中出现的次数，形成表格，主要有单项式分组（单变量值分组）和组距式分组两种方法，定量数据的图示主要用直方图、折线图、茎叶图、散点图、雷达图、列联表等。

3. 解：（1）上面的数据属于定性数据。

（2）制作的频数分布表如下所示。

“双十一”购物体验频数分布表

购物体验类别	顾客人数（人）	频率（%）
非常满意（A）	7	14
比较满意（B）	10	20
一般（C）	16	32
比较不满意（D）	9	18
非常不满意（E）	8	16
合　计	50	100

（3）选择的图形为饼状图，如下图所示。

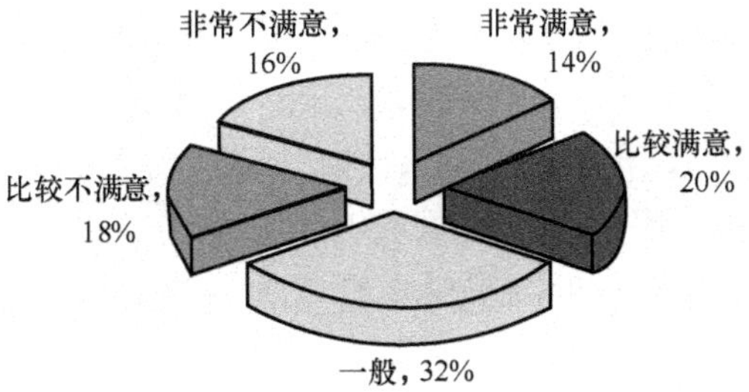

“双十一”购物体验频数分布

（4）SPSS 运行结果如下所示。

购物体验等级

		次　　数	百　分　比	有效的百分比	累积百分比
有效	A	7	14.0	14.0	14.0
	B	10	20.0	20.0	34.0
	C	16	32.0	32.0	66.0
	D	9	18.0	18.0	84.0
	E	8	16.0	16.0	100.0
	总计	50	100.0	100.0	

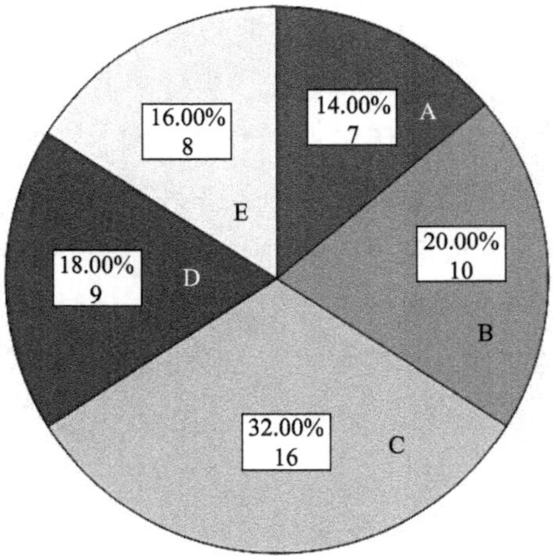

4～6　略，学生自行收集数据并求解

第 4 章 数据特征的统计描述

1. 答：一般说来，数据分布可从集中趋势、离散趋势和偏斜度三个方面进行测量和评价。这三个方面反映了数据分布在向中心靠拢、远离中心值、分布偏态和峰态上的特点，可以较全面地揭示大量数据的分布特征。

2. 答：众数就是分布数列中最常出现（频数或频率最大）的标志值，数列中最常出现的标志值说明该标志值最具有代表性。众数适用于任何层次的变量，但它仅用了资料中最大频数这个信息，所以对所有数据信息的使用不完全，这样会间接地损失很多信息，所以，众数特别适用于单峰对称的情况，对于多峰分布，一般不用它来描述。

中位数是指将分布数列中各单位的标志值依大小顺序排列，位于中间位置的标志值。中位数表明，数列中有一半单位的标志值小于中位数，一半单位的标志值大于中位数。由于中位数只考虑居中位置，其他变量值比中位数大多少或小多少，它都是无法反映的。所以，用中位数来描述连续型变量会损失很多信息。

平均数反映了某变量所有取值的集中趋势或平均水平。虽然在表示数据中心位置的度量时，均值更普遍使用，但在某些情况下，使用其他的统计量来描述数据的集中程度可能更为适宜。因为均值往往易受极端值影响，所以对于严重偏态的分布，均值会失去应有的代表性。

3. 答：各离散程度测度值都是反映数据分散程度的绝对数值，其数值的大小一方面取决于原变量值本身的水平高低，变量值绝对水平越高，离散程度的测度值自然也就越大；绝对水平越低，离散程度的测度值自然也就越小。另一方面，它们与原变量值的计量单位相同，采用不同计量单位计量的变量值，其离散程度的测度值也不同。因此，对于平均水平不同或计量单位不同的不同组别的变量值，是不能用上述离散程度测度值直接进行比较的。为了消除变量值水平高低和计量单位不同对离散程度的测度值的影响，需要计算离散系数。

4～5 略

第 5 章 统计量与抽样分布

1. 解：由χ^2分布的定义可知，服从χ^2分布的随机变量的值一定是非负的。χ^2分布的概率密度函数图像是非对称的，并且随着自由度 n 的增加，图形右偏程度降低，越来越接近正态分布，如下图所示。

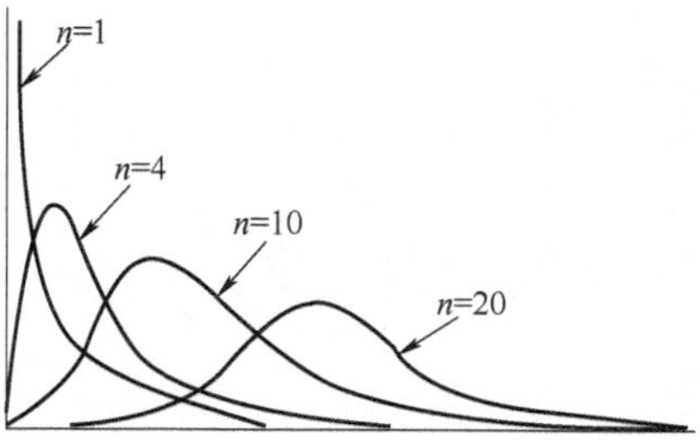

不同自由度的χ^2分布

由 F 分布的定义可知，F 分布的图像与 χ^2 分布类似，其形状取决于两个自由度，且其变量值始终是正的。F 分布通常为不对称的正右偏分布。但随着自由度的增大，图形逐渐趋于对称，如下图所示。

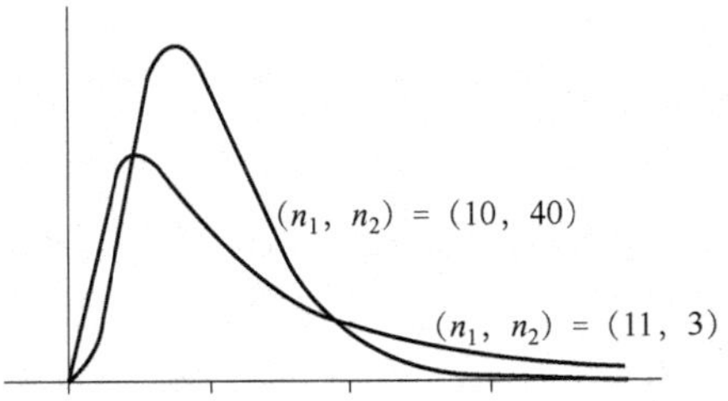

不同自由度的 F 分布

2. 解：（1）是，因为不含任何未知参数；

（2）是，因为不含任何未知参数；

（3）不是，因为包含了未知参数 μ；

（4）不是，因为包含了未知参数 μ。

3. 解：（1）$P(X \leqslant 5.5) = 0.608\,3$，$P(X > 13.2) = 0.354\,7$

（2）$P(T \leqslant -2.5) = 0.127\,3$，$P(T > 1.96) = 0.035\,1$，$P(-0.5 < T < 0.5) = 0.375\,2$

（3）$P(F \leqslant 3) = 0.801\,5$，$P(F > 7.2) = 0.065\,19$

4. 解：根据正态分布的要求，令

$$z = \frac{X - \bar{X}}{\sigma} = \frac{X - 175}{4}$$

则区间（171，179）可化简为（−1，1），当 t=1 时，查表得Φ（1）=0.682 7，即需要裁制 100 000×0.682 7=68 270 套军装。

5. 解：根据简单随机样本的两个性质——代表性和独立性可知：

（1）$\bar{x}$ 的期望值为 200；

（2）$\bar{x}$ 的标准差为 5；

（3）因为样本容量 $n = 100 > 30$，所以 $\bar{x} \sim N(200, 50^2)$，即 $\bar{x}$ 服从以 200 为均值、2 500 为方差的正态分布。

6. 解：由于两种考试都服从正态分布，即 $X_1 \sim N(516, 114^2)$，$X_2 \sim N(20.6, 5^2)$，对小刘和小张的数学成绩分别做标准化变形，有

$$z_1 = \frac{670 - 516}{114} = 1.35$$

$$z_2 = \frac{27 - 20.6}{5} = 1.28$$

查标准正态分布表有，小刘的数学成绩对应的概率值为 0.911 5；小张的数学成绩对应的概率值为 0.899 7。所以，在两人中，小刘的水平更高一些。

第 6 章　参数估计

1. 答：总体参数的区间估计是在一定的置信水平下，根据样本统计量的抽样分布计算出用样本统计量加减抽样误差表示的估计区间，使该区间包含总体参数的概率为置信水平。置信水平反映估计的可信度，而区间的长度反映估计的精确度。

2. 答：评价估计量好坏的标准有 3 个。

（1）无偏性：估计量抽样分布的数学期望等于被估计的总体参数。

（2）有效性：对同一总体参数的两个无偏点估计量，有更小标准差的估计量更有效。

（3）一致性：随着样本量的增大，点估计量的值越来越接近被估总体的参数。

3. 答：置信区间中包含总体参数真值的次数所占的比率称为置信水平；而置信区间是由样本统计量所构成的总体参数的估计区间。置信区间越大，置信水平越高。

4. 答：置信区间是指由样本估计量构造出的总体参数在一定置信水平下的估计区间。

5. 答：总体参数是固定的、未知的，置信区间是一个随机区间。置信水平为 95%的置信区间是指在相同条件多次抽样下，在所有构造的置信区间里大约有 95%包含总体参数的真值。

6. 解：（1）根据数据可以计算出：$\bar{x}=103.6$，$s=18.805$，即该校学生高考语文的平均成绩为 103.6，成绩的标准差为 18.805。

（2）由于毕业生的语文成绩服从正态分布，根据式（6-3）可以得到样本均值 95%的置信区间为

$$\begin{aligned}&\left[\bar{x}-t_{\frac{\alpha}{2}}(n-1)\bullet\frac{\sigma}{\sqrt{n}},\bar{x}+t_{\frac{\alpha}{2}}(n-1)\bullet\frac{\sigma}{\sqrt{n}}\right]\\&=\left[103.6-2.26\times\frac{18.805}{\sqrt{10}},\ 103.6+2.26\times\frac{18.805}{\sqrt{10}}\right]\\&=[90.148,\ 117.05]\end{aligned}$$

即该校学生高考语文平均成绩的置信水平为 95%的置信区间为（90.148，117.05）。

（3）由题可知：$s=18.805$，$E=4$，根据式（6-14）有

$$n=\left(\frac{t_{\alpha/2}s}{E}\right)^2=\left(\frac{2.26\times18.805}{4}\right)^2=109.713\approx110$$

需要抽取 110 个学生。

7. 解：根据样本信息可计算出样本均值和样本标准差分别为

$$\bar{x}=3.92,\ s=1.773\,2$$

查正态分布表可得 $t_{\frac{\alpha}{2}}(39)=t_{0.025}(39)=2.023$，$t_{0.025}(39)=1.648$，$t_{0.005}(39)=2.708$，因此根据式（6-3）有

$$\left[\bar{x}-t_{\frac{\alpha}{2}}(39)\bullet\frac{s}{\sqrt{n}},\bar{x}+t_{\frac{\alpha}{2}}(39)\bullet\frac{s}{\sqrt{n}}\right]=\left[3.92-2.023\times\frac{1.773\,2}{\sqrt{40}},\ 3.92+2.023\times\frac{1.773\,2}{\sqrt{40}}\right]=[3.353,\ 4.487]$$

$$\left[\bar{x}-t_{\frac{\alpha}{2}}(39)\bullet\frac{s}{\sqrt{n}},\ \bar{x}+t_{\frac{\alpha}{2}}(39)\bullet\frac{s}{\sqrt{n}}\right]=\left[3.92-1.648\times\frac{1.773\,2}{\sqrt{40}},\ 3.92+1.648\times\frac{1.773\,2}{\sqrt{40}}\right]=[3.448,\ 4.392]$$

$$\left[\bar{x}-t_{\frac{\alpha}{2}}(39)\bullet\frac{s}{\sqrt{n}},\ \bar{x}+t_{\frac{\alpha}{2}}(39)\bullet\frac{s}{\sqrt{n}}\right]=\left[3.92-2.708\times\frac{1.773\,2}{\sqrt{40}},\ 3.92+2.708\times\frac{1.773\,2}{\sqrt{40}}\right]=[3.161,\ 4.679]$$

即该校大学生平均玩手机时间的置信水平为 90%的置信区间为（3.448，4.392）；置信水平为 95%的置信区间为（3.353，4.487），置信水平为 99%的置信区间为（3.161，4.679）。

8. 解：由题可知 $\bar{x}=60.05$，$\sigma=2.44$，$n=40$，根据式（6-3）有

$$\left[\bar{x}-z_{\frac{\alpha}{2}}\bullet\frac{\sigma}{\sqrt{n}},\ \bar{x}+z_{\frac{\alpha}{2}}\bullet\frac{\sigma}{\sqrt{n}}\right]=\left[60.05-1.96\times\frac{2.44}{\sqrt{40}},\ 60.05+1.96\times\frac{2.44}{\sqrt{40}}\right]=[59.293\,8,\ 60.806]$$

即每篇文章平均拼写错误单词数目的 95%的置信区间为（59.293 8，60.806）。

9. 解：根据样本信息可以计算出：

$$\bar{x}_1=80.9,\quad \sigma_1=9.751\,4,\quad n_1=n_2=10$$

$$\bar{x}_2=68.6,\quad \sigma_2=13.987\,1$$

根据式（6-7）可得

$$\left[(\bar{x}_1-\bar{x}_2)-z_{\frac{\alpha}{2}}\bullet\sqrt{\frac{\sigma_1^2}{n_1}+\frac{\sigma_2^2}{n_2}},\ (\bar{x}_1-\bar{x}_2)+z_{\frac{\alpha}{2}}\bullet\sqrt{\frac{\sigma_1^2}{n_1}+\frac{\sigma_2^2}{n_2}}\right]$$

$$=(80.9-68.6)\pm1.96\times\sqrt{\frac{9.751\,4^2}{10}+\frac{13.987\,1^2}{10}}$$

$$=[1.7\,318,22.868\,2]$$

即这两种方法平均自信心得分之差的 95%的置信区间为（1.7 318，22.868 2）。

第 7 章　假设检验

1～4　略

5. 解：可以认为这次考试全体考生的平均成绩为 70 分。

建立假设

$$H_0: \mu = 70 \quad \text{vs} \quad H_1: \mu \neq 70$$

由于总体方差σ^2未知，与区间估计类似，于是采用t统计量，即

$$t = \frac{\overline{x} - \mu}{s / \sqrt{n}} = \frac{66 - 70}{15 / \sqrt{36}} = -1.6$$

查t分布表可得$t_{\frac{\alpha}{2}}(35) = t_{0.025}(35) = -2.0301$。

作决策：$t = -1.6 > -2.0301$，不拒绝零假设，即认为学生的平均成绩就是 70 分。

6. 解：（1）0.01 显著性水平下，由于 $t_{0.01}$（4）=3.746 9，则临界值为 3.746 9，统计量的绝对值小于临界值，接受原假设。

（2）

$$\overline{x} = \frac{18 + 15 + 12 + 19 + 21}{5} = \frac{85}{5} = 17$$

$$s = \sqrt{\frac{(18-17) + \cdots + (21-17)^2}{5-1}} = 3.54$$

$$t = \frac{\overline{x} - \mu}{s / \sqrt{n}} = \frac{17 - 20}{3.54 / \sqrt{5}} = -1.895$$

故$t = -1.895$，由于$-1.895 < 3.7469$接受零假设。

（3）若零假设成立，样本均值为 17 的概率不会太小。

（4）p 值大于 0.01。

7. 解：建立假设

$$H_0: \mu_1 - \mu_2 = 0 \quad \text{vs} \quad H_1: \mu_1 - \mu_2 \neq 0$$

$$t = \frac{(\overline{x}_1 - \overline{x}_2) - (\mu_1 - \mu_2)}{s_p \sqrt{\frac{1}{n_1} + \frac{1}{n_2}}} = -1.118$$

由$\alpha = 0.01$查表得$t_{\frac{\alpha}{2}}(11) = t_{0.005}(11) = 3.1058$。

作决策：$|t| = 1.118 < 3.1058$，故不能拒绝零假设，表明革新激励后员工的收入没有显著增加，又$p = 0.287$，故不拒绝零假设。

8. 解：（1）$z_{\alpha/2} = z_{0.025} = 1.96$，$z$ 统计量绝对值等于 1.25，小于 1.96，故接受零假设。

（2）$z = \dfrac{\overline{x} - \mu}{\sigma_{\overline{x}}} = -1.25$。

（3）若零假设成立，20 个样本观测值的均值不等于 0.5 的概率不会太小。

9. 解：（1）双边检验；

（2）$z=\dfrac{(\bar{x}_1-\bar{x}_2)-(\mu_1-\mu_2)}{\sqrt{\dfrac{\sigma_1^2}{n_1}+\dfrac{\sigma_2^2}{n_2}}}=2.58$

（3）由 $\alpha=0.04$ 查表 $z_{\alpha/2}=z_{0.02}=2.0537$，所以，由于 z 统计量等于 2.58>2.053，故拒绝零假设，认为两总体的均值不相等。

第 8 章　方差分析

1～3　略

4. 解：

由 $F_A=\dfrac{MSA}{MSE}\sim F(r-1,(r-1)(s-1))$，$F_B=\dfrac{MSB}{MSE}\sim F(s-1,(r-1)(s-1))$ 可知

$$F_A=\frac{MSA}{MSE}=0.258$$

$$F_B=\frac{MSB}{MSE}=2.891$$

由 $\alpha=0.05$ 查表得 $F_\alpha(2,6)=5.14$，$F_\alpha(3,6)=4.76$，统计量 F 均小于临界值（0.258>5.14，2.891>4.76），所以不拒绝零假设，那么两者都无显著影响。即：促进剂和氧化锌对定强都无显著影响。

5. 解：不同年龄职工的商业保险费用支出水平存在显著差异。

建立假设

$$H_0:\mu_1=\mu_2=\mu_3 \quad \text{vs} \quad H_1:\mu_1、\mu_2、\mu_3\text{不全相等}$$

构造统计量

$$F=\frac{SSA/(r-1)}{SSE/(n-r)}=\frac{MSA}{MSE}\sim F(r-1,n-r)$$

$$F=\frac{MSA}{MSE}=11.601$$

在 $\alpha=0.05$ 下，查 F 概率分布表得 $F_{0.05}(2,33)=3.285$。

显然统计量 F 大于临界值（11.601>4.26），故拒绝零假设，表明不同年龄职工的商业保险费用支出水平存在显著差异。

6. 解：（1）这四种教学方法没有显著差异。

建立假设

$$H_0: \mu_1 = \mu_2 = \cdots = \mu_4 \quad \text{vs} \quad H_1: \mu_1 \neq \mu_2 \neq \cdots \neq \mu_4$$

构造统计量

$$F = \frac{SSA/(r-1)}{SSE/(n-r)} = \frac{MSA}{MSE} \sim F(r-1,\ n-r)$$

$$F = \frac{MSA}{MSE} = 2.385$$

在 $\alpha = 0.05$ 下，查 F 概率分布表得 $F_{0.05}(3,\ 56) = 2.769$ 。

显然 F 小于临界值（2.079<3.59），因此不拒绝 H_0 ，表明 μ_i 之间没有显著差异，即这四种教学方法没有显著差异。

（2）四种方法的数据需要满足独立性要求。

7. 解：不同学历人士的收入存在显著差异；高中及更低与大学本科、高中及更低与硕士及更高两组存在显著差异，而且差异很大。

建立假设

$$H_0: \mu_1 = \mu_2 = \mu_3 \quad \text{vs} \quad H_1: \mu_1、\mu_2、\mu_3 \text{不全相等}$$

构造统计量

$$F = \frac{SSA/(r-1)}{SSE/(n-r)} = \frac{MSA}{MSE} \sim F(r-1, n-r)$$

$$F = \frac{MSA}{MSE} = 12.803$$

在 $\alpha = 0.05$ 下，查 F 概率分布表得 $F_{0.05}(2, 21)=3.467$ 。

显然 F 值大于临界值（12.803>5.79），因此拒绝零假设，说明学历对收入有显著影响，通过 LSD 输出结果可知，应该进一步比较高中及更低与大学本科、高中及更低与硕士及更高两组的收入差异。

8. 解：在无交互作用的效应下，不同颜色和大小对广告的效果有显著差异。

由 $F_A = \frac{MSA}{MSE} \sim F\ (r-1,\ (r-1)(s-1))$，$F_B = \frac{MSB}{MSE} \sim F\ (s-1,\ (r-1)(s-1))$ 可知

$$F_A = \frac{MSA}{MSE} = 5.882$$

$$F_B = \frac{MSB}{MSE} = 7.588$$

在 $\alpha = 0.05$ 下，查表得 $F_\alpha(3,\ 6) = 4.76$ ， $F_\alpha(2,\ 6) = 5.14$ 。

统计量 F 均大于临界值（5.882>4.76，7.588>5.14），所以拒绝零假设，那么在无交互效应下，两者都有显著影响。

第 9 章　相关与回归分析

1. 略

2. 解：(1) 略

(2) 由 $r=\dfrac{n\sum xy-\sum x\sum y}{\sqrt{n\sum x^2-(\sum x)^2}\cdot\sqrt{n\sum y^2-(\sum y)^2}}$ 可知，$r=0.716$。

(3) 由 $R^2=1-\dfrac{SSE/(n-2)}{SST/(n-1)}$ 可知，$R^2=0.513$。

3. 解：(1)(2) 略

(3) 由 $E(Y)=\alpha+\beta X$ 可知，$E(Y)=14.6$。

4. 解：

(1) 由 $\begin{cases}\hat{\alpha}=\bar{y}-\hat{\beta}\bar{x}\\ \hat{\beta}=\dfrac{n\sum\limits_{i=1}^{n}x_iy_i-(\sum\limits_{i=1}^{n}x_i)\quad(\sum\limits_{i=1}^{n}y_i)}{n\sum\limits_{i=1}^{n}x_i^2-\sum\limits_{i=1}^{n}x_i}\end{cases}$ 可知，$\hat{\alpha}=-11.300$，$\hat{\beta}=36.950$。

由 $\hat{\sigma}^2=\dfrac{1}{n-2}\sum\limits_{i=1}^{n}(y_i-\hat{\alpha}-\hat{\beta}x_i)^2=\dfrac{1}{n-2}\sum\limits_{i=1}^{n}(y_i-\hat{y}_i)^2$ 可知，$\hat{\sigma}^2=12.367$。

(2) 建立假设

$$H_0:\beta=0\quad \text{vs}\quad H_1:\beta\neq 0$$

构造统计量

$$t=\frac{\hat{\beta}}{s_\beta}=\frac{36.950}{0.556}=66.457$$

查表得 $t_{\frac{\alpha}{2}}(3)=3.182\,4$。

作决策：$|t|=66.457>3.182\,4$，所以拒绝零假设，说明尿汞含量对消光系数有显著影响。

5. 解：

(1) 由 $\begin{cases}\hat{\alpha}=\bar{y}-\hat{\beta}\bar{x}\\ \hat{\beta}=\dfrac{n\sum\limits_{i=1}^{n}x_iy_i-(\sum\limits_{i=1}^{n}x_i)\quad(\sum\limits_{i=1}^{n}y_i)}{n\sum\limits_{i=1}^{n}x_i^2-\sum\limits_{i=1}^{n}x_i}\end{cases}$ 可知，$\begin{cases}\hat{\alpha}=88.638\\ \hat{\beta}=1.604\end{cases}$，

则
$$\hat{y}=88.638+1.604x$$

（2）由 $\begin{cases}\sum y=n\alpha+\beta_1\sum x_1+\beta_2\sum x_2\\ \sum x_1y=\alpha\sum x_1+\beta_1\sum x_1{}^2+\beta_2\sum x_1x_2\\ \sum x_2y=\alpha\sum x_2+\beta_1\sum x_1x_2+\beta_2\sum x_2{}^2\end{cases}$ 可知

$$\begin{cases}\hat{\alpha}=83.230\\ \hat{\beta}_1=2.290\\ \hat{\beta}_2=1.301\end{cases}$$

则
$$\hat{y}=83.230+2.290x_1+1.301x_2$$

（3）不同，变量个数不一样。

（4）建立假设

$$H_0:\beta_1=\beta_2=0 \quad \text{vs} \quad H_1:\beta_1\neq 0\text{或者}\beta_2\neq 0$$

构造统计量

$$F=\frac{SSR/p}{SSE/(n-p-1)}=28.378$$

查表得 $F_\alpha(p,n-p-1)=F_{0.05}(2,5)=5.786$，统计决策 F 的值远远大于 F 的临界值（28.378>5.786），所以模型是有意义的，拒绝零假设，即回归方程的线性关系显著。

6. 解：由 $Y=a\mathrm{e}^{bx}\cdot\varepsilon$，令 $Y'=\ln Y$，$\alpha=\ln a$，$\beta=b$，$x'=x$，$\varepsilon'=\ln\varepsilon$，则

$$\ln Y=\ln a+bx+\ln\varepsilon$$

即

$$\hat{Y'}=\alpha+\beta x+\varepsilon'$$

变换后可得数据表格如下。

x_i'	1	2	3	4	5	6	7	8	9	10
y_i'	7.882 7	7.572	7.309 2	6.991 2	6.639 9	6.287 9	6.182 1	5.669 9	5.420 5	5.318 1

由最小二乘估计可得

$$\begin{cases}\hat{a}=8.164\,585\\ \hat{b}=-0.297\,68\end{cases}$$

即 Y' 对 x' 的样本回归方程为

$$\hat{Y}' = 8.164\,585 - 0.297\,68x'$$

代回原变量，得曲线回归方程

$$\hat{y} = \exp(\hat{y}') = 3\,514.26e^{-0.297\,68x}$$

第 10 章　时间序列分析

1～4　略

5. 解：（1）时间序列图如下：

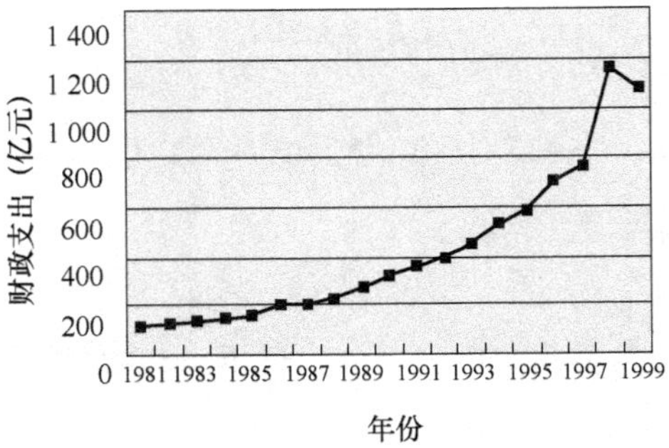

从时间序列图可以看出，国家财政用于农业的支出额大体上呈指数上升趋势。

（1）年平均增长率为

$$\overline{G} = \sqrt[n]{\frac{Y_n}{Y_0}} - 1 = \sqrt[18]{\frac{1\,085.76}{110.21}} - 1 = 113.55\% - 1 = 13.55\%$$

（2）
$$\hat{Y}_{2000} = 1\,085.76 \times (1 + 13.55\%) = 1\,232.88$$

6. 解：（1）趋势图如下：

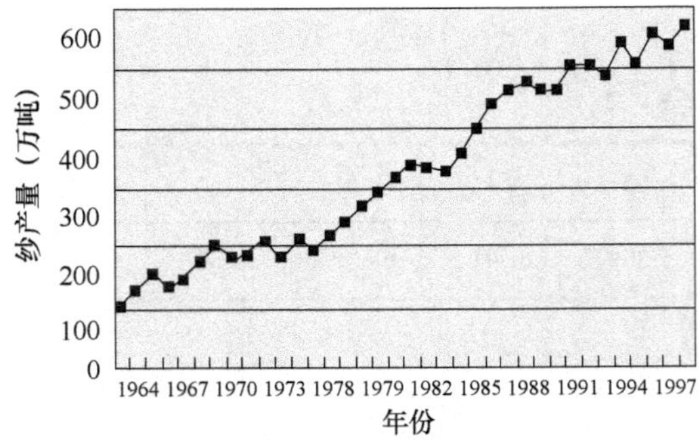

（2）从图中可以看出，纱产量具有明显的线性趋势。用 Excel 求得的线性趋势方程为

$$\hat{Y} = 69.520\,2 + 13.949\,5t$$

2000 年预测值为

$$\hat{Y}_{2000}=69.520\,5+13.949\,5\times37=585.65\text{（万吨）}$$

第 11 章　社会经济统计概述

1～5　略

6. 解：（1）$L_q=\dfrac{\sum q_1p_0}{\sum q_0p_0}=\dfrac{2\,124}{2\,039.2}=104.16\%$，$L_p=\dfrac{\sum p_1q_0}{\sum p_0q_0}=\dfrac{2\,196.8}{2\,039.2}=107.73\%$

（2）$P_q=\dfrac{\sum q_1p_1}{\sum q_0p_1}=\dfrac{2\,281}{2\,196.8}=103.83\%$，$P_p=\dfrac{\sum p_1q_1}{\sum p_0q_1}=\dfrac{2\,281}{2\,124}=107.39\%$

（3）略

7. 解：（1）$P_q=\dfrac{\sum q_1z_1}{\sum q_0z_1}=\dfrac{94\,500}{101\,800}=92.83\%$，$P'_q=\dfrac{\sum q_1p_1}{\sum q_0p_1}=\dfrac{117\,100}{125\,550}=93.27\%$

（2）略

8. 解：（1）360×12%=43.2

（2）1 120%÷105%=106.67%，360×6.67%=24.0

（3）360×106.67%×5%=19.2

（4）106.67%×105%=112%，24.0+19.2=43.5，一致

参 考 文 献

[1] 方开泰，彭小令. 现代基础统计学[M]. 北京：高等教育出版社，2014.

[2] 韩兆洲，熊剑，吴云风. 统计学原理[M]. 7 版. 广州：暨南大学出版社，2011.

[3] 曾五一，朱建平. 统计学[M]. 上海：上海财经大学出版社，2012.

[4] 贾俊平，何晓群，金勇进. 统计学[M]. 6 版. 北京：中国人民大学出版社，2015.

[5] 袁卫，刘超. 统计学——思想、方法与应用[M]. 北京：中国人民大学出版社，2011.

[6] 袁卫，庞浩. 统计学[M]. 北京：高等教育出版社，2007.

[7] 贾俊平. 统计学——基于 SPSS[M]. 北京：中国人民大学出版社，2014.

[8] 李洁明，祁新娥. 统计学原理[M]. 上海：复旦大学出版社，2010.

[9] 吕文俊，应益荣. 经济统计学[M]. 上海：上海大学出版社，2013.

[10] 俞海莲，刘雪峰. 统计学原理[M]. 北京：中国轻工业出版社，2013.

[11] 陈建宏，杨彦柱. 统计学基础[M]. 北京：北京理工大学出版社，2013.

[12] PIERRE-ANDRÉ CORNILLON, ARNAUD GUYADER, FRANÇOIS HUSSON. Statistiques avec R[M]. Rennes: Presses Universitaire de Rennes, 2012.